航空货运代理实务

（第二版）

杨鹏强◎编著

中国海关出版社
·北京·

图书在版编目（CIP）数据

航空货运代理实务 / 杨鹏强编著. —2 版. —北京：中国海关出版社，2019. 1

ISBN 978-7-5175-0336-1

Ⅰ. ①航… Ⅱ. ①杨… Ⅲ. ①航空运输－货运代理－高等职业教育－教材 Ⅳ. ①F560. 84

中国版本图书馆 CIP 数据核字（2018）第 283929 号

航空货运代理实务（第二版）

HANGKONG HUOYUN DAILI SHIWU（DI－ER BAN）

作　　者：杨鹏强
策划编辑：马　超
责任编辑：叶　芳
责任监制：王岫岩　赵　宇
出版发行：中国海关出版社
社　　址：北京市朝阳区东四环南路甲 1 号　　邮政编码：100023
网　　址：www. hgcbs. com. cn；www. hgbookvip. com
编 辑 部：01065194242－7554（电话）　　01065194231（传真）
发 行 部：01065194221/4238/4246（电话）　　01065194233（传真）
社办书店：01065195616/5127（电话/传真）　　01065194262/63（邮购电话）
印　　刷：北京天宇星印刷厂　　经　　销：新华书店
开　　本：710mm×1000mm　1/16
印　　张：17. 75　　字　　数：305 千字
版　　次：2019 年 1 月第 2 版
印　　次：2019 年 1 月第 1 次印刷
书　　号：ISBN　978-7-5175-0336-1
定　　价：55. 00 元

第二版前言

鉴于对中国民用航空货物运输飞速发展的预期，笔者在8年前开设了“航空货运代理实务”这门课，由于在其他高校难以找到借鉴资料和教材，因此编写了第一版教材。时至今日，跨境电商的崛起验证了国际航空货运繁荣的趋势，空运在整体运输中所占的比重越来越大，而为了应对繁重的货运任务，航空公司专注运输，航空货代负责揽货就成了必然。当年第一版出版后受到不少的称赞，有些新提法也入选了 MBA 智库百科词条。有航空货运代理行业资深从业人员觉得本书内容和岗位要求吻合，适合用于系统学习；有新入行的读者为了解航空运输知识框架购书而读；也有读者认为本书不错，比较实用，跟实际相符，通过阅读可以了解航空货代很多细节等；当然也有读者指出一些编校错误，如表格的内容错位、知识点陈旧等；这些都成了笔者再次修订的动力。

2017 年，京东打算买飞机；达美航空购买最新的 RAP e2 空运冷冻集装箱扩张冷链供应链；联合包裹开始服务美国的中小企业；中国移动电子商务交易额达到 1 万亿美元。这些变化惊人，令人目不暇接。航空运输功不可没，特别是中国民用航空发展速度为世界之最，中国电商巨头的出海拓展更是促进了国际航空货运代理事业的蓬勃发展。跨境电子商务的巨大体量倒逼国际航空运输协会（International Air Transport Association，IA-

TA，以下简称国际航协）制定了一套关于国际航空运输的新规则，Cargo iQ、e－AWB（电子空运单）、e－Cargo（货运险网上出单系统）、e－DGD（托运人危险品电子申报单）的实施给航空运输带来新的挑战。同时，针对对时间和温度敏感的药品和保健品的航空货运需求增长显著，国际航协制定了一系列标准和认证资格制度，这也是航空业者必须面对的。国际航协和国际货运代理协会联合会一起推出航空货运项目（IFACP）以加强航空货代和航空承运人之间的直接合作。

笔者主持完成了广东省哲学社会科学“十二五”规划2014年度学科共建项目——“基于服务驱动的跨境供应链研究”（课题号：GD14XGL44）的研究，把航空货运代理作为跨境供应链重要的一个环节，为本书的修订增添了不少新内容。本书的修改不同于以往“做加法”的修订，而是以“做减法”为抓手，给读者以言简意赅、提纲挈领之感，便于延伸学习和扩展阅读。本次修订尽力消灭正文中没有解释的英文单词或短语，增加翻译和注释，降低初学者的阅读难度。

特别感谢海南经贸职业技术学院工商管理学院报关与国际货运教研室主任陈广，陈老师一字一句的批改，匠心可嘉，笔者感念不忘；感谢不知名网友的建议和评论；感谢中国海关出版社马超主任多次对修订框架和具体内容给出的建议，使笔者的修订思路更为清晰。第二版修改了所有的章节，全书有大大小小120多处的修改，笔者竭力修订仍有不少错漏，希望读者批评指正。若有意见可反馈到邮箱rmstudioph@163.com，也欢迎读者关注新浪微博“南华国际交流－杨”，欢迎在线讨论和提意见，谢谢。

杨鹏强

于广州大学城

2018年6月26日

目　录

思考题答案请扫描二维码:

第1章 航空货代工作环境

关键术语

时差计算　空代职能　航协区　运价手册　航空代码　货运指南

学习目标

- 了解航空货运市场的特点；
- 能熟练判断各航空港所在的航协区；
- 能熟练计算时差和飞行时间；
- 能熟练查找航空手册中的各种信息；
- 掌握各种航空代码的意思。

目前，中国航空货运市场规模的增长速度高于客运市场规模的增长速度，而且以高于世界平均水平的速度飞速发展。中国民航局非常重视中国航空货运的发展，相信中国的航空货运业将会有一个光明的前景。

1.1 航空货运概述

1.1.1 概述

航空运输（Air Transport）是一种现代化的运输方式，它与海洋运输、铁路运输相比，具有运输速度快、货运质量高且不受地面条件限制等优点。因此，它最适宜运送急需物资、鲜活商品、精密仪器和贵重物品。

1.1.2 航空货运市场的特点

经济全球化要求以“贸易自由化”为基本原则，推动生产要素的自由流动，实现资源在全球范围内的优化配置。国际运输，特别是国际航空运输，是生产要素得以自由流动不可缺少的重要手段。实践证明，开放的市场环境，是航空货物运输得以发展的必要条件，这是由航空货物运输的特性所决定的。航空货运具有不同于客运的特点。

1. 航空货运流向的不平衡性

航空货运的流向一般是不平衡的，甚至是“单向”的。许多时候，一个方向的流量比另一个方向的流量要大数倍。货物一般从制造中心向分销中心流动，或者从生产中心向消费中心流动。此外，这种不平衡可能是地方性的，因为它同时还受国家或地区之间进出口贸易不平衡的深刻影响。因此，“三角运送”、经枢纽运送和频繁调整航线就成了经营货运的必要手段，航空货运价格也会因运送方向不同而不同。为了满足这些需要，进一步开放政策，包括为全货运航班规定开放的航线结构、等量的定期航班和包机的权利，以及获得《国际航班过境协定》规定的九种航权自由是必要的。

2. 航空货运对运输时间和运输路线的敏感度

货物对来往于始发地和目的地之间的时间（快件除外）、航线和经停点通常不像旅客那样敏感。货物可以等候，可以经不同航线运送并经停许多次。因此，货物可在枢纽集中整合以便更快捷地运送。出于这一理由，第五航权（中间点权或延远权）和第七航权（完全第三国运输权）、改换机型的权利、进出口货物串飞、在单一航空器运行时合并航班号、不限机型或运力以及航线灵活性，对于货运承运人迅速回应市场需求和仅靠自有的货运量不能支持的多点航线运营而言是至关重要的。

3. 航空货运与其他运输方式的结合度

航空货运倾向于使用多种运输方式，与其他运输方式相结合，这样可以利用偏远和不太拥挤的机场进行运输。此外，货物要求从包装点运往交付点，对于航空货运提供人来说，拥有有效的地面服务和多式联运权，能提供用户要求的无间隙货运服务就显得十分必要。航空运输有其他运输无法比拟的优越性，比如运送速度快、运输安全准确、可简化包装、节省包装费用。

鉴于上述理由，越来越多的人认识到，现行的双边体制是航空货运网络经济运行和服务效率提升的主要障碍。因此，不少国家纷纷要求推行航空货运自由化。

然而，另一方面，飞机机身涂上本国国旗在空中飞翔，象征着国家的政治声望，同时也对本国经济发展有直接或间接的帮助。1981 年 9 月，联合国贸发会议秘书处《实行歧视性和不公正的民航惯例对发展中国家发展空运事业的影响》的报告中也指出："许多国家，特别是发展中国家，对本国航空公司怀有重要和广泛的社会、经济目的，在它们特定的情况下，这些目标可能比眼前和直接的财务利益更重要。"正因为如此，"每一个新出现的国家，几乎总是立即采取步骤来组建自己国家的航空公司，深信经营国际航班活动如同拥有旗帜和交换使节一样，以表明其国家成立的对外标志"。美国"确保航空运输业强竞争力国家委员会"（National Commission to Ensure a Strong Competitive Airline Industry）于 1993 年 8 月向美国总统和国会提交的报告中也称："航空运输体系对于国家的公众和商业来说已成为经济进步的基础。"

1.1.3 民用航空在国家发展中的地位和作用

1. 民用航空是综合交通运输体系中增长速度最快、发展潜力最大的运输方式

1903 年，美国莱特兄弟发明的第一架飞机成功上天，标志着人类进入了航空时代。1919 年，法国与比利时之间开通了世界上第一条国际民航客运航线，标志着交通运输拥有了划时代的新方式、新体系。在国内外高附加值商品运送、鲜活易腐货物运输、电商行业以及快递业中，航空运输具有绝对优势。科技含量高的新兴产业，其产品一般都具有体积小、附加值大、运输时效性要求高等特点，对航空运输具有很强的依赖性。传统制造业的转型，也使其产品对航空运输的需求越来越多。

20 世纪 90 年代，美国北卡罗来纳大学教授卡萨达提出了"第五波理论"，认为航空运输是继海运、内河运输、铁路运输和公路运输之后对区域经济发展的第五冲击波。最突出的表现是，与现代经济快速发展相适应的大型机场，突破了单一运输功能的瓶颈，通过与多种产业的有机结合，形成颇具带动力和辐射力的"临空经济区"，成为地区经济增长的"发动机"。

2. 民用航空具有巨大的经济价值，是促进经济繁荣的强劲动力

民用航空是各国国民经济，特别是现代服务业的重要组成部分。民

用航空能刺激现代服务业发展，为现代服务业提供强有力的支撑，甚至能决定某些服务业的发展命运。现代服务业的迅速发展，产生了巨大的客流、物流和信息流，公务、商务人员的出行，公务、商务文件的快递和科技含量高、体积小、价值大的产品的运输，一般都依赖航空运输。航空运输促进了经济全球化，是国家保持经济增长的有力工具。民用航空是一个链条庞大的产业，涉及投资、生产、流通和消费等环节，涉及制造、维修、营销、服务等多个领域。随着全球高附加值、高时效货物市场规模的增加，航空货运承担的国际贸易运输量按照价值计算，所占比重越来越大。从世界各国的经验看，航空运输业越发达的地区往往也是经济外向型程度越高的地区。发达的航空运输网络已成为衡量各国国际化的重要指标。

民用航空驱动了科技创新，民用航空的强大依赖于航空工业的强大，反之，民用航空的需求增长也带动了航空工业的创新发展。现代航空器和空中交通管理系统汇集了大量先进技术。自动化、电子、微电子、计算机等现代科技在机载设备和空管设备中被大量采用，控制、管理系统具有越来越高的自控性。轻质合金、复合材料等新型材料被广泛应用于航空器的制造过程，使航空器的飞行动力越来越强大。航空工业是高新技术发展的策源地和目标市场之一。

1.2 国内外航空货运的形势与趋势

了解国际航空货运的发展趋势，可以帮助空运代理人总结出航空货运内在的发展规律。根据国际货币基金组织（IMF）的统计数据，2017 年航空货运虽然只占全球贸易运输量的 1%，但由于空运货物大多是高附加值产品，其价值超过全球贸易货运总值的 40%。伴随着航空技术的进步和运输组织管理及服务水平的提高，特别是在大型民用运输机出现后，国际民航业一直处于快速增长状态。目前，全球形成了以北美、欧洲和亚太地区为主的三大航空市场，它们在全球市场的份额总和接近 90%。20 世纪 80 年代以来，受经济全球化、发达国家放松航空管制以及社会向后工业化转变等一系列因素的影响，国际民航业呈现出包括建立国际航空货运联盟、采用货运财务结算系统（CASS）、革新货运收益管理在内的一些值得关注的重要特征和趋势，发展格局和利益获取模式正在发生着深刻变化。

1.2.1　国际民用航空的发展

1. 大力发展民航业成为国家和地区战略的重要组成部分

民用航空在政治、经济、社会、军事、外交、文化等领域均发挥着十分重要的作用，许多国家和地区把民航业定位为战略性产业，将发展民航业上升为国家战略或地区战略，使之成为本国、本地区在全球化过程中获取最大利益的有力工具。

美国在国际民航业中一直处于领先地位。美国政府长期以来把保持美国在全球航空业中的领导地位作为发展民航业的战略目标，采取立法和建立中央政府部门之间的协调机制的形式，对民航业发展作出规划、制定政策并给予财政支持。欧盟把发展民航业作为提高其全球竞争力和促进欧洲一体化的重要手段和途径，逐步实现了民航业政策法规的统一制定和实施。2001 年，欧盟委员会通过了《交通政策白皮书》，提出了至 2010 年欧洲航空运输发展行动计划，其重要战略包括构建“欧洲单一天空”、重新设计欧洲航空港的运营能力、走可持续发展道路和提高航空运输安全系数等。

海湾各国近年来携石油价格升高带来的雄厚财力基础和本身所处的亚欧非三大洲交汇点的战略地位，纷纷将目光投向民航业，这使得该地区成为全球民航业发展最快的地区之一。各国政府采取了开放天空、加大机场建设投资、发展旅游业和金融业、建立自由贸易区及物流城等政策措施，支持和刺激民航业发展。反过来，民航业的快速发展极大地促进当地旅游、金融和贸易的增长。

20 世纪被称为“亚洲四小龙”的韩国、新加坡、中国台湾地区及中国香港地区先后推行出口导向型战略，在短时间内实现经济腾飞。这与它们把发展民航业作为国家或地区的发展战略密不可分。尤其是新加坡，作为只有一个城市的国家，它能在全球国家竞争力排名中名列前茅，与其发达的民航业有很大关系。

2. 航空运输自由化持续发展

航空运输自由化主要是指改革航空运输的管理体制和方法，从政府对企业经营活动的管理过渡到更多地依靠市场力量予以调节，给予企业更多的经营权利和灵活性。它有联系紧密的两个方面。

（1）国内航空运输的自由化，即“放松管制”。

20 世纪 70 年代中期以前，各国政府对航空运输业实行严格管制的政策。

20 世纪 70 年代后期，美国率先改变严格管制的政策，在市场进入与退出、价格制定、航线资源分配等方面按市场化原则进行管理，企业经营活动基本不受限制。美国的做法后来纷纷被其他国家效仿。目前，世界上绝大多数国家已放松对航空运输的经济性管制。美国政府在推行国内放松管制政策的同时，致力于将航空运输的自由化推向世界。

（2）国际航空运输自由化，即“天空开放”。

1992 年，美国提出了“天空开放”的概念，即在双边航空运输协定中，给予双方充分的市场准入权利。美国和欧盟将“天空开放”确立为一项基本的对外经济贸易政策，在国际经济交往中将其纳入国与国之间、地区与国家之间、地区与地区之间的战略对话内容，其实质目的是更多地获取经济全球化过程中航空运输上下游产业利益。在美国、欧洲以及其他一些国家的大力推行下，国际航空运输自由化逐渐成为世界性潮流。目前积极推行“天空开放”政策的国家大致包括三类：第一类是民航业实力相对雄厚的国家，如美国和欧盟国家，它们凭借自己的实力把国内的制度推向国际市场，力促其他国家向其开放航空市场，进而对外扩张，取得并保持航空运输业的霸主地位；第二类是本国航空资源短缺或航空市场很小，但空运企业有一定实力的小国，比如新加坡、荷兰，实行“天空开放”政策不但于其无损，反而可以使其借助航空资源重新配置、航空市场重新分割的良机，走出去谋求更大的发展空间；第三类是出于本国经济发展的需要推行“天空开放”政策的国家或地区，如以旅游业为经济支柱的国家，包括泰国、墨西哥、智利、阿联酋等。

3. 全球性航空战略联盟占据市场主体地位

航空联盟由来已久，最早由美国国内市场的干线航空公司与支线航空公司之间合作提供联合中转服务而产生。自 20 世纪八九十年代以来，航空联盟蓬勃发展。1997 年，加拿大航空公司、汉莎航空公司、北欧航空公司、泰国国际航空公司以及美国联合航空公司共同创立全球第一家航空联盟——星空联盟（Star Alliance），标志着世界航空运输正式进入全球联盟时代。1999 年，由英国航空公司、美国航空公司、加拿大国际航空公司、中国香港国泰航空公司和澳洲航空公司共同创建寰宇一家联盟（Oneworld）。2000 年，美国达美航空公司、法国航空公司、大韩航空公司、墨西哥国际航空公司共同组建了天合联盟（Sky Team）。根据民航资源网发布的信息，截至 2017 年上半年，三大联盟占据了全球航空客运市场 80% 以上的份额，世界按销售收入排名前 20 位的航空公司都是三大航空联盟的成员。中国市场的三大航空公司包括中国国际航空股份有限公司（简称国航）、中国东方航空股份有限公司（简称东航）、中国南方航空股份有限公司（简称南航）都是这三大联盟的成员。目前，南航、东航是天合联盟成员，国航是星空联盟成员。

全球性航空战略联盟的产生和发展主要基于两个因素：一是经济全球化的进程加速了世界范围内对于国际中转、无缝隙航空旅行及货物运输的需求，单个航空公司或单纯的双边合作，已经无法从技术上独立提供一致性的服务；二是航空公司的跨国投资与兼并受到各国政策的严格限制，迫使航空公司将直接投资和持有股权的“资产联盟”转变为商业联盟。联盟成员通过共享航空资源，扩大市场势力，降低成本，提高竞争力和经济效益。

4. 枢纽辐射式航线结构成为运营的主导模式

早在20世纪60年代，美国的一些骨干航空公司为了控制成本和占领市场，就尝试把航线的运营模式从“点对点”飞行，改变为先向一点集中再进行中转的模式，即枢纽辐射式航线结构模式。从20世纪80年代开始，枢纽辐射式航线结构在世界范围内得到广泛重视，迅速发展和完善起来，航空枢纽随之形成，并成为航空客运快速中转之地、集散中心和综合物流节点。大型枢纽机场能够吸引并且聚集经济社会发展中的优势资源，形成巨大的人流、物流、资金流、技术流、信息流，对区域经济发挥积极而强大的集聚、辐射和带动效应。各国、各地区纷纷把构筑国际航空枢纽作为提升其国家或地区竞争力的战略措施。目前，在欧洲、北美和亚太地区三个主要航空市场中，只有亚太地区的国际枢纽航空港的分布格局尚未完全定型，除中国香港地区和新加坡机场外，最有潜力和竞争力成为该地区国际枢纽航空港的还有韩国首尔仁川国际机场、日本东京成田国际机场、泰国曼谷国际机场和我国北京首都国际机场、上海浦东国际机场、广州白云国际机场。21世纪以来，以上机场都进行了大规模的基础设施建设，以扩充机场容量，争夺亚太地区国际航空枢纽地位。

5. 高新技术引领民用航空发展

近十多年来，高新科技的研制和应用正在并将进一步提升民用航空的安全水平，促进民用航空持续、快速发展。主要包括三个方面：一是发展了超大型飞机制造技术。波音公司于2011年交付使用的波音787第一次实现中型飞机尺寸与大型飞机航程的结合，具有较高的燃油效率、出色的环保性能。二是在空中交通管理领域广泛应用现代通信、卫星、自动化和计算机技术。三是兴起了“绿色航空”革命。从改善飞机空气动力、提高发动机燃油性能、研制新一代聚合物和复合材料等方面降低航空运输对环境的污染，引入了“绿色机场”理念，把机场建成“节约、环保、科技、人性化”的机场。

1.2.2 我国民用航空发展的现状与趋势

跨境电商行业的爆发式发展对我国民航业的工业化、信息化、支线化、市场化、国际化提出了更高的要求。这个时期，对我国民航业的发展来说，既是重要的战略机遇期，也是夯实基础、承上启下，解决发展中的各类矛盾和进一步消除体制机制障碍的关键时期。

1. 我国民航业的发展现状

在过去的40年里，我国民航业经历了4次大的体制改革，一是1980年，民航脱离空军建制，走上企业化道路；二是1987年，开启了以中国民用航空总局与航空公司、机场分立的管理体制改革，在行业内引入了竞争机制；三是2002年，实行以“航空运输企业联合重组、机场属地化管理”为主要内容的体制改革；四是2008年起的改革在探索建立大部门体制和加快推进综合运输体系的背景下推进，根据《国务院机构改革方案》，将交通部、中国民用航空总局等机构的职责，整合划入交通运输部，组建中国民用航空局，由交通运输部管理，不再保留交通部、中国民用航空总局。

这4次改革使原来军民合一、政企不分的民航管理体制，逐渐转变为政企分离、机场属地化管理、多种所有制企业平等竞争的民航管理体制。与此同时，我国民航形成了全方位、多层次的对外开放格局，逐步发展成为全球第二大航空运输系统。

（1）市场规模持续扩张，运输能力逐渐提高，航线网络不断完善。

改革开放40年来，我国民用航空业取得了举世瞩目的巨大成就。根据中国民用航空局发布的《2017年民航行业发展统计公报》，过去5年，我国民航运输总周转量和货邮运输量分别以12.2%和5.3%的平均速度增长，2017年达到1083.08亿吨公里和705.9万吨。截至2017年年底，民航全行业运输飞机期末在册架数为3296架；共有运输航空公司58家；共有定期航班航线4418条，按重复距离计算的航线里程为1082.9万公里，按不重复距离计算的航线里程为748.3万公里。我国已形成了国内四通八达、国际联结世界主要国家和地区的航空运输网络。

（2）引入市场机制，多元化、集团化和充满活力的竞争格局业已形成。

我国民航业经过2002年以来的联合重组以及放松市场准入管制等措施，在公共航空运输领域，形成了由中航、南航、东航和海航四大控股航空集团，众多地方性航空公司、中外合资航空公司、民营航空公司等多元化市场主体共同参与的竞争格局。既有从事综合运输业务的大中型航空公司，也有专门从事全货运、支线运输的航空公司，竞争方式呈现出多样化与专业化并存的态势。

（3）基础设施建设步伐加快，运输保障能力大幅提高。

近年来，我国民用机场进入一个新的建设高峰期。根据《2017年民航行业发展统计公报》，截至2017年年底，我国境内民用航空（颁证）机场共有229个（不含香港、澳门和台湾地区），其中千万级机场达到32个；定期航班通航城市224个。广州白云国际机场、北京首都国际机场、上海浦东国际机场及虹桥机场先后投巨资完成了新建和扩建。空中交通管理、通信、导航和气象等航行保障系统的技术升级改造基本完成，形成了区域管制—终端管制—塔台管制三级空中交通管制服务系统，建立了民航专用卫星通信网、空管数据通信网等信息服务网络。

（4）积极有序地开放国际航权，向外发展的空间不断拓宽。

从2000年开始，我国在厦门、海南、南京等地试点开放第五航权，允许外国航空公司的航班在抵达中国前，经停第三国机场，也可经中国转飞第三国城市。2004年，中美两国签署了新的《中美航空运输协定》，增加了国际航权安排。2007年中美第二次经济战略对话期间，中美双方就扩大两国航空运输市场准入达成新协议。2006年，中国先后与韩国、日本签署协议，大幅度扩大双边间的航权。在扩大双边航权安排的同时，我国积极探索发展区域航空运输合作关系，目前已与上合组织、东盟、欧盟等7个区域组织开展民航领域的各项活动，与东盟启动了区域航空运输自由化安排的磋商。与外国逐步对等扩大航权开放程度，给我国民航开辟了新的发展空间，使我国国际航线市场形成了新的竞争格局。

（5）航空安全管理不断创新，航空安全水平显著提升。

我国民航始终坚持“安全第一、预防为主、综合治理”的方针，不断强化安全生产责任制，创新安全管理理念，加强安全规章标准建设，完善飞行标准和航空器适航管理制度，开展专业技术人员培训，加大安全投入，积极采用飞行品质监控等现代化的科技手段。在生产规模扩大、发展速度加快、行业不断改革的情况下，航空安全状况不断改善。民航行业2017全年运输飞行1059.7万小时，通航飞行80.8万小时，达到国际先进水平。

（6）民航独特的政府管理体系已基本形成。

经过历次改革，我国民航已建立起三级政府监管体制。中国民用航空局下设华北、华东、中南、西南、西北、东北和新疆7个民航地区管理局，负责对所辖地区的民用航空事务实施行业管理和监督。7个地区管理局下辖41个省（区、市）民航安全监督管理局。民航局公安局下辖7个民航地区管理局公安局和若干个机场公安机构。民航局空中交通管理局下辖7个地区空管局。民航局直属单位还包括中国民航大学、中国民航飞行学院、中国民航管理干部学院等院校，中国民航科学技术研究院和民航第二研究所等科研单位，另外还有中国民航报社出版社和民航医学中心等机构。

2. 我国民航货运业面临的发展机遇

当前，我国民航货运业正站在一个新的历史起点上，发展机遇前所未有。主要表现在以下几个方面：

（1）全面建成小康社会和经济全球化，为民航跨越式发展带来了千载难逢的机会。

随着经济全球化的深入发展，全球范围内的产业结构调整加速，各国力争在国际分工中占据有利地位。我国高技术、高附加值产业和现代服务业的快速发展，带来的物流、人流对航空运输的需求必然会前所未有的增加。我国全面建成小康社会和不断融入经济全球化的各项举措，已经并且必将继续为航空运输带来巨大的发展机遇。

（2）国家财政由经济建设型财政向公共财政转变，为发展民航赢得强大的物质支持。

近年来，我国财政收入高速增长，综合国力明显提高。随着财政收入的持续增加和市场经济的逐步完善，国家财政体制正从经济建设型财政向公共财政转变。为推动公共服务均等化，促进社会和谐，国家对相关事业发展的支持力度将不断加大。相对雄厚的国家财力将为机场、空管等民航基础设施建设提供强有力的支持。

（3）科技创新的力度加大，为民航持续发展提供有力的技术推动。

我国涉及航空工业的科技成果不断问世，国产大飞机项目、北斗二代卫星导航系统，将有力推动民用航空相关领域的科技创新，有助于动摇目前大型飞机制造商的国际垄断地位，为我国民航提供具有竞争力的运输工具和配套系统。国内外航空技术及相关科技的进步，将进一步促进民航业提高效率、降低成本。

1.3 世界航空运输地理

1.3.1 航空区划

随着经济全球化进程的深入，国际贸易日趋频繁，国际间的航空运输也愈加繁忙。为保证国际航行的安全，各国运输企业在技术规范、航行程序、操作规则上必须统一，同时为了便于航空公司间的合作和业务联系，在充分考虑了世界上各个不同国家和地区的社会经济、贸易发展水平后，国际航空运输协会（IATA）将世界划分为三个航空运输业务区，简称为航协区（IATA Traffic Conference Areas），即 ARETC1、ARETC2、ARETC3 三个大区，简称 TC1 区、TC2 区、TC3 区。每个航协区内又分成几个次区。国际航协对于航协区的划分主要从航空运输业务的角度考虑，依据的是不同地区不同的经济、社会以及商业条件，因此和我们熟悉的世界行政区划有所不同。

1. TC1 区

该区东临 TC2 区、西接 TC3 区，北起格陵兰岛，南至南极洲。主要包括北美洲、拉丁美洲以及附近岛屿和海洋。TC1 区与 TC2 区的分界线：北起 0°经线，向南约至 74°N 处折向西南，穿过格陵兰岛与冰岛之间的丹麦海峡，在 60°N 处沿 40°N 经线至 20°N 处，再折向东南，到赤道处再沿 20°N 经线向南止于南极洲。

TC1 区由相连的南美洲、北美洲及附近岛屿、格陵兰岛、百慕大群岛、西印度群岛、加勒比岛屿以及夏威夷群岛（含中途岛和巴尔拉环礁）组成。按自然地理划分，以巴拿马运河为界，分为南、北美洲；按政治经济地理划分，则以美国和墨西哥边境为界，分为北美洲及拉丁美洲。美洲大陆东临大西洋、西濒太平洋。太平洋阻碍了美洲和其他大洲之间的陆路交通，它与其他各洲之间的交通联系只能通过海洋运输和航空运输来实现。

TC1 区主要分为四个次区。

（1）加勒比次区。

该区指美国（除波多黎各和美属维尔京群岛之外）与巴哈马群岛、百慕大群岛、加勒比群岛、圭亚那、苏里南、法属圭亚那之间的地区；

加拿大/墨西哥与巴哈马群岛、百慕大群岛、加勒比群岛（含波多黎各和美属维尔京群岛）、圭亚那、苏里南、法属圭亚那之间的地区；

由巴哈马群岛、百慕大群岛、加勒比群岛（含波多黎各和美属维尔京群岛）构成的区域；

由上述为一端与圭亚那、苏里南、法属圭亚那为另一端围成的区域。

（2）墨西哥次区。

该区包括加拿大/美国（除波多黎各和美属维尔京群岛之外）与墨西哥之间的地区。

（3）远程次区。

该区包括以加拿大、墨西哥、美国为一端与中美洲和南美洲为另一端的地区；

以巴哈马群岛、百慕大群岛、加勒比群岛、圭亚那、苏里南、法属圭亚那为一端与中美洲和南美洲为另一端的地区；

中美洲和南美洲之间的地区；

中美洲区域内。

（4）南美次区。

该区由以下区域构成：阿根廷、玻利维亚、巴西、智利、哥伦比亚、厄瓜多尔、法属圭亚那、圭亚那、巴拿马、巴拉圭、秘鲁、苏里南、乌拉圭、委内瑞拉。

对“加勒比”和“远程”区域的定义如下。

加勒比群岛：安圭拉岛、安提瓜和巴布达、阿鲁巴、巴巴多斯、博奈尔、英属维尔京群岛、开曼群岛、古巴、库拉索、多米尼克、多米尼加、格林纳达（卡里亚库岛、马斯蒂克岛、帕姆岛）、瓜德罗普、海地、牙买加、马提尼克、蒙塞拉特、圣基茨（尼维斯、安圭拉）、圣卢西亚、圣马丁、圣文森特和格林纳丁斯群岛、特立尼达和多巴哥、特克斯和凯科斯群岛。

中美洲：伯立兹、哥斯达黎加、萨尔瓦多、危地马拉、洪都拉斯、尼加拉瓜。

南美洲：同南美次区。

北美洲主要是美国、加拿大。

2. TC2 区

该区东临 TC3 区，西接 TC1 区，北起北冰洋诸岛，南至南极洲，包括欧洲、非洲、中东及附近岛屿。TC2 区与 TC3 区分界线：北起 80°E 经线，在 75°N 纬线处向南弯折，沿乌拉尔山南下，绕经里海西岸、南岸，伊朗北界、东界，再沿 60°E 经线向南止于南极洲。

TC2 区由整个欧洲大陆（包括俄罗斯的欧洲部分）及毗邻岛屿、冰岛、亚速尔群岛、非洲大陆和毗邻岛屿、亚洲的伊朗及伊朗以西地区组成。本区是和我们所熟知的政治地理区划差异最多的一个区，它主要分为三个次区。

（1）欧洲次区。

该区包括欧洲国家和摩洛哥、阿尔及利亚、突尼斯这 3 个非洲国家，以及土耳其（俄罗斯仅包括其欧洲部分）。具体如下：

阿尔巴尼亚、阿尔及利亚、安道尔、亚美尼亚、奥地利、阿塞拜疆、亚速尔群岛、比利时、白罗斯、保加利亚、加那利群岛、克罗地亚、捷克、丹麦、爱沙尼亚、芬兰、法国、格鲁吉亚、德国、直布罗陀、匈牙利、冰岛、爱尔兰、意大利、拉脱维亚、列支敦士登、立陶宛、卢森堡、马尔顿、马德拉岛、马耳他、摩尔多瓦、摩纳哥、荷兰、挪威、波兰、葡萄牙、罗马尼亚、俄罗斯（乌拉山以西）、圣马力诺、斯洛伐克、斯洛文尼亚、西班牙、瑞典、瑞士、突尼斯、土耳其、乌克兰、英国、南斯拉夫等。

（2）中东次区。

该区包括巴林、塞浦路斯、埃及、伊朗、伊拉克、以色列、约旦、科威特、黎巴嫩、阿曼、卡塔尔、沙特阿拉伯、苏丹、叙利亚、阿拉伯、阿拉伯、联合酋长国（由阿布扎比、阿治曼、迪拜、富查伊拉、哈伊马角、沙迦和乌姆盖万组成）、也门等。

（3）非洲次区。

该区由中非、东非、印度洋岛屿、利比亚、南非、西非构成，含非洲大多数国家及地区，但北部非洲的摩洛哥、阿尔及利亚、突尼斯、埃及和苏丹不包括在内。

中非：马拉维、赞比亚、津巴布韦。

东非：布隆迪、吉布提、厄古特里亚、埃塞俄比亚、肯尼亚、卢旺达、索马里、坦桑尼亚和乌干达。

印度洋岛屿：科摩罗、马达加斯加、毛里求斯、马约特岛、留尼汪岛和塞古尔群岛。

南非：博茨瓦纳、莱索托、莫桑比克、南非、纳米比亚、斯威士兰和乌姆塔塔。

西非：安哥拉、贝宁、布基纳法索、喀麦隆、佛得角、中非共和国、乍得、刚果人民共和国、科特迪瓦、赤道几内亚、加蓬、几内亚、几内亚比绍、利比里亚、马里、毛里塔尼亚、尼日尔、尼日利亚、圣多美和普林西比、塞内加尔、塞拉利昂、多哥和刚果民主共和国。

3. TC3 区

该区东临 TC1 区，西接 TC2 区，北起北冰洋，南至南极洲，包括亚洲（除中东包括的亚洲部分国家）、大洋洲及太平洋岛屿的广大地区。TC3 区与 TC1 区分界线：北起 170°W 经线，向南穿过白令海峡后，向西南折至（50°N，165°E），再折经（7°N，140°W）（20°S，120°W）等处，最后沿 120°W 经线向南止于南极洲。

TC3 区由整个亚洲大陆及毗邻岛屿（已包括在二区的部分除外），澳大利亚、新西兰及毗邻岛屿，太平洋岛屿（已包括在一区的部分除外）组成。共分为四个次区：

（1）亚洲大陆次区。

该区包括阿富汗、孟加拉国、不丹、印度（包括安达曼群岛）、巴基斯坦、马尔代夫、尼泊尔、斯里兰卡等国家。

（2）东南亚次区。

该区包括中国（含港、澳、台）、东南亚诸国、蒙古国、俄罗斯亚洲部分及土库曼斯坦等国家、密克罗尼西亚等群岛地区。具体如下：

文莱、柬埔寨、中国、关岛、印度尼西亚、东帝汶、老挝、马来西亚、马绍尔群岛、密克罗尼西亚（含除帕劳群岛之外的加罗林群岛）、蒙古国、缅甸、北马里亚纳群岛（含除关岛之外的马里亚纳群岛）、帕劳、菲律宾、俄罗斯（乌拉尔东部地区）、新加坡、泰国、越南、哈萨克斯坦、塔吉克斯坦、吉尔吉斯斯坦、土库曼斯坦、乌兹别克斯坦及中亚五国。

（3）西南太平洋次区。

该区包括美属萨摩亚、澳大利亚、库克群岛、斐济群岛、法属波利尼西亚、基里巴斯、瑙鲁、新喀里多尼亚、新西兰（含洛亚蒂群岛）、纽埃、巴布亚新几内亚、萨摩亚、所罗门群岛、汤加、图瓦卢、瓦努阿图、瓦利斯和富图纳群岛。

（4）日本/朝鲜半岛次区

日本、朝鲜和韩国。

1.3.2 时差计算

1884年在华盛顿举行的国际子午线会议决定，采用通过英国伦敦格林尼治天文台旧址的经线作为时间和经度计量的标准参考子午线，将其称为本初子午线。

1. 理论时区和区时

按经度线把全球划分为24个标准时区。每个时区跨15个经度，以$\lambda = 15° \times n$（$n = 0, \pm 1, \pm 2, \pm 3, \pm 4, \cdots\cdots, \pm 11, \pm 12$）的经线为该时区的中央经线，它是所在时区的标准经线。中央经线的地方平太阳时，是该时区的“标准时”，也称为区时。本初子午线所在的时区，叫作零时区，也叫作中央时区，简称中时区。中央时区的中央经线，是通过格林尼治天文台原址的0°经线。中时区的区时被称为世界标准时（Greenwich Mean Time，GMT）。

标准时刻度的确立是时间计量上的一大飞跃。它给现代社会生产、科学研究和国际间大范围的频繁交往带来了极大的便利。不过，这种理论区时制的时区，既不考虑海陆分布状况，也不考虑国家政区界限，完全是根据经线划分的。实际上各国使用的标准时制度同理论上的标准时制度是有区别的。

2. 法定时区和法定时

法定时区是各国根据本国具体情况自行规定的适用于本国的标准时区。法定时区的界限一般不是依据经线，而是依据国家实际的政治疆界和社会经济发展状况来确定的。根据法定时区确定的标准时，称为法定时。

法定时是目前世界各国实际使用的标准时。为了充分利用太阳光照，世界各国法定时区的标准经度，往往不是其适中经度，而是普遍向东偏离的经度。

从世界范围看，法定时区系统几乎比理论上的时区系统向东偏离一个时区。例如，法国和西班牙都位于中时区，它们所使用的法定时却是东一区的标准时。

OAG（全球知名的航空数据公司）的航班时刻表中的各个城市的时间都是当地标准时间，为了更方便地查阅与换算时差，OAG公布了国际时间换算表（International Time Calculator，见表1-1），表中列出了部分国家当地的标准时间与世界标准时的时间差距。

表 1-1　国际时间换算表（部分）

国家和地区	标准时差	夏令时差	夏令时使用时段
阿富汗	+4：30		
阿尔巴尼亚	+1	+2	
阿尔及利亚	+1		
安达曼岛	+5：30		
安道尔	+1	+2	
安哥拉	+1		
安圭拉	-4		
安提瓜和巴布达	-4		
阿根廷	-3		
亚美尼亚	+4		
阿鲁巴	-4		
阿森松岛	GMT		
澳大利亚**	+8		注：夏令时每年有具体的时间段。
西澳大利亚州	+9：30		
南澳大利亚州	+9：30	+10：30	
北领地	+10	+11	
首都领地	+10	+11	
新南威尔士州	+10	+11	
昆士兰州	+10	+11	
降灵节岛	+10	+11	
塔斯马尼亚州	+10	+11	
维多利亚州	+10：30		
豪勋爵岛			
奥地利	+1	+2	
阿塞拜疆	+4		
亚速尔（群岛）	-1	GMT	

注：** 表示多时区国家

3. 飞行时间的计算

计算步骤：

（1）从国际时间换算表中找出始发站和目的站的标准时间；

（2）将起飞和到达的当地时间换算成世界标准时（GMT），注意是否落在夏令时段；

（3）用到达时间减去起飞时间，即是飞行时间。

例：一票货物用飞机从广州运往纽约。2009 年 3 月 24 日南航班机从广州起程，广州时间是21：00。到达洛杉矶时，当地时间为2009年3月24日18：50。计算该票货物的飞行时间（洛杉矶时区GMT－8个小时，夏时制）。

解：

第一步：从国际时间换算表找出始发站和目的站标准时间和夏时制调整数。

CAN＝GMT＋08：00（standard time）

LOS＝GMT－08：00（standard time）＋1

第二步：将起飞和到达的当地时间换算成世界标准时（GMT），再转成夏时制。

因为广州提前GMT 8小时，把广州当地时间减去8换算成GMT。

CAN 21：00－08：00（GMT）＝GMT 13：00

因为洛杉矶落后GMT 8小时，又因为2009年3月24日处在夏时制时段，把洛杉矶当地时间减去1再加上8换算成GMT。

LOS 18：50－01：00＋08：00（GMT）＝GMT 1：50＋1天

第三步：用到达时间减去起飞时间，即是飞行时间。

25：50－13：00＝12：50（12小时50分钟）

1.3.3 航线与航班

1. 航线

民航运输必须按照规定的线路进行，这些线路叫作航空交通线，简称航线。航线不仅确定了飞机航行的具体方向、经停地点，还根据空中管理的需要规定了航路的宽度和飞机飞行的高度层，以维护空中交通秩序，保证飞行安全。航线按飞机飞行的路线分为国内航线和国际航线。飞机飞行的线路起讫点、经停点均在国内的被称为国内航线，飞机飞行的线路跨越本国国境，通达其他国家或地区的航线被称为国际航线。

世界上最繁忙的航线有：

- 西欧—北美的北大西洋航线；
- 西欧—中东的远东航线；
- 远东—北美的北太平洋航线。

此外，还有北美—南美、西欧—南美、西欧—非洲、西欧—东南亚—澳新、远东—澳新、北美—澳新等重要国际航线。

2. 航班

飞机由始发站起飞按照规定的航线经过经停站至终点站的运输飞行被称

为航班。

3. 航空港

航空港为航空运输的经停点，又称航空站或机场，是供飞机起飞、降落和停放及组织、保障飞机活动的场所。近年来随着航空港功能的多样化，港内除了配有装卸客货的设施外，一般还配有商务、娱乐中心、货物集散中心，以满足往来旅客的需要，同时吸引周边地区的人群前来生产、消费。航空港按照所处的位置分为干线航空港和支线航空港，按业务范围分为国际航空港和国内航空港。其中国际航空港需经政府核准，可以供国际航线的航空器起降营运，空港内配有海关、移民等机构。国内航空港仅供国内航线的航空器使用，除特殊情况外不对外国航空器开放。通常来讲，航空港内配有以下设施。

（1）跑道与滑行道：前者供航空器起降，后者是航空器在跑道与停机坪之间出入的通道。

（2）停机坪：供飞机停留的场所。

（3）指挥塔或管制塔：是航空器进出航空港的指挥中心，其位置应有利于指挥与进行航空管制，维护飞行安全。

（4）助航系统：是辅助安全飞行的设施，包括通信、气象、雷达、电子及目视助航设备。

（5）输油系统：为航空器补充油料的设备。

（6）维护修理基地：为航空器做归航后或起飞前例行检查、维护、保养和修理的场所。

（7）货栈。

（8）其他各种公共设施：包括水、电、通信、交通、消防系统等。

表1－2　世界上主要国家的航空港

国家名称（中文）	空港英文名称	空港中文名称
阿根廷	Buenos Aires	布宜诺斯艾利斯
埃及	Cairo	开罗
澳大利亚	Melbourne	墨尔本
澳大利亚	Perth	珀斯
澳大利亚	Sydney	悉尼
巴基斯坦	Karachi	卡拉奇

续表

国家名称（中文）	空港英文名称	空港中文名称
巴拿马	Panama City	巴拿马城
巴西	Rio de Janeiro	里约热内卢
冰岛	Reykjavik	雷克雅未克
丹麦	Copenhagen	哥本哈根
德国	Berlin	柏林
德国	Bonn	波恩
德国	Frankfurt	法兰克福
俄罗斯	Moscow	莫斯科
法国	Paris	巴黎
菲律宾	Manila	马尼拉
斐济	Nandi	楠迪
荷兰	Amsterdam	阿姆斯特丹
加拿大	Montreal	蒙特利尔
加拿大	Toronto	多伦多
肯尼亚	Nairobi	内罗毕
黎巴嫩	Beirut	贝鲁特
毛里求斯	PortLouis	路易港
美国	Chicago	芝加哥
美国	Dallas-Fort Worth	达拉斯—沃斯堡
美国	Honolulu	火奴鲁鲁
美国	Los Angeles	洛杉矶
美国	Miami	迈阿密

续表

国家名称（中文）	空港英文名称	空港中文名称
美国	New York	纽约
美国	San Francisco	圣弗朗西斯科
美国	Washington	华盛顿
也门	Aden	亚丁
墨西哥	Mexico City	墨西哥城
南非	Johannesburg	约翰内斯堡
尼日利亚	Kano	卡诺
挪威	Oslo	奥斯陆
日本	Osaka	大阪
日本	Tokyo	东京
日本	Yokohama	横滨
瑞士	Zurich	苏黎世
塞内加尔	Dakar	达喀尔
塞舌尔	Victoria	维多利亚
斯里兰卡	Colombo	科伦坡
苏丹	Khartoum	喀土穆
泰国	Bangkok	曼谷
委内瑞拉	Caracas	加拉加斯
新加坡	Singapore	新加坡
新西兰	Auckland	奥克兰
伊拉克	Baghdad	巴格达
伊拉克	Basra	巴士拉
伊朗	Teheran	德黑兰
意大利	Rome	罗马

续表

国家名称（中文）	空港英文名称	空港中文名称
印度	Bombay	孟买
印度	Calcutta	加尔各答
印度	Delhi	德里
印度尼西亚	Jakarta	雅加达
英国	London	伦敦
扎伊尔	Kinshasa	金沙萨
智利	Santiago	圣地亚哥
中国	Beijing	北京
中国	Guangzhou	广州
中国	HongKong	香港
中国	Shanghai	上海
中国	Shenzhen	深圳

1.4 国际航空货运业务手册

1.4.1 《航空货物运价及规则手册》

1. 概述

《航空货物运价及规则手册》（The Air Cargo Tariff and Rules，TACT）由国际航协出版发行，该手册涵盖了与国际航空货物运输相关的规则、货物运价和运费等信息，是从事国际航空货物运输业务的承运人和代理人的必备手册，更是相关工作人员的操作指南，其主要特征有：

（1）由100多家航空公司提供信息，是航空货运市场上最可靠和最全面的信息来源；

（2）信息来源包括具备权威性的各类行业规章；

（3）各类信息由大约70 000个来自货运行业的专业人士定期进行商讨，这些专业人士来自航空公司、海关部门、货运代理公司、机场部门等；

（4）《航空货物运价及规则手册》包含覆盖全球的230余万个运价和运费信息。

2.《航空货物运价及规则手册》包含了3个部分

《航空货物运价及规则手册》目录是本书的核心内容，详情请扫描二维码：

（1）《航空货物规则手册》（TACT RULES MANUAL）

《航空货物规则手册》一年出版3次，时间为每年的2月、6月、10月，内容包括一般规定和特殊规定。

一般规定：

1）第1章　常用资料（含国际航协代码、术语）；

2）第2章　运输货物的接管条件（含接管货物和托运人货运文件的要求）；

3）第3章　运输费用；

4）第4章　服务和相关费用；

5）第5章　支付运价和费用以及货币转换；

6）第6章　空运单含空运单的填制要求和示范。

特殊规定：

1）第7章　国别介绍含具体国家的费用收取、转运规则和出口管制；

2）货运代理的名称、联系方式和资质；

3）第8章　承运人的特别规定，含联运协议、飞机装卸舱门参数和承运人自身要求等内容。

（2）《航空货物规则手册》（TACT RATES MANUAL）

该手册包含两本，出版时间是每年的2月、6月、10月。

1）北美运价手册（TACT RATES MANUAL-NORTH AMERICA）。

该手册包含所有类型的去往和来自美国和加拿大的运价信息。

2）全球运价手册（TACT RATES MANUAL-WORLDWIDE）。

该手册包含除北美运价之外的几乎所有的城市之间的运价信息。

3. 航空代码

在航空货运当中，由于单证的大小限制、操作的方便程度等缘故，代码在货运的整个流程中的作用非常显著，它具有简洁、节省空间、容易识别等优点。一些名词的代码往往比全称重要得多。所以，在此介绍航空货运实践中一些相关的代码。

（1）国家代码

在航空运输中，国家用两字代码表示。

表1-3 常见国家的两字代码

英文全称	中文全称	两字代码
China	中国	CN
United States of America	美国	US
United Kingdom	英国	GB
Germany	德国	DE
France	法国	FR
Japan	日本	JP
Korea	韩国	KR
Singapore	新加坡	SG
Canada	加拿大	CA
Australia	澳大利亚	AU

（2）城市的三字代码

城市的三字代码在航空运输中占据着重要的地位。运输在空间上是货物从点到点移动的过程，因此，每运一票货物都涉及城市的三字代码。

表1-4 常见的城市的三字代码

英文全称	中文全称	三字代码
BEIJING	北京	BJS
GUANGZHOU	广州	CAN
SHANGHAI	上海	SHA
CHONGQING	重庆	CKG
TIANJIN	天津	TSN
SHENZHEN	深圳	SZX
HANGZHOU	杭州	HGH
KUNMING	昆明	KMG
QINGDAO	青岛	TAO
XIAMEN	厦门	XMN
DALIAN	大连	DLC
LONDON	伦敦	LON

续表

英文全称	中文全称	三字代码
NAGOYA	名古屋	NGO
SEOUL	首尔	SEL
PARIS	巴黎	PAR
CHICAGO	芝加哥	CHI
NEW YORK	纽约	NYC
TOKYO	东京	TYO
OSAKA	大阪	OSA

（3）机场的三字代码

机场通常也用三字代码表示，一些机场的三字代码与其所在城市的三字代码可能是一样的，例如天津等。从世界范围来看，大多数机场的三字代码同城市的三字代码是不一样的。

表 1－5　常见的机场三字代码

机场的英文全称	中文全称	三字代码	国家
BEIJING CAPITAL INTERNATIONAL AIRPORT	北京首都国际机场	PEK	中国
SHANGHAI PUDONG INTERNATIONAL AIRPORT	上海浦东国际机场	PVG	中国
GUANGZHOU BAIYUN INTERNATIONAL AIRPORT	广州白云国际机场	CAN	中国
INCHEON INTERNATIONAL AIRPORT	韩国仁川国际机场	JCN	韩国
HONGKONG INTERNATIONAL AIRPORT	中国香港国际机场	HKG	中国
TOKYO NARITA INTERNATIONAL AIRPORT	东京成田国际机场	NRT	日本
MEMPHIS INTERNATIONAL AIRPORT	孟菲斯国际机场	MEM	美国
TED STEVENS ANCHORAGE INTERNATIONAL AIRPORT	泰德·克蒂文斯安克雷奇国际机场	ANC	美国
CHARLES DE GAULLE AIRPORT	夏尔·戴高乐国际机场	CDG	法国

（4）航空公司的两字或三字代码

航空公司一般既有两字代码，也有三字代码，但通常使用两字代码。国际上有些航空公司也使用三字代码，例如斯堪的纳维亚航空公司的代码是SAS，详见第二章第三节。

（5）常见的操作代码与危险品代码

1）特殊操作代码。

在航空货物运输中，经常可以看到一些常见的特殊操作代码，这些代码主要供操作人员在运输的各个环节中，根据货物的性质，进行相应的操作。

表1-6 常见的操作代码

代码	英文全称	中文全称
AOG	Aircraft On Ground	紧急航材
AVI	Live Animal	活体动物
BIG	Outsized	超大货物
CAO	Cargo Aircraft Only	仅限货机运输的货物
DIP	Diplomatic Mail	外交信袋
EAT	Food Stuffs	食品
FIL	Undeveloped/Unexposed Film	未使用或未曝光的胶卷
FRO	Frozen Goods	冷冻物品
HUM	Human Remains In Coffins	尸体
ICE	Dry Ice	干冰
LHO	Living Human Organs/Blood	人体活器官或血浆
NWP	Newspapers, Magazines	报纸，杂志
OHG	Overhang Item	探板货物
OBX	Obnoxious Cargo	令人产生反感的货物
PEF	Flowers	鲜花
PEM	Meat	肉类
PER	Perishable Cargo	易腐货物
PES	Fish/Seafood	鱼或海产品
VAL	Valuable Cargo	贵重物品
WET	Shipments Of Wet Material Not Packed In Watertight Containers	湿货
HEA	Heavy Cargo/150kilograms And Over Per Piece	超重货物或单件重量超过150 kg（含）的货物

2）危险品代码。

危险品运输是航空货物运输中操作最复杂、难度最大的一类货物运输，在仓储、运输的环节中更应特别注意。操作人员在货物的外包装上经常会看到操作代码，了解这些代码的含义非常重要。

表1－7　危险品相关代码

代码	英文全称	中文全称
ICE	Dry Ice	干冰
MAG	Magnetized Material	磁性物质
RCL	Cryogenic Liquids	深冷液化气体
RCM	Corrosives	腐蚀性物质
RCX	Explosives 1.3C	爆炸品1.3C
RDS	Diagnostic Specimens	诊断标本
REQ	Excepted Quantities of Dangerous Goods	例外数量危险品
REX	To be Reserved for Normally Forbidden Explosives, Divisions 1.1, 1.2, 1.3, 1.4F, 1.5 and 1.6	通常禁运的爆炸品
RFG	Flammable Gas	易燃气体
RFL	Flammable Liquid	易燃液体
RFS	Flammable Solid	易燃固体
RFW	Dangerous When Wet	遇水释放易燃气体的物质
RIS	Infectious Substance	传染性物质
RMD	Miscellaneous Dangerous Goods	杂项危险品
RNG	Non-Flammable Non-Toxic Gas	非易燃无毒气体
ROP	Organic Peroxide	有机过氧化物
ROX	Oxidizer	氧化剂
RPB	Toxic Substance	毒性物质
RPG	Toxic Gas	毒性气体
RRE	Excepted Quantities of Radioactive Material	例外数量的放射性物质

续表

代码	英文全称	中文全称
RRW	Radioactive Material, Category I-White	放射性物质，I 级—白色
RRY	Radioactive Material, Categories Ⅱ-Yellow and Ⅲ-Yellow	放射性物质，Ⅱ级—黄色和Ⅲ级—黄色
RSB	Polymeric Beads	聚合物颗粒
RSC	Spontaneously Combustible	自燃物质
RXB	Explosives 1. 4B	爆炸品 1. 4B
RXC	Explosives 1. 4C	爆炸品 1. 4C
RXD	Explosives 1. 4D	爆炸品 1. 4D
RXE	Explosives 1. 4E	爆炸品 1. 4E
RXG	Explosives 1. 4G	爆炸品 1. 4G
RXS	Explosives 1. 4S	爆炸品 1. 4S

（6）常见的缩写

在航空运输当中，经常会见到一些缩写，这些缩写的表现形式也是代码，但各有不同的用法。

表 1－8　常见的缩写

缩写代码	英文全称	中文全称
AWB	Air Waybill	货运单
CASS	Cargo Accounts Settlement System	货运账目清算系统
CC	All Charges Collect	全部货物运费到付
CCA	Cargo Charges Correction Advice	货物运费更改通知书单
LAR	Live Animals Regulations	活体动物运输规则
NVD	No Value Declared	无声明价值
PP	All Charges Prepaid Cash	全部货物运费使用现金预付
SLI	Shipper's Letter of Instruction	货物托运书
ULD	Unit Load Device	集装器
HWB	House Waybill	分运单
MWB	Master Air Waybill	主运单

1.4.2 航空货运指南

1. 英国 OAG 国际有限公司

OAG 国际有限公司的业务最早可追溯到 1853 年，1929 年在美国发布第一本正式的《官方航班指南》（Official Aviation Guide of The Airways）。其后来发展为全球最大的航空数据信息提供商，为客运航空、货运航空及商务旅行市场提供全球航班信息及数据解决方案；为各国航空公司、机场、政府机构和旅游相关的服务公司提供准确、及时、可操作的数字信息和应用程序。通过管理、分销航线信息产品，提供企业差旅策划工具以及对旅行与运输产品开展促销活动，OAG 将航空旅行与运输的供需双方连接到了一起。OAG 以其数据管理为基础，拥有与航空和旅行相关的信息与资讯，其管理的全球航空数据库最为知名。

OAG 提供的信息覆盖全球航班分销系统和各旅游门户网站，对航空业如航空公司、机场、空交管理机构、航空金融分析机构、飞机制造商、飞机维修商、机场设计者以及政府机构都有切实帮助。

OAG 在全球经营三大类业务：OAG 航空、OAG 货运和 OAG 旅游。OAG 航空业务为航空公司、机场及航空运输业提供航空公司信息、分析服务和资产评估等方面的精准资源。该业务结合了 OAG 全球航班信息分销服务和 BACK 航空信息的优势。其中，OAG 全球航空分销服务包括时刻表分销、航班时间表、代码共享服务和中转促销；BACK 航空信息涵盖全球飞机机队、运力供应、交通需求、财务和运营数据。

OAG 货运业务为全球的航空货运行业提供了大量的创新产品与系列服务。其航空货运行业网站 oagcargo. com 包括路线与装运策划工具、危险品条例、动态货运价格数据库、空货及路面运输计划数据、跟踪与分析解决方案以及多种形式的货运时刻表产品。其知名的交互在线服务平台 inforwarding. oagcargo. com 在全球有超过 11 800 个货运代理和航空公司注册用户。

OAG 商务策划业务为跨国企业和个人商务行者提供差旅策划工具。其在线产品已在全球范围内被公认为世界标准。OAG 商旅解决方案产品包括：①航班计划数据库，为航空公司和机场及相关服务机构提供解决方案，以助其发展业务和提高业绩；为世界各地领先的旅游服务提供商、航空全球分销系统（Global Distribution System，GDS）、在线旅行社（Online Travel Agency，OTA）、移动应用程序、搜索引擎、旅游科技公司和网站提供数据服务。②航空分析套件，帮助用户监控航空公司的飞行班次与客运量趋势，确定新航线与服务，了解客流量及评估航空公司转机准点率。③航班状态数据库，通过航班数据馈送和应用程序编程接口、网站、历史航班状态报告和数字显示屏，提供及时、准确的实时航班状态信息，确保航空旅行机构及其旅客获得每日旅行信息。

2. OAG 货运航班信息

OAG 向货运代理、运输商、商务/公务托运人提供覆盖全球的航班时刻信息，可以使货运相关部门和人员更好地安排货物运输计划，提高货运效率。其电子产品策划方案包含 OAG 货运航班在线、OAG CargoDisk 增强版、ICAO 危险品指南、OAG 货运运价互动系统（AFRA）、OAG 货运公告平台；印刷品策划方案包含 OAG 货运航班指南、《ICAO 危险品技术指南》《ICAO 紧急情况处理指南——危险品》。

（1）OAG 货运航班在线

OAG 货运航班在线是为货运专业人员提供的在线货运时刻服务，供单用户或多用户使用。通过它可以访问全球超过 620 000 个货运航班的航班时刻信息，这些航班时刻均已经过确认、检查和定期更新；可以查看全球直飞和中转航班的货运时刻表信息、宽体/窄体客运航班和卡车运输时刻表的详细信息并进行选择；可以按照出发地、目的地、多家运输公司、日期和时间等多选项搜索，设计任意经停点的中转衔接，设定基于默认或特定最短转机时间（Minimum Connect Time，MCT）的中转衔接。详细的航班信息包括：飞行时间、经停点数量、设备型号、舱位等级、有效期、生效日。

（2）OAG 货运航班指南

《OAG 货运物流指南》（OAG Cargo Guide Worldwide）提供世界货运航班时刻信息，对规划货运线路有所帮助。该指南每月更新一次，涵盖 68 000 多个世界直飞和中转航班的时间表，包括货运航班、宽体客运航班和道路货运专线时间表。

《货运物流规则附录》每 6 个月更新一次，其中包括国家规定、文档要求、飞行限制等信息。包括每半年更新一次的货运指导规则，补充国家的规定（4 月及 10 月）、文件的要求、货运和客运航空公司信息、机场到机场的卡车服务信息、各国的银行和公共假期、飞机装载的限制。可按照承运人、中转城市、机型进行搜索访问航线、飞机以及城市的代码，世界城市名录和世界时区图，国际时间计算器，全球各航空公司的联系信息。

OAG Cargo Guide Worldwide（Book）

图 1－1　OAG 国际有限公司的主要产品

（3）《ICAO 危险品技术指南》

许多使用航空运输工具进行危险品运输的托运人、代运人和承运人并不了解他们所使用的规章制度是在国际民航组织（ICAO）相关条款的基础上建立起来的。《ICAO 危险品技术指南》囊括了全球所有成员对空运危险品和有害物质的官方法律规定（包括在成员国或地区之内注册的航线），对危险品空运进行全面、详细的指导，包括识别（联合国标准）、包装、限制、文档以及处理。ICAO 根据对空运的危险品的类型和性质改变速度的了解，国际民航组织在定期审核权威机构（例如国际危险品运输专家委员会和国际原子能机构）重大决策的基础上，每两年发布一次危险品指南，有英文、法文、俄文、西班牙文、中文和阿拉伯文版本可供选择。

（4）《ICAO 紧急情况处理指南——危险品》

《ICAO 危险品技术指南》适用于由危险品引发的飞行事故，囊括了国际民航组织全球所有成员对运输危险品的官方法律规定（及成员国内注册的航线）。《ICAO 紧急情况处理指南——危险品》参考了这些说明，以易于使用的形式介绍了如何处理危险品在飞行中引发的事故。这为避免和减少在飞行中由危险品引发的事故所造成的物质和经济损失提供了快速反应的保障。

《ICAO 紧急情况处理指南——危险品》是如何处理飞行中危险品引发的事故的官方指南，依据国际民航组织专家对事故的检验与分析，列举了处理所有危险品突发事件的指导信息，针对安全空运危险品的技术说明中列出的每一项，都规定了具体的飞行紧急情况演习规范，同时为飞行着陆时危险品引发的事故，提供了非常有帮助的第一时间应对措施。

本章小结

本章介绍了航空货运代理行业的工作环境，从航空货运市场的特点谈起，明确了民用航空在国家发展中的地位和作用，接着分析了国内外航空货运行业的形势和发展趋势。重点是航空运输地理和航空业务手册的介绍。

阅读链接

1. 国际航空协会网站：www. iata. org
2. OAG 国际有限公司：www. oag. com. cn

思考题

一、选择题

1. 全球分成 24 个时区，每个时区跨 15 个经度，以 0°经线为基准线，(　　)的区间为 0 时区。

A. 从西经 5°30′到东经 5°30′　　B. 从西经 6°30′到东经 6°30′

C. 从西经 7°30′到东经 7°30′　　D. 从西经 8°30′到东经 8°30′

2. 国际航空运输协会将全世界划分成（　　）个业务区域。

A. 3　　B. 4　　C. 5　　D. 7

3. 北京至圣弗朗西斯科之间为 IATA 区域的（　　）。

A. 三区与二区之间　　B. 三区与三区之间

C. 一区与二区之间　　D. 三区与一区之间

4. 航空货运具有运送速度快、破损率低、安全性好、空间跨度大、可节省生产企业的相关费用及（　　）等特点。

A. 运价比较高

B. 载量有限

C. 易受天气影响

D. 易于与其他运输方式实现国际集装箱多式联运

5. 下列国家中的（　　）属于国际航协 TC3 区。

A. 中国　　B. 伊拉克

C. 新加坡　　D. 澳大利亚

二、判断题

1. 某一票货物用飞机从北京直接运往悉尼。假设班机起飞与抵达时间（均为当地时间）分别为北京 8：00，悉尼 15：00。悉尼与北京标准时间的时差为 +2，则运输该票货物的飞机的飞行时间为 9 小时。（　　）

2. 《航空货物规则手册》（TACT RULES MANNAL）每两个月出版一期。（　　）

3. 《OAG 货运物流指南》主要公布全货机和可装载货物客机的航班时刻表，每年出版一期。（　　）

4. 从世界范围来看，大多数机场的三字代码与城市三字代码是相同的。（　　）

5. 航空公司一般既有两字代码，也有三字代码，但通常使用两字代码。（　　）

三、简答题

1. TACT 的英文全称是什么？包含哪几本手册？每年出版几期？在 TACT 操作手册中，工作人员可以查阅哪些方面的信息？

2. OAG 的全称是什么？其印刷品每年出版几期？在几月出版？主要向客户提供什么信息？

3. 某客户向国际货运代理人咨询国际航协出版的《航空货物运价及规则手册》（TACT）相关事宜，请简述 TACT 三个部分的内容。

学习情景 1

蓝海国际货运代理有限公司的老总郭宝关自从在公司设立了国际空运部后，就在为员工的培训烦心。空运比其他运输方式对员工有更高的要求，特别是计算能力和英语水平。经过本章的学习，你们一定知道为什么。动动脑筋，帮他设计一些提高时差计算能力的题目，同时从国际航协网站找找航空手册资料，看看能不能翻译成中文供郭总参考。

第2章 航空货代工作主体

关键术语

ICAO IATA SITA 航空组织 航空代理 销售代理 空运客户

学习目标

- 了解航空运输保障体系；
- 学会通过航空货运单的数字前缀来确认承运航空公司；
- 熟悉国际航空货代企业的主要作用；
- 能够在具体案例中界定航空运输承托双方的责任；
- 掌握国际民用航空组织、国际航空运输协会、国际电讯协会的作用。

航空货运的执行者是航空货运服务的提供者——航空货运企业，航空货运服务的接收者形成了航空货运市场的客户群。

2.1 国际航空运输组织

2.1.1 国际民用航空组织

国际民用航空组织（International Civil Aviation Organization，ICAO）是

政府间的国际航空机构，它是根据1944年芝加哥《国际民用航空公约》设立的，是联合国所属专门机构之一，我国是该组织成员。国际民用航空组织总部设在加拿大的蒙特利尔。该组织的愿景是实现一个可持续的全球民用航空体系，使命是通过成员及利害攸关方的合作，制定政策、标准，开展合规性审计，进行研究和分析，提供援助和建设航空能力。主要指：

（1）保证全世界国际民用航空安全和有秩序的发展；

（2）鼓励发展和平用途的航空器的设计和操作技术；

（3）鼓励发展国际民用航空应用的航路、机场和航行设施；

（4）满足世界人民对安全、正常、有效和经济的航空运输的需要；

（5）防止因不合理的竞争造成经济上的浪费；

（6）保证缔约各国的权利充分受到尊重，每个缔约国均有经营国际空运企业的公平机会；

（7）避免缔约各国之间的差别待遇；

（8）促进国际航行的飞行安全；

（9）普遍促进国际民用航空在各方面的发展。

2.1.2 国际航空运输协会

国际航空运输协会（International Air Transport Association，IATA），以下简称国际航协，是联结各国航空运输企业之间的组织，其会员包括全世界100多个国家的经营国际、国内定期航班的航空公司。我国的多家航空公司，近年来也陆续加入了国际航协。国际航协于1945年4月16日在古巴哈瓦那成立，目前下设公共关系、法律、技术、运输、财务、政府和行业事务六个部门。其主要宗旨是：

（1）促进安全、正常和经济的航空运输以造福世界各族人民，培植航空商业并研究与其有关的问题；

（2）为直接或间接从事国际航空运输服务的各航空运输企业提供协作的途径；

（3）与国际民航组织及其他国际组织合作。

半个多世纪以来，国际航协充分利用拥有的航空公司的专门知识在多个方面作出了重大贡献，包括推动地空通信、导航、航空器安全飞行等新技术的发展；制定机场噪声、油料排放等环境政策；与国际民航组织密切联系制定一系列国际公约；协助航空公司处理有关法律纠纷；筹建国际航空清算组织；推进行业自动化，促进交流；为发展中国家航空运输企业提供从技术咨询到人员培训的各种帮助；在航空货运方面制定空运集装箱技术说明及航空货运服务的有关规章；培训国际航协代理人等。定期召开的国际航协会议为会员提供了讨论航空运输规则、协调运价、统一单证、财务结算等问题的场所。可以这样说，国际航空运输业之所以有今天的规模，离不开国际航协的努力，“它的工作……使飞行从一种科学现象转变为全世界人人都能够享用的公共事业”。

国际货运代理协会联合会（International Federation of Freight Forwarders Associations，FIATA）是国际货运代理行业组织，是公认的国际货运代理的代表，是世界范围内运输领域中最大的非政府和非营利组织。国际货运代理协会联合会的成员不局限于国际货运代理行业，还包括报关、船舶代理、仓储、包装、卡车集中托运等企业。国际货运代理协会联合会的主要活动是利用其网络系统，为国际航空运输业提供信息和通信服务。国际货运代理协会联合会下设多个委员会，如海运、铁路运输、公路运输、航空运输、海关、职业培训等，其中航空运输委员会是唯一的永久性机构。国际航协与国际货运代理协会联合会共同开发了“国际航空货运代理培训课程”（International Air Cargo Training Programme）。这项课程的学习目标是给托运人正确和有用的建议；为国际航空货物运输作出适当安排和定吨位；为普通货物和符合特定商品条件的商品计算正确运价和费用以及货物分级运费率；按照适用的国际航协规则和程序填写航空货运单。

2.1.3 国际航空电讯集团

国际航空电讯集团（Société Internationale de Télécommunications Aéronautiques，SITA）成立于1949 年，现在已成为世界航空运输业领先的IT 商务解决方案和通信服务提供商。目前其在世界各地拥有约400 个航空运输业会员，包含航空公司、机场、航空航天公司、空中交通管制组织、政府和国际组织。国际航空电讯集团的发展目标是通过技术实现航空运输业的转型，关注成本效益、运营效率和成本削减，为行业引入新技术并引领创新。国际航空电讯集团不仅为航空公司提供网络通信服务，还为其提供共享系统，如机场调度系统、货运系统、国际票价系统等。

1. 机场调度系统

国内、国际旅客离港办理手续存在沿用两套分离系统的情况。如果只是国内通航，这并不存在任何问题，但在国际通航时，每一家航空公司都拥有各自的主机系统和操作平台，如美国联合航空公司和美国西北航空公司，当几十家国际航空公司集中在一个机场时，不采用统一平台，数据交互会非常麻烦。此外，扩容也是一大难题，如果已经约定好在国内柜台办理手续，就不能随便分给其他的国际航空公司办理。当候机楼设施不足时，要扩大值机岛，究竟该扩哪一块？如果扩容国内的，那么外航就无法使用，而如果扩容外航的，国内航班又使用不了。国际和国内系统分开，给机场的建设带来极大的资源浪费，仅是备两套打印机来打印旅客的登机牌、行李标签一项，就花费不菲，更不要说是几十家航空公司使用各自不同的主机系统、不同的操作平台，况且在旅客高峰时期也很难实现人员的调配。旅客离港系统是候机大楼最主要的系统之一，牵涉所有旅客办理登机手续、行李托运等各个环节。引入 SITA 系统，当机场遇到旅客高峰期时，如果柜台不够，可以方便地利用移动值机装置办理登机手续，通过候机楼的无线通信网络，实现在任何地点、任何航班、任何柜台之间的动态分配。另外，如果旅客没有行李，还可以在自动值机装置上完成自主服务，自主挑选座位、打印登机牌。

在机场，最让旅客感到不满的可能就是航班延误问题。国际航空电讯集团可以帮助解决航班延误问题。除了天气等不可抗因素外，飞机的晚点与许多因素环环相扣。在外行看来，飞机晚点一般是调度方面的原因，其实从起点到终点的飞行过程只是航空运输的一部分，飞机能否准点起飞，还涉及送餐管理、行李管理、清洁、加机油检修等工作，机场如果能在这些环节上实现科学管理，哪怕只节约一分钟，节省出来的资源和带来的效益都将非常可观。

企业实践

国际航空电讯集团的共用值机平台（Airport Connect CUTE）共用离港值机系统帮助北京首都国际机场 2 号、3 号航站楼缩短了值机和登机时间。每个 CUTE 工作站使用一个预先一体化的浏览器并通过 IP 连接，以满足各个航空公司的需求。该平台支持北京首都国际机场的 T3A 号和 T3B 号航站楼内的最多 500 个 CUTE 工作站。在帮助奥运会主办国家为迎接史无前例的巨大旅客流量做准备的工作中，发挥至关重要作用的一直是国际航空电讯集团的长期传统。

2017 年旅客吞吐量达 6 583.69 万人次的中国区域枢纽机场——广州白云国际机场采用国际航空电讯集团的机场连接开放式（Airport Connect Open）共用离港系统和行李管理解决方案。该机场是国内首家采用统一平台、统一界面旅客离港系统的机场。

2. 行李查询系统

以前，乘客办理了登机手续后，人和行李是不能分离的。如果乘客因为某种原因没有登上飞机，飞机是不能关闭舱门的，需要到机舱腹部一件件寻找旅客的行李，因为这种原因造成的飞机延误也很多。使用国际航空电讯集团的行李跟踪管理系统，当乘客乘机或是转机时，工作人员在装舱时，会用手持的扫描仪进行扫描，确定行李的位置信息。当飞机需要起飞而旅客不在时，可以在系统中随时调出每一件行李的信息，再与地面系统取得联系。如果乘客来不了，也能较为容易地拣出行李，关闭舱门，防止飞机延误。

3. 国际航空电讯集团货运系统提供如下服务

（1）与外地营业部、驻外办事处联网；

（2）及时将航班信息、运单信息、入库信息、装载信息、货物到达信息及中转信息等数据输进网络；

（3）航班关闭后自动给航站拍发仓库报、运单报等货运电报；

（4）航站只要打开网络，就能全程追踪货物的情况。

4. 国际票价系统

国外航空公司在国内售票只有两种途径，要么自己租用一条专线直接接到终端上，要么交由本地代理服务公司负责。外航的很多折扣都只有在其终端上购票才能享受，如果通过代理服务公司购票就很难享受到，而机场聚集着几十家外航公司，不可能每一家都租用自己的专线。在订票方面，国际航空电讯集团统一的界面也会让乘客享受的服务大为改观。如果采用统一平台，系统就可以任意登录某一家外航公司的主机，且呈现的都是统一的中文界面，这对操作人员来说就没有任何障碍了。

2.2 国内民航行业协会概况

承担国际航空代理行业承运人角色的航空公司，需要同中国民航飞行员协会、中国民用航空维修协会、中国民用机场协会、中国航空运输协会打交道，这些行业协会对保障航空货代市场运力的供应起了很好的指导和稳定作用。与其他运输方式不同，航空货运的舱位销售与航空运输是完全分离的，航空货运公司只负责运输，而航空货代负责舱位销售。所以，航空货运公司必须以某种形式与航空货运代理企业捆绑在一起以保证利益的最大化。很多航空货运代理企业实际上是航空公司的子公司或由其派生出来的，所以航空公司的活动也势必影响航空货运代理企业的业务。特别是中国航空运输协会的业务范围包含了督导航空公司做好航空销售代理人的工作，监督并约束会员单位业务代理的行为规范，反对不正当竞争，维护航空运输企业的合法权益的内容。

2.2.1　中国民航飞行员协会

中国民航飞行员协会（China Airline Pilots' Association，CHALPA）是由中国民用航空飞行员自愿结成并依法登记成立的学术性、非营利性、经中华人民共和国民政部核准登记注册的全国性社团法人。

该协会的宗旨是遵守宪法和法律法规及政策，遵守社会职业道德；坚持科技兴国与科学发展观，坚持民主办会原则，充分发扬学术民主，提倡辩证唯物主义和历史唯物主义，坚持科学的发展观；开展学术技术交流，为会员提供信息交流平台；维护飞行员的合法权益，反映广大飞行人员的意愿和要求；为广大飞行员服务，为政府、企事业与会员之间的沟通发挥桥梁与纽带作用。

该协会接受业务主管单位中国民用航空局的业务指导以及社团登记管理机关中华人民共和国民政部的监督管理。

2.2.2　中国民用航空维修协会

中国民用航空维修协会（Civil Aviation Maintenance Association of China，CAMAC）是由中国境内涉及民用航空维修的单位，依据我国有关法律规定自愿结成的、行业的、不以营利为目的，经中华人民共和国民政部核准登记的全国性社会团体法人。

该协会的宗旨是遵守宪法、法律、法规和国家政策，遵守社会公德；贯彻执行行业规章和有关政令，协助政府加强行业管理，在政府主管部门与企业之间发挥桥梁与纽带作用；制定行业标准，规范行业行为，促进行业发展，协调同业关系，提升行业竞争力，为航空公司提供优质服务；维护会员单位的利益和业内工作者的权益；促进与国际维修业同行的交流与合作。

该协会的业务主管单位是中国民用航空局，登记管理机关是中华人民共和国民政部。协会接受民航局的业务指导和民政部的监督管理。

2.2.3　中国民用机场协会

中国民用机场协会（China Civil Airports Association，CCAA）是以中国民用机场为主体，由全国民用机场、相关企事业法人和社团法人自愿结成的全国性、行业性、非营利性的社团组织，在业务上接受中国民用航空局的领导和指导，是经中华人民共和国民政部核准登记注册的社团法人。该协会成立于2006年8月25日，总部设在北京。截至2017年，该协会共有会员单位272个，其中机场会员207个，非机场会员65个。该协会秘书处内设行政综合部、专业委员会事务部、财务部、培训与外联事务部4个部门。下设机场发展战略、机场安全（安保）、机场法律、机场运行指挥、机场设施设备、机场信息技术、机场航线营销、机场商业零售、机场文化、机场建设、临空经济、机场货运、机场财经、通用机场发展、中小机场空管、机场医疗救护、机场空地联运、机场贵宾服务以及机场专家委员会等专业委员会。

2.2.4　中国航空运输协会

中国航空运输协会（China Air Transport Association，CATA）是依据我国有关法律规定，以民用航空公司为主体，由企事业法人和社团法人自愿参加组成的、行业性的、不以营利为目的，经中华人民共和国民政部核准登记注册的全国性社团法人。该协会的业务主管单位是中国民用航空局。

2.3　航空运输中的承运人

航空公司是航空运输的承运人，也被称为航空运输企业。航空货运代理从业人员必须熟知国内外航空公司的名称、代码，甚至标志，以便准确、快速操作货运服务。《航空货物运价及规则手册》列出了世界上所有航空公司的二字代码和三字代码,以及航空货运单上代表航空公司的三个数字前缀。下面介绍一些国内外主要货运航空公司。

2.3.1　国内航空公司的情况

截至2016年年底，四大航空集团，包括中航集团、南航集团、东航集团、海航集团共占据我国民航88%的市场份额。

1. 中国航空集团有限公司（简称中航集团）

中航集团是以中国唯一载国旗飞行的航空运输企业——中国国际航空公司为主体，联合中国航空总公司、中国西南航空公司等企业，组建的特大型国有航空运输集团公司。中航集团于2002年10月11日正式成立，经营范围包括集团公司及其投资企业中由国家投资形成的全部国有资产和国有股权的经营工作、飞机租赁、航空器材及设备的维修。

中航集团成立后，其航空运输主业实现了一体化运营，在中国香港、英国伦敦和中国上海成功上市；通过资产重组将非航空业务整合为基本建设及酒店物业管理、资产管理、金融服务、民航快递和传媒广告等专业公司。中航集团的经营业务涵盖航空客运、航空货运及物流两大核心产业，涉及飞机维修、航空配餐、航空货站、地面服务、机场服务、航空传媒等高相关产业，以及金融服务、航空旅游、工程建设、信息网络等延伸服务产业。

2. 中国南方航空集团有限公司（简称南航集团）

南航集团成立于1995年，是中央管理的三大骨干航空集团之一。主营航空运输业务，兼营飞机发动机维修、进出口贸易、金融理财、传媒广告、地产等相关业务。南航集团在中国上海、中国香港和美国纽约三地上市，在杭州、青岛等地设有22个国内营业部，在纽约、新加坡等地设有68个国外办事处。

南航集团是亚洲机队规模和年客运量最大的航空公司。2017年，南航旅客运输量超过1.26亿人次，位列亚洲第一、全球第四。南航集团围绕广州、北京、乌鲁木齐、重庆，形成密集覆盖国内，全面辐射亚洲，有效链接欧洲、美洲、大洋洲、非洲的发达航线网络。南航集团是国内综合保障能力最强的航空公司。南航集团拥有培养飞行员的能力，与北京航空航天大学联合创办飞行学院，在珠海拥有亚洲最大的飞行训练基地；机务维修实力雄厚，旗下的广州飞机维修工程有限公司（GAMECO）建有亚洲最大的飞机维修机库，与德国MTU公司合建有国内最大、维修等级最高的航空发动机维修基地；保障体系完善，自主研发的飞行运行控制系统和发动机性能监控系统是国内航空业最为先进的系统。

3. 中国东方航空集团有限公司（简称东航集团）

东航集团的总部位于上海，是我国三大国有骨干航空运输集团之一，前身可追溯到1957年1月在上海成立的第一支飞行中队。经过持续的产业结构调整和资源优化整合，东航集团现已形成以航空客运为核心主业，以航空物流、航空金融、航空地产、航空食品、融资租赁、进出口贸易、航空传媒、实业发展、产业投资为相关协同产业的“1+9”现代航空服务集成体系。

作为集团核心主业的中国东方航空股份有限公司，于1997年成为首家在美国纽约、中国香港、中国上海三地上市的中国航企。目前，东航运营着超过650架客、货运飞机组成的现代化机队，主力机型平均机龄5.39年，是全球规模航企中最年轻的机队之一。作为天合联盟成员，东航年旅客运输量超过1.1亿人次，位列全球第七，航线网络通达全球177个国家和地区、1 074个目的地。

4. 海航集团

海航集团是在中国改革开放的时代背景下快速成长起来的大型跨国集团，成立于1993年。海航集团从单一的地方航空运输企业发展为以航空旅游、航空物流为核心，以航空租赁、航空技术为辅助支撑平台，夯实航空主业可持续发展的根基，致力于打造现代航空服务综合运营商。国内主要航空公司见表2-1，国内航空公司关系见表2-2。

表2-1 国内主要航空公司

公司标志	代码	货运单号前缀	公司名称	域名
	CA	999	中国国际航空股份有限公司	http：//www. airchina. com. cn
	CA	999	中国国际货运航空有限公司	http：//www. airchinacargo. com
	MU	781	中国东方航空股份有限公司	http：//www. ceair. com
	CK	112	中国货运航空有限公司	http：//www. ckair. com
	CZ	784	中国南方航空股份有限公司	http：//www. csair. com. cn
	MF	731	厦门航空有限公司	http：//www. xiamenair. com. cn
	HU	880	海南航空股份有限公司	http：//www. hnair. com
	Y8	871	扬子江快运航空有限公司	http：//www. yzr. com. cn

续表

公司标志	代码	货运单号前缀	公司名称	域名
	8L	859	云南祥鹏航空有限责任公司	http：//www. luckyair. net
	SC	324	山东航空股份有限公司	http：//www. shandongair. com. cn
	KN	822	中国联合航空有限公司	http：//www. flycua. com
	ZH	479	深圳航空有限责任公司	http：//www. shenzhenair. com
	3U	876	四川航空股份有限公司	http：//www. scal. com. cn
	BK	866	奥凯航空有限公司	http：//bk. travelsky. com
	9C	786	春秋航空股份有限公司	http：//www. air－spring. com
	G5	987	华夏航空有限公司	http：//www. chinaexpressair. com
	HO	018	上海吉祥航空股份有限公司	http：//www. juneyaoair. com
	JD	898	金鹿航空有限公司	http：//www. deerjet. com

表2－2 国内航空公司之间的关系表

南航集团	核心企业为中国南方航空，现有新疆、北方、北京、深圳、黑龙江、吉林、大连、湖北、湖南、广西、海南、上海、西安、四川、云南、台湾16家分公司和厦门航空、贵州航空、河南航空、汕头航空、珠海航空、重庆航空6家航空控股子公司，在珠海设有南航通用航空有限公司
东航集团	核心企业为中国东方航空，拥有中国西北航空、云南航空、中国货运航空、中国联合航空等24家全资及控股子公司

续表

中航集团	核心企业为中国国际航空，拥有澳门航空（1）、山东航空、深圳航空、浙江航空、鲲鹏航空、中国国际货运航空等控股子公司
海航集团	核心企业为海南航空（2）拥有大新华航空，整合了新华航空（2）、长安航空（2）、山西航空（2）、云南祥鹏航空、西部航空、扬子江快运航空、天津航空、金鹿公务航空、香港航空（3）、香港快运航空（3）
廉价航空公司	春秋航空
货运	中国货运邮政航空、中国货运航空、上海国际货运航空、深圳东海航空、长城航空、银河国际货运航空
其他	中国飞龙专业航空、华夏航空、吉祥航空（原凤凰航空）、奥凯航空、英安航空、中信通用航空

注：（1）以澳门为基地的航空公司。（2）2002年10月根据中国民用航空总局关于海南航空集团实施合并运行的批复，海南航空集团旗下四家航空公司（海南航空、新华航空、长安航空、山西航空）统一使用海南航空“HU”两字代码（IATA代码）、统一CI标识、统一安全责任，实施了合并运行。实行了代码、机队、营销网络、地面保障和各类资源的共享。（3）以香港为基地的航空公司。

2.3.2 外国航空公司的情况

这里将全球主要空运承运人做一个简单的介绍。

1. 总部在美国的主要货运航空公司

联邦快递（FedEx Express）成立于1973年，凭借隔夜运输理念成为世界第一大货运公司，每天处理货物量达500万件，员工人数超过32万（截至2015年）。联邦快递货运量占美国国内货运市场的40%，专营美国国内外限时及门到门的快递业务，是国际航协的正式会员，公司总部设在美国田纳西州孟菲斯市（Memphis，TN，USA）。

达拉斯沃斯堡小鹰货运航空公司（Kitty Hawk Air Cargo），总部设在美国得克萨斯州达拉斯市（Dellas，TX，USA），向其他航空公司提供湿租机业务，并租用其他航空公司的机队进行包机货物运输。该航空公司是亚美利加国际货运公司和南方航空运输公司的母公司，在世界货运公司中排名第七。

极地货运航空公司（Polar Air Cargo），总部位于美国纽约（New York，USA），主营美国至亚洲、南太平洋、南美洲、欧洲、中东、印度等地区或城市的定期普货运输，并提供环球包机业务，在各大货运公司中排名第五。

联合包裹服务公司（United Parcel Service，UPS），总部位于美国佐治亚州亚特兰大市（Atlanta，GA，USA），经营范围为美国国内外限时及门到门快递业务，是世界上最大的快递承运商与包裹递送公司。

阿特拉斯航空货运公司（Atlas Air），总部位于美国科罗拉多州金城（Golden，CO，USA），为国际一些主要航空公司提供货运业务，并利用清一色的波音 747 型机队，开展飞机出租业务。

敦豪航空货运公司（DHL Airways Inc.）总部位于美国加利福尼亚州雷德沃德市（Redwood，CA，USA），以快递业务为经营核心，以辛辛那提机场为基地建立全球快递网，支持 DHL 的门到门递送业务，是一家具有很大知名度的货运公司，已在中国各大城市开展经营业务。

埃默里世界航空货运公司（Emery Worldwide Airlines），总部位于美国俄亥俄州温达利亚市（Uandalia，Ohio，USA），以代顿（Dayton）机场为中心，建立北美货运航空网络，着重快递业务和超重货物运输市场。该公司同时经营国内、国际包机和跨大西洋运输业务。

长青国际航空公司（Evergreen International Airlines），总部位于美国俄勒冈州麦克明维尔市（McMinnville，OR，USA）。

2. *总部在欧洲和亚洲的主要货运航空公司*

欧洲航空运输公司（European Air Transport），总部位于比利时扎芬特姆市（Zaventem，Belgium），是敦豪环球快递的一家全控股分公司，其以布鲁塞尔为基地的欧洲航空网为敦豪跨欧洲运输经营提供了强大的支持。

卢森堡国际航空货运公司（Cargolux Airlines International S. A.）总部位于卢森堡，经营欧洲、美国、拉丁美洲、中东、非洲和亚太地区的定期货运航班，同时提供包机业务、租机业务和飞机维修业务。以卢森堡机场为基地，该公司建立了通往欧洲各大枢纽机场的地面运输网，是世界第四大货运航空公司，以极高的飞机使用率和优良的经营管理享誉世界。

汉莎货运航空公司（Lutthansa Cargo AG.）总部位于德国法兰克福市（Frankfurt，Germany），公司协助汉莎集团旗下的康多尔航空公司（Condor）、汉莎城市航空公司（Lufthansa City Line）及其他一些客运航线进行货物运输业务，是全球最大的货运航空公司之一，也是国际航协组织的正式成员。

日本货运航空公司（Nippon Cargo Airlines），总部位于日本东京（Tokyo，Japan），主营日本至美国、欧洲、南亚的全货运业务。

表 2－3　国外主要货运航空公司代码表

代号	货运单号前缀	航空公司名称	代号	货运单号前缀	航空公司名称
5X	406	美国联合包裹服务公司	KQ	706	肯尼亚航空公司
5Y	369	美国阿特拉斯航空货运公司	KZ	933	日本货运航空公司
VV	870	乌克兰空中世界航空公司	LA	045	智利航空公司
AC	014	加拿大航空公司	LH	020	德国汉莎货运航空公司
AF	057	法国航空公司	LO	080	波兰航空公司
AR	044	阿根廷航空公司	LY	114	以色列航空公司
AY	105	芬兰航空公司	MH	232	马来西亚航空公司
AZ	055	意大利航空公司	NH	205	全日空航空公司
BA	125	英国航空公司	NW	012	美国西北航空公司
BI	672	文莱皇家航空公司	OS	257	奥地利航空公司
CV	172	卢森堡国际航空货运公司	OZ	988	韩亚航空公司
DT	118	安哥拉航空	PO	403	美国极地货运航空公司
EI	053	爱尔兰国际航空公司	QF	081	澳洲航空公司
EK	176	阿联酋航空公司	QY	615	欧洲航空货运公司
ET	071	埃塞俄比亚航空公司	RA	285	尼泊尔王家航空公司
EZ	494	美国长青国际航空公司	SK	117	北欧航空公司
FX	023	美国联邦航空公司	SQ	618	新加坡航空公司
GA	126	印度尼西亚鹰航空公司	SR	085	瑞士航空公司
HY	250	乌兹别克斯坦航空公司	SU	555	俄罗斯航空公司
IR	096	伊朗航空公司	T5	542	土库曼斯坦航空公司

续表

代号	货运单号前缀	航空公司名称	代号	货运单号前缀	航空公司名称
JL	131	日本航空公司	TG	217	泰国国际航空公司
JT	990	印尼狮子航空公司	TK	235	土耳其航空公司
JS	120	朝鲜航空公司	UA	016	美国联合航空公司
K4	272	卡利塔航空公司	UB	209	缅甸国际航空公司
KC	465	阿斯塔纳航空公司	VI	412	伏尔加第聂伯航空公司
KE	180	大韩航空公司	VN	738	越南航空公司
KL	074	荷兰皇家航空公司	VS	932	维珍航空公司

2.3.3 承运人的责任

1. 承运人责任的提出

航空运输是以航空器为运输工具，实现旅客、行李、货物、邮件在区域间位置转移的活动。按照1929年10月12日在波兰首都华沙签署的《华沙公约》（全称为《统一国际航空运输某些规则的公约》）对航空运输的定义，航空运输是指以航空器为运输工具，运送人员、行李或者货物而收取报酬的或以航空器为运输工具办理的免费运输的活动的统称。它是基于承运人与旅客或货主之间所签订的航空运输合同而产生的法律行为。在这一合同的基础上，承运人与空运服务的相关人员之间产生了一系列的权利和义务关系。承运人责任是承运人基于航空运输合同而对空运服务相关人员所担负的侵权损害赔偿责任。与铁路、公路等其他运输方式相比，航空运输是风险较大的一种运输方式。这是由于在飞行过程中，航空器往往会受到天气，机械或电子设备故障，驾驶员操作失误及航空器本身存在的产品设计、制造上的缺陷等不可预知的因素的影响，无法避免地发生飞行事故，造成机毁人亡的严重后果。对于向承运人支付相应的对价，并且在整个运输过程中处于相对弱势地位的旅客和货主来说，让他们承担这种损失是不符合法律所追求的公平、正义的价值要求的。因此，作为受害人，旅客和货主的利益应该得到法律的保护，他们的损失也应该得到相应的补偿。承运人民事责任制度设立的根本目的，就在于维持航空运输合同主体间利益关系的平衡，它通过赔偿损失这一财产责任形式，让被破坏了的承运人与旅客和货主之间的利益关系得到恢复，使其重新恢复到平衡的状态。

2. 承运人责任的法律规定

有关承运人的损害赔偿责任，是由《华沙公约》确立下来的。该公约于1958年10月18日正式对我国生效。《华沙公约》最重要的贡献在于，它统一了国际航空运输的规则和条件，为解决国际航空运输过程中产生的侵权损害赔偿问题，提供了国际统一的标准和条件，该公约是国际私法领域制定国际统一规则的最成功的范例，对承运人损害赔偿责任的规定是该公约最主要的实体性法律成果，公约明确规定了承运人应对因其行为所造成的旅客、货主的人身和财产损害承担赔偿责任。《华沙公约》第十七条规定：“对于旅客因死亡或身体上的任何其他损害而产生的损失，如果造成这种损失的事故是在航空器上或者在上、下航空器的过程中发生的，承运人应当承担责任。”《华沙公约》第十八条规定：“一、对于任何已登记的行李或货物因毁灭、遗失或者损坏而产生的损失，如果造成毁灭、遗失或者损坏的事故发生在运输期间，承运人应负责任。二、上款所指航空运输的意义，包括行李或货物在承运人保管下的期间，不论是在航空站内、在航空器上或在航空站外降落的任何地点。”

由于《华沙公约》在国际民用航空运输方面的权威性和影响力，各国在其国内的民用航空法律规定中都沿用了这一公约的规定，作出了符合本国实际情况的承运人赔偿责任。例如，我国《民用航空法》在第一百二十四条规定：“因发生在民用航空器上或者在旅客上、下民用航空器过程中的事件，造成旅客人身伤亡的，承运人应当承担责任。”第一百二十五条对行李和货物也作了类似的规定：“因发生在民用航空器上或者在旅客上、下民用航空器过程中的事件，造成旅客随身携带物品毁灭、遗失或者损坏的，承运人应当承担责任。”“因发生在航空运输期间的事件，造成货物毁灭、遗失或者损坏的，承运人应当承担责任。”

由于航空运输活动的特点，《华沙公约》对承运人采取了限制责任的原则，即给承运人的赔偿责任限定了一个最高的数额，承运人只在这个范围内对旅客和货主承担赔偿责任。例如，《华沙公约》规定：“运送旅客时，承运人对每名旅客的责任以12.5万法郎为限。根据案件受理法院所在地的法律，可以用分期付款方式赔偿损失的，赔偿的总额不得超过此限额。但是，旅客可以通过其同承运人的特别协议，约定一个较高的责任限额。”“在运输已登记的行李和货物时，承运人对行李或者货物的责任以每千克250法郎为限，除非旅客或托运人在交运时，特别声明行李或货物交付时的价值，并支付必要的附加费。在这种情况下，承运人偿付金额应不超过声明价值，除非承运人证明声明的金额高于在目的地点交付时行李或货物的实际价值。”“关于旅客自己保管的物件，承运人对每名旅客的责任，以5 000法郎为限。”继《华沙公约》之后的一系列航空运输公约，都承袭了对承运人的限制责任原则，它们与《华沙公约》的区别只在于顺应了社会经济条件的发展变化，将赔偿额作了适度的调整。

对承运人的赔偿责任采取限制责任的原则是有其客观原因的。由于飞机本身价格昂贵，其在飞行中的风险也很大，因此，承运人在经营航空运输过程中的经营成本很高，一旦发生航空事故，航空公司就将面临巨额的财产损失，如果对承运人实行无限制的赔偿责任，那么，高额的赔偿金足以使众多的航空公司面临破产。同时，这一规定，也必然会影响投资者对航空运输业的投资兴趣，不利于航空运输业的长远发展。采取限制责任原则，既有利于保护承运人的利益，维持承运人从事航空运输业的积极性，也有利于保护旅客和货主的长远利益。

3. *承运人责任的归责原则*

民事责任的归责原则最早依据的是加害责任原则，追究违法行为人的损害责任不以主观上有无过错为必要条件，而仅以是否造成了损害后果为标准，“有损害就有责任”是当时承担民事责任的普遍准则，从实质上来讲，它属于客观归责原则，即强调损害的客观性。

随着社会发展的需要，加害责任原则逐渐为过错责任原则所取代，“无过错即无责任”，过错责任原则成为资本主义民法的基本原则。这是因为，资产阶级法制原则要求人们对自己的行为在主观上必须尽到注意的义务，违背这种义务就应当为自己的行为结果承担责任，而过错责任原则正好体现了资产阶级法制原则的精神。

19世纪以后，随着社会工业化程度的提高，因工业灾害、交通事故、环境污染、产品瑕疵造成的损害日益增加，采用过错责任原则已无法判定加害人是否应该承担民事责任，因为很多损害的造成，加害人在主观上并无过错。在这种情形下，受害人的利益越来越无法通过法律得到保护。为了解决这一矛盾，无过错责任原则就被引入了上述诸领域，不论加害人是否有过失，都要承担因此而产生的损害赔偿责任。

在航空运输领域，《华沙公约》对承运人责任采取了传统的以过错为责任前提的归责原则，即对航空运输造成的损害赔偿，仍然以承运人是否有过错作为承担责任的条件，但在具体归责的时候，采用了过错推定和举证责任倒置的办法。所谓过错推定，是指当受害人受到侵害时，由法律推定加害人有过错并承担民事责任，免除了原告的举证责任，从而实现了举证责任的倒置——由加害人证明自己没有过错。采用过错推定原则的原因在于，在某些特定的情况下，由于受害人所处的弱势地位，他很难就加害人的过失进行举证，为了保护受害人的利益，法律就推定加害人有过失，从而将举证责任倒置于加害人身上。

法律对"过错推定"的规定是对现代工业事故等侵权受害人扩大法律救济的一种法律措施，对于事故的损害，只需证明事故发生的原因是在加害人操纵之下做出的，就足以推定加害人的过失责任，而加害人必须对其行为无故意或过失的事实以及其行为与损害之间无因果关系的事实负举证责任。

《华沙公约》规定："因发生在航空器上或者在旅客上、下航空器过程中的事件，造成旅客死亡、受伤或者其他任何身体伤害的，承运人应当承担责任。""因发生在航空运输期间的事件，造成托运的行李或货物毁灭、遗失或损坏的承运人应当承担责任。但是，行李损失是由于行李的固有缺陷、质量或者瑕疵造成的，在此范围内承运人不承担责任。关于非托运行李，包括个人物件，承运人对因其过错或者其受雇人或者代理人的过错造成的损失承担责任。"《华沙公约》又规定："承运人如果证明本人及其受雇人为了避免损失的发生，已经采取一切必要措施，或者不可能采取此种措施的，不承担责任。""在货物和行李运输中，承运人证明损失的发生是由于驾驶上、航空器的操作上或领航上的过失，而在其他一切方面本人及其受雇人已经采取一切必要措施以避免损失的，不承担责任。""承运人证明损失是由于受害人的过错造成或者促成的，法院可以按照它的法律规定，免除或者减轻承运人的责任。"

航空运输采用过错推定原则的原因在于，航空运输的风险很大，作为承运人，很难保证自己在运输过程中不出现安全事故，而一旦发生航空事故，其结果往往是机毁人亡，在这种情况下，受害人已经失去了对承运人的过错进行举证的可能，而采用过错推定原则，由承运人承担举证的责任，则弥补了这一缺憾，对旅客、货主的利益起到了保护的作用。承运人责任是航空运输活动中的一个法律要素，它既关系到承运人利益的实现，又关系到对航空运输服务相关人员利益的保护，过错推定原则和限制责任原则在这一问题上的运用，既最大限度地保护了承运人的合法利益，又有效地实现了对航空运输服务相关人员的法律救济，从根本上维护了航空运输活动当事人之间利益关系的平衡。因此，对承运人责任问题的研究，对于保护航空运输活动当事人的利益，促进整个航空运输事业的发展，有着重要的现实意义。

4. 责任范围

（1）责任期间

承运人对货物从收运时起，到交付时止，承担安全运输的责任。在货物运输期间发生的货物损失，承运人应承担责任，但国家法律、政府规定、命令或要求及承运人另有规定的除外。

（2）责任豁免

对于下列原因造成的货物损失，承运人不承担责任：

1）战争和武装冲突、政府行为；

2）货物本身的自然属性、缺陷和由于货物性质不适应运输过程中发生的气温、气压变化和运输时限而引起的货物损坏或变质；

3）包装方法和容器不良；

4）包装完好，封志无异状，而内件短少或损坏；

5）货物的合理损耗。

因货物损失或延误等造成的间接损失，承运人不承担责任。

由于自然原因造成的动物死亡，或由于动物自身的或其他动物的咬、踢等动作造成的动物死亡或伤害；或由于动物在运输过程中经不起不可避免的自然环境的变化而造成的或促成的动物死亡或受伤引起的任何损失、损害和费用，承运人不承担责任。押运活体动物的押运员在押运途中因动物的原因造成伤害或死亡，承运人不承担责任。在正常的操作过程中，动物给承运人工作人员造成的伤害由托运人承担责任。

除能证明是由于承运人工作人员的过失造成的损失外，承运人对押运货物的损失不承担责任。

在运输过程中，货物延误的责任应当由承运人承担。承运人已采取一切必要措施或不可能采取此种措施的，以及国家法律、政府规定、命令或要求承运人另有约定的情况除外。

在运输过程中，经证明货物的损失或延误等是由托运人或收货人的过错造成的，应当根据造成或促成此种损失的过错程度相应免除或减轻承运人的责任。

除承运人故意行为外，由于履行托运人的变更要求或在变更期间产生的货物损失，承运人不承担责任。

航空公司为其他承运人的运输航线填写航空货运单，只能作为该承运人的代理人。对其他承运人的航班运输的货物出现损失或延误的情况，该航空公司不承担赔偿责任。

部分货物或货物中的任何包装件出现损失或延误时，确定承运人的赔偿责任应以有关包装件的重量为限。当托运货物中的任何物件的损失或延误影响到同一份货运单上其他包装件的价值时，确定赔偿责任的时候，应考虑其他包装件的重量。在没有相反的证据时，损失或延误货物的价值在全部货物总价值中的比例，按损失或延误货物的重量在全部货物总重量中的比例确定。

2.4 航空运输保障企业与航空货代

2.4.1 航空运输保障企业

航空运输的顺利进行有赖于航空运输保障体系，这个体系包含了信息系统的设计、航空油料的供应和各种航空器材的供应。中国的航空保障体系主要由下列3个骨干企业构成。

1. 中国民航信息集团公司

中国民航信息集团公司（简称中国航信）提供航空信息技术服务、结算及清算服务、分销信息技术服务、机场信息技术服务、航空货运物流信息、技术服务、旅游产品分销服务、公共信息技术服务，是目前航空旅游行业领先的信息技术及商务服务提供商。中国航信的主营业务的受众是航空公司、机场、机票销售代理、旅游企业及民航相关机构和国际组织。

2. 中国航空油料集团有限公司

中国航空油料集团有限公司是以原中国航空油料总公司为基础组建的国有大型航空运输服务保障企业，是国内最大的集航空油品采购、运输、储存、检测、销售、加注为一体的航油供应商，是国务院授权的投资机构和国家控股公司试点企业，是国务院国资委管理的中央企业，也是亚洲第一大航油供应商。该公司控股、参股20多个海内外企业，构建了遍布全国的航油、成品油销售网络和完备的油品物流配送体系，在全国215个机场、海外46个机场拥有供油设施，为全球300多家航空客户提供航油加注服务，在25个省、市、自治区为民航及社会车辆提供汽柴油及石化产品的批发、零售、仓储及配送服务，在长三角、珠三角、环渤海湾和西南地区建有大型成品油及石化产品的物流储运基地。

3. 中国航空器材集团有限公司

中国航空器材集团有限公司是专门从事飞机采购及航空器材保障业务的专业公司，主要业务涉及航空器整机保障服务、航空器材保障服务、技术装备及机场业务保障服务、通用航空发展及保障服务等领域。该公司是国务院国有资产监督管理委员会管理的中央企业，其前身是中国航空器材公司，1980年10月经国家进出口管理委员会批准成立，是中国民航系统成立的第一家公司，1996年3月更名为中国航空器材进出口总公司。2002年10月，民航运输及服务保障企业联合重组，成立了三家航空运输集团公司和三家航空服务保障集团公司。中国航空器材进出口集团公司作为三家航空保障集团公司之一，经国务院批复正式组建，并于2007年12月更名为中国航空器材集团公司。

2.4.2 航空货代

采用航空货运形式进出口货物，需要办理一定的手续，如出口货物在始发地交航空公司承运前的接舱、储存、制单、报关、交运的手续等；进口货物在目的地机场的航空公司或机场揽货、监管储存、制单、报关、送货及转运的手续等。

航空公司主要负责飞行保障，受人力、物力等因素影响，难以直接接触客户，处理航运前和航运后繁杂的服务项目。所以，在实践中就需要航空货运代理公司为航空公司办理上述业务，使航空公司集中精力做好自身业务，进一步开拓航空运输市场。收货人、发货人必须通过航空货运代理公司办理航空货运业务，或自行向航空公司办理航空货运业务。

航空货运代理企业大多对航空运输环节和有关规章制度十分熟悉，并与各航空公司、机场、海关及其他运输部门有着广泛而密切的联系，具有代办航空货运的各种设施和必备条件。同时，各航空货运代理公司在世界各地或有分支机构，或有代理网络，能够掌握货物运输的全过程。因此，货主委托航空货运代理公司办理进出口货物运输事宜比到航空公司直接办理有关事宜更为便利。

航空货运代理公司在现代经济的发展过程中起了非常大的作用，但随着互联网的普及，电子商务的发展，货物运输的交易可以在互联网上实现，货主可以在网上查询到所有的信息，因此航空货运代理业务也随之发生了变化。美国航空货运代理协会（Airforwarders Association，AFA）作为全球航空货运代理企业的国际行业协会，会员涵盖了不到 20 名员工的小企业以及拥有超过 1 000名员工的大企业等各类企业，这些企业既有从事国内航空运输代理业务的也有从事全球货运代理业务的。2018 年 2 月航空货运代理协会和国际航空货运协会（The International Air Cargo Association，TIACA）结成联盟，通过交换信息，共同举办各种相关活动来促进航空货运代理行业的发展。

航空货运代理人最重要的工作是集中托运，即指集中托运人（Consolidator）将若干批单独发运的货物组成一整批，向航空公司办理托运，采用一份航空总运单集中发运到同一目的站，由集中托运人在目的地指定的代理完成收货，再根据集中托运人签发的航空分运单分拨给各实际收货人的运输方式。集中托运是航空货物运输中最为普遍的一种运输方式，也是航空货运代理的主要业务之一。集中托运人的地位类似多式联运中的多式联运经营人。他的职责不只是在始发地将货物交给航空公司，在目的地提取货物并转交给不同的收货人，更重要的是承担货物的全程运输责任，而且在运输中具有双重角色。他对各个发货人负货物运输责任，地位相当于承运人，而在与航空公司的关系中，他又被视为集中托运的一整批货物的托运人。集中托运作为最主要的航空货运方式有着鲜明的特征，同时也给托运人带来了极大的便利，主要表现在：

（1）由于航空运费的费率会随托运货物数量的增加而降低，所以当集中托运人将若干个小批量货物组成一大批出运时，能够争取到更为低廉的费率。集中托运人会将收取的运费的一部分付给目的地的代理，另一部分返还给托运人以吸引更多的客户，其余的作为集中托运人的收益。

（2）集中托运人的专业性服务也会使托运人受益，包括使其获得完善的地面服务网络，拓宽了的服务项目，以及更高的服务质量。

（3）因为航空公司的主运单与集中托运人的分运单效力相同，而集中托运可以使托运人结汇的时间提前，资金的周转加快。

但是，集中托运也有它的局限性。主要是指：

（1）贵重物品、活体动物、危险品、外交信袋等根据航空公司的规定不得采用集中托运的形式进行运输。

（2）由于在集中托运的情况下，货物的出运时间不能确定，所以不适合易腐烂变质的货物、紧急货物或其他对时间要求高的货物的运输。

（3）对书报出版物等可以享受航空公司优惠运价的货物来讲，采用集中托运的形式可能不仅不能节约运费，反而会使托运人的运费负担加重。

企业实践

1. 某货运代理人操作一批集中托运货物，该代理人对该批货物中的某一托运人提供的资料文件应如何处理？

（1）在托运书的“随附文件”栏内写明所附文件资料的名称和数量。

（2）在分运单的“处理事项”（Handling Information）栏内注明所附文件资料的名称和数量。

例：TWO COPIES OF INVOICE AND PACKING LISTS ATTACHED.（随附两份发票和装箱单副本。）

（3）在总运单的“处理事项”（Handling Information）栏内也应注明所附文件资料的名称和数量。

例：CONSOLIDATED AIR CARGO MANIFESTS AND HOUSE AIR WAY-BILLS ATTACHED.（附整理好的空运舱单及航空分运单。）

（4）先将文件订附在分运单背面。

（5）将分运单与订附在背面的资料文件一起装入信封订附在总运单背面。信封应使用质量良好牢固的材料并在信封上注明所附分运单或总运单号。

例：ATTACHED TO MAWB 131 – 12345675（主运单 131 – 12345675 所附资料），或 ATTACHED TO AWB 131 – 12345675（分运单 131 – 12345675 所附资料）。

2. 如果是单票货物托运，代理人应如何处理？

（1）在托运书的“随附文件”栏内写明所附文件资料的名称和数量。

（2）在运单的“处理事项”（Handling Information）栏内也注明所附文件资料的名称和数量。

例：TWO ORIGINAL EXPORT AND IMPORT PERMITS ATTACHED.（附两份进出口许可证正本。）

2.5 航空货运客户群

航空货运客户群即托运人。

1999 年《蒙特利尔公约》对托运人的责任划分如下。

1. 托运人有提供办理货物进口手续的文件的责任

托运人必须提供货物运抵目的地时交给进口国家（地区）的收货人办理海关审查和检查手续的资料或者文件，托运人必须将这些文件附在航空货运单的背面，对托运人或者以其名义在航空货运单上载入的关于货物的各项说明和陈述的正确性，托运人应当负责。因没有此种资料或文件，或者此种资料文件不充足或不符合规定，对因托运人或以其名义所提供的各项说明和陈述不符合规定、不正确或者不完全，给承运人或者承运人对之负责的任何其他人造成的一切损失，托运人应当对承运人承担赔偿责任。除非是承运人、其受雇人或者其代理人的过错造成的损失，承运人没有对此种资料或文件的正确性或充足性进行检查的义务。资料文件包括发票、装箱单、进出口许可证、配额证明、动植物检疫证明等。

2. 托运人有遵守货物进出口国家（地区）政府有关规定的责任

托运人除应提供上述必要的资料或文件外，还必须遵守一切适用的法律以及始发地、目的地、经停地的任何国家（地区）一切适用的法律和政府规定，包括关于包装、运输和交付的规定。如果托运人未遵守有关国家（地区）政府的相关规定，而给托运人带来损失或费用支出，承运人不承担责任，由于托运人未遵守政府的规定，给承运人造成的损失或费用的支出，托运人应当对承运人赔偿。

本章小结

本章介绍了航空货代工作的主体，航空货代特别是国际航空货代需要了解清楚 ICAO、IATA、SITA 等国际航空组织，甚至有必要加入其中的一些组织。随着国内航空货运的发展，行业协会把行业中的不同主体如航空公司、飞行员、机场、航空保障企业汇集成了具有共同利益的团体，这些民间团体在航空货代市场有着一定的影响力。读者应该注意航空货运代理企业的重要特点——集中托运，正是这个特点使得本书的价值得以体现。

阅读链接

1. 中国民用航空局：www. caac. gov. cn
2. 中国民用航空维修协会：www. camac. org. cn
3. 中国民用机场协会：www. chinaairports. org. cn
4. 中国航空运输协会：www. cata. org. cn
5. 中国民航信息集团公司：www. travelsky. net
6. 中国航空油料集团有限公司：www. cnaf. com
7. 中国航空器材集团有限公司：www. casc. com. cn

思考题

一、选择题

1.（　　）协商制定国际航空运价并通过清算所，统一结算各会员间以及会员与非会员间的联运业务账目。

A. 国际民航组织　　　　　　B. 国际航空运输协会

C. 国际电信协会　　　　　　D. 联合国航空运输机构

2. 1947 年 4 月，国际民航组织正式成立，并在（　　）成为联合国的一个专门机构。

A. 1947 年 4 月　　　　　　B. 1947 年 5 月

C. 1947 年 6 月　　　　　　D. 1974 年 5 月

3. 国际民航组织是（　　）的国际组织。

A. 协调各国有关民航经济和法律义务

B. 协调航空客货运输价格

C. 制定销售代理规章

D. 制定航空客货运输条件

4. 有关国际电信协会的说明，（　　）是正确的。

A. 它是一个营利性的组织　　　　B. 它成立于 1949 年

C. 尚未在中国设立办事处　　　　D. 尚未有中国会员

5. 国际航空运输协会在（　　）设有清算所。

A. 蒙特利尔　　B. 华盛顿　　C. 日内瓦　　D. 华沙

二、判断题

1. 国际民用航空组织是负责国际航空运输的技术、航行法规方面的机构，但它所通过的文件不具有法律效力。(　　)

2. 国际民用航空组织是政府间的国际组织，但尚未正式成为联合国的一个专门机构。(　　)

3. IATA 通过召开运输会议确定的运价具有法律效力，有关国家必须遵守。(　　)

4. SITA 具有强大的货运交易系统和货运收益系统，可以实现对货物的全程追踪。(　　)

5. 在航空运输中，如果承运人证明受害人自己的过失是造成损失的原因或原因之一，法院可以按照其法律规定，免除或减轻承运人的责任。(　　)

三、简答题

1. 什么是国际航协代理？国际航协代理可以向客户提供哪些服务？

2. 集中托运商是如何通过集中托运来赚得利润的？

第3章 航空货代的工作对象

关键术语

飞机利用率　机队规划　集装化设备　装载限制　集装原则　探板　缩板

学习目标

- 了解飞机的飞行计划和飞机利用率；
- 熟悉民用航空运输飞机的分类，空港地面设备的种类与使用方法；
- 掌握常见的机型、货舱布局和装载参数；
- 掌握各种集装化设备的使用和配载原则。

航空货运代理企业需要对飞机的结构和装载设备有充分的了解才能进行配载，才能很好地服务客户。

3.1 飞机

3.1.1 概述

航空运输的主力——大飞机的生产厂家都是国外的飞机制造商，如空中客车（Airbus）、波音（Boeing）、福克（Fokker）等。主要从事货运的飞机机型是空客系列、波音系列，比如A300F、B747－400F等。中国首型国产大飞机C919于2008年开始研制，是继运－10之后中国自主设计的第二款大型客机，2017年5月5日成功首飞。紧接着，C929、C939、C949也相继开始研制。“C”是China的首字母，也是中国商用飞机有限责任公司英文缩写COMAC的首字母，第一个“9”的寓意是天长地久，“19、29、39、49”代表客机最大载客量为190座、290座、390座、490座；“C”的另一个寓意是中国立志跻身国际大型客机市场，与空中客车、波音一起在国际大型客机制造商中形成ABC并立的格局。2017年12月24日，中国新一代大型水上飞机AG600成功完成陆上首飞，2018年10月20日在湖北荆门成功完成水上首飞，它是当时世界上最大的水陆两用飞机。

1. 飞机舱位结构

一般飞机主要分为两种舱位：主舱（Main Deck，MD）、下舱（Lower Deck，LD），但波音747分为三种舱位，分别是上舱（Upper Deck，UD）、主舱、下舱。货舱一般位于飞机的下腹部，有前下货舱和后下货舱，通常情况下被分成若干个分货舱（Compartment）。窄体飞机的下舱仅用来装运散装货物，人们通常称之为“散装货舱”或简称“散舱”；宽体飞机的主下舱主要装载集装货物，因此也被称为“集装货物舱”。大多数宽体飞机的下舱也设置散货舱。

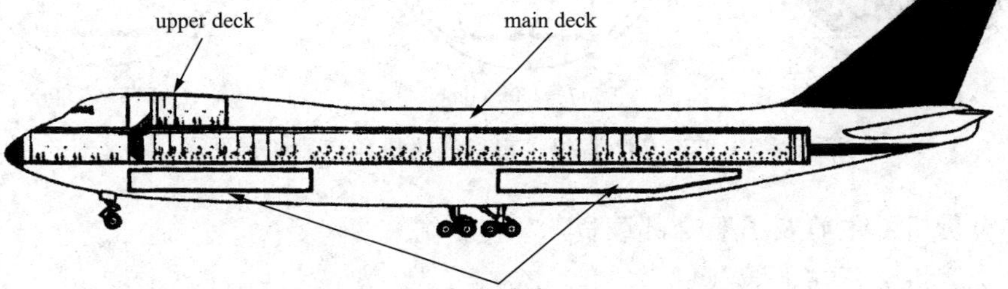

图3－1 波音747舱位结构图

2. 飞机的分类

（1）按动力分类

常见的飞机有螺旋桨式飞机、喷气式飞机和超音速飞机。螺旋桨式飞机利用螺旋桨的转动将空气向机后推动，借其反作用力推动飞机前进。所以螺旋桨转速越高，飞机飞行的速度越快，但当螺旋桨转速高到某一程度时，会形成“空气屏障”（Air Barrier）现象，即螺旋桨四周呈真空状态，再提高螺旋桨的转速，飞机的速度也无法提升。喷气式飞机最早由德国人在20世纪40年代制成，原理是将空气多次压缩后喷入飞机燃烧室内，使空气与燃料混合燃烧后产生大量气体以推动涡轮，然后于机后以高速度将空气排出机外，借其反作用力使飞机前进。它的结构简单，制造、维修方便，飞行速度快，节约燃料费用，装载量大，使用率高（每天可飞行16小时），已经成为世界各国机群的主要机种。超音速飞机是指航行速度超过音速的飞机，如英国和法国在20世纪六七十年代联合研制的协和(Concorde)飞机。超音速飞机由于耗油大、载客少、造价昂贵、使用率低等缺点使许多航空公司对其望而却步。又由于噪声很大，它被许多国家的机场以环境保护为由拒之门外或者限制在一定的时间起降，这些更限制了超音速飞机的发展。

(2) 按用途分类

按使用用途，即根据主舱的装载对象，民用航空运输飞机可以分为全货机、全客机和客货混用机（见图3－2）。

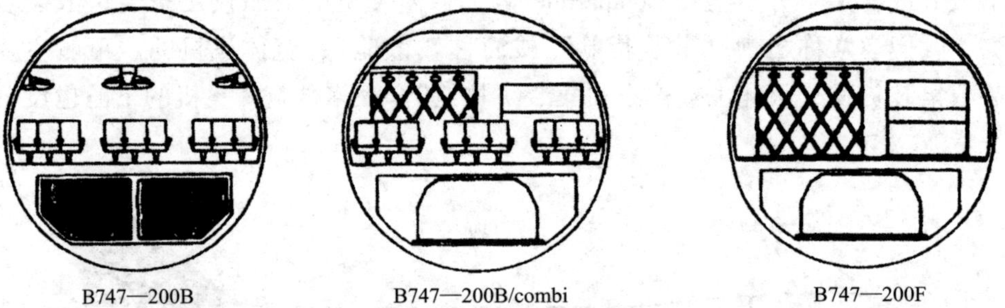

图3－2　波音747客机、客货混用机和全货机剖面图

全货机：主舱及下舱全部载货。

全客机：只在下舱载货。

客货混用机：在主舱前部设有旅客座椅，后部可装载货物，下舱内也可装载货物。

客机主要运送旅客，一般行李装在飞机的后下舱。由于航空运输以客运为主，客运航班密度高、收益大，所以大多数航空公司都采用客机运送货物。这种做法的不足是，由于舱位少，每次运送的货物数量十分有限。全货机运量大，可以弥补客机的不足，但经营成本高，只在某些货源充足的航线使用。客货混合机可以同时在主舱运送旅客和货物、并根据需要调整运输安排，是最具灵活性的一种机型。

(3) 按机身的宽窄分类

民用航空运输飞机按机身的宽窄可以分为窄体飞机和宽体飞机。

1) 窄体飞机 (Narrow - body Aircraft)

100 座以上 200 座以下的客机都是窄体单通道飞机。窄体飞机也称中型机，机身宽约 3m，客舱旅客座位之间只有一个通道。这类飞机往往只在其下货舱装运散货（见图 3 - 3），共有前舱和后舱两个散装舱，不能装板装箱，货物单件毛重不能超过 80kg。货舱总容积为 30 ~ 40m^3，货物业务载量为 2 ~ 3 吨。常见的窄体飞机如下：

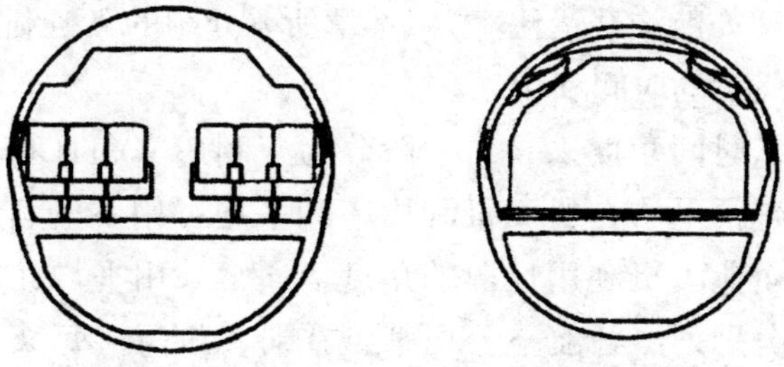

图 3 - 3 波音 737 客机和全货机剖面图

① 空客：A318、A319、A320、A321

② 波音：S307、B707、B717、B727、B737、B757

③ 福克：F50/70/80、F100

④ 麦道：DC - 8、DC - 9、MD80 series、MD90

全世界只有一种半宽体客机，就是美国的波音 767（B767 - 200/300，缩写为 B762、B763），但其座位布局采用（2，3，2）式。

2) 宽体飞机 (Wide - body Aircraft)

200 座以上客机为宽体飞机，也称大型飞机，机身较宽，客舱内有两条走廊，三排座椅，机身宽一般在 4.72m 以上，这类飞机可以装运集装货物和散货。宽体飞机有三个货舱（前下货舱，后下货舱，散装货舱），一般前下货舱装板，后下货舱只能装箱，前下货舱的板可以换成箱，散装货舱位于飞机的尾部。常见的宽体飞机如下：

① 空客：A300、A310、A330、A340、A350

② 波音：B747、B767、B777、B787

③ 伊尔：IL - 86、IL - 96

④ 洛克希德·马丁 (Lockheed)：L1011 Tristar

⑤ 麦道：DC10 - 10/30/40，MD11

超宽体客机只有一种，即 A380，A380 也是仅有的一款四走道客机。

3.1.2 飞机利用率

1. 飞机利用率的概念

飞机利用率指一架飞机在一定时间内（一般为一年或一日）提供的生产飞行小时数，它可以从时间的角度反映飞机的利用程度。飞机的利用程度有广义、狭义之分。狭义的飞机利用程度仅指飞机的时间利用；而广义的飞机利用程度则包括飞机的时间利用、飞机的吨位利用（如出港载运率）和飞机载运能力的利用（如航线载运比率）。本章所要介绍的飞机利用程度是指狭义的飞机利用，即飞机的时间利用。

飞机利用率从时间角度来看，一般分为年利用率和日利用率两种；从飞机本身的角度，包括平均在册飞机利用率和平均可用飞机利用率两种。从衡量和考核各空运企业飞机利用情况的角度，通常采用平均在册飞机日利用率指标，即分机型分别列出各航空公司某型在册飞机每天每架飞机能提供多少个生产飞行小时。在实际工作中，有时也可以用可用飞机日利用率表示飞机利用程度。

关于飞机利用率的计算公式请详见 3.1.3 第 2 点“飞机利用率计划的编制”。

2. 飞机利用计划的内容和任务

飞机利用计划包括飞机数量计划、飞机利用率计划、飞机维护和送修计划三个部分。其中，飞机数量计划规定计划期内飞机的增减变动情况；飞机利用率计划安排飞机的合理使用和应达到的利用率水平；飞机维护和送修计划则主要组织各型飞机的维修工作。编制这三个计划的主要目的是合理地确定飞机数量，科学地组织飞机的使用和维修，以求在改进运输生产与机务维修工作的基础上，尽可能地提高飞机的利用率。

3. 提高飞机利用率的意义和途径

飞机利用率是衡量飞机利用程度的重要指标，提高飞机利用率意味着更充分地利用企业所拥有的主要生产性固定资产，这对于发展生产，降低成本，提高企业的经济效益具有十分重要的意义。

（1）在飞机生产率不变的情况下，提高飞机利用率，可以不增加飞机数量而大幅度增加产量。表 3－1 中的数字表明，同样有 10 架飞机，如果将飞机利用率提高一倍，年产量就可翻一番。

表 3－1　飞机利用率与年产量

在册飞机架数	在册飞机年利用率（小时/架）	飞行小时生产率（吨公里/小时）	年产量（万吨公里）
10	1 000	1 000	1 000
10	2 000	1 000	2 000

（2）在飞机生产率不变的情况下，提高飞机利用率，可以减少飞机需要量，从而减少资金占用，降低生产成本，提高经济效益。表 3－2 列出了完成同样的生产任务，不同的飞机利用率，所需的飞机架数。

表 3－2　飞机利用率与飞机架数

年生产任务（万吨公里）	在册飞机年利用率（小时/架）	飞行小时生产率（吨公里/小时）	所需飞机架数
1 000	1 000	1 000	10
1 000	2 000	1 000	5

当民航企业运力不足，增加运力又受到资金等各方面条件的限制时，提高飞机利用率，更加充分地利用现有的飞机，对于发展航空运输业务，适应市场需求，具有极其重要的意义。

提高飞机利用率的途径，主要有以下几个方面：

1）正确选择机型，合理确定飞机需要量，使飞机的数量和性能与生产任务相适应，保证每架飞机的生产任务量饱和。这是提高飞机利用率的非常重要的途径之一。试想，航空公司拥有过多的飞机（与生产任务相比），要想提高在册飞机利用率是非常困难的。所以，空运企业必须科学地制定机队规划，使飞机的增加与生产任务量的增长相适应。1993 年后，我国许多航空公司的飞机利用率下降的主要原因是运力增长过快，即现有机队数量超过了生产任务的需要数量。

2）改进运输组织工作，合理安排航线、航班、班期，使所拥有的飞机得到充分利用。在现有飞机数量较充裕的情况下，努力改进运输生产组织工作，争取更多的客货源。多开航线、多加班次，是保证现有飞机得到充分利用的重要保证，也是提高现有飞机利用率的重要途径。

3）提高机务维修工作质量和效率，减少飞机的各种停场架天数，从而使在册飞机在一定时间内有更多的飞行时间，为提高飞机利用率打下坚实基础。

4）提高空勤人员的技术水平和机场的通过能力，增加每天可飞行的时间。如果空勤人员的技术水平较差，不具备全天候飞行能力，则有可能减少一天中可飞行的时间，从而使飞机利用率下降；另外，如果机场通过能力有限制，每天或每周的飞行架次数被严格限制，则即使该机场有旺盛的空运需求，航空公司也有充裕的运力，也不可能增加航班数量，从而影响飞机利用率的提高。

总之，提高飞机利用率需要生产、计划、机务空勤等各个部门共同努力，而编制飞机利用计划的过程，正是以提高飞机利用率为重心，来协调生产、机务、空勤等各部门工作的过程。因此，安排好飞机利用计划，有利于飞机利用率的提高。

需要强调的是，飞机利用率并非是反映经济效益的绝对指标，即飞机利用率的提高并非一定会使航空公司的经济效益提高。因此，不能靠牺牲载运率来换取飞机利用率的提高。如果不管航班载运率，盲目增加班次，增加飞行小时，飞机利用率是提高了，但航空公司的赢利也许反而下降了。

3.1.3 飞机利用计划的编制

1. 飞机数量计划

要合理确定飞机利用计划，必须先确定合理的飞机数量。所以，在介绍飞机利用率计划编制以前，首先必须介绍一下飞机数量计划。

飞机数量计划的主要内容是确定飞机的需要量。由于航空运输生产的季节性，我们要分别确定飞机的年度需要量和季度需要量，以适应实际生产需要。

（1）飞机年度需要量的确定

飞机年度需要量的确定一般包含以下步骤：

1）根据计划飞行小时和飞机年利用率计算飞机年需要量，计算方法为：

$$年飞机需要量=\frac{年生产飞行小时}{飞机年利用率}$$

公式中的年生产飞行小时可从航线运输生产计划和通用航空计划中取得，即飞机的年生产任务量；飞机年利用率为估计数，即根据报告期实际水平和计划期的影响因素（如计划年度飞机在航线上的经停时间和飞机发动机定期维护和维修时间缩短的可能，飞机正常率改善的程度，空勤组数量以及他们的编组情况和轮班制度等）确定各型飞机的年利用率，然后，用年生产飞行小时数（年生产任务量）除以飞机年利用率（每架飞机能完成的年生产任务量）算出年度的飞机需要量。

2）将计算出的年飞机需要量与现有飞机数比较（见表 3 – 3），调整差异。

如果计算出的年飞机需要量小于现有飞机数，则说明现有飞机尚有潜力可开发，可以考虑增加生产任务，多安排航班，也可以将多余的飞机出租；如果年飞机需要量大于现有飞机数，则表明现有飞机数量不足，需要进一步采取措施，提高飞机利用率，或者结合飞机购置计划，购进、租入新的飞机，保证完成年生产任务。所以，从这个角度讲，飞机的年需要量的计算实际上是飞机数量增减平衡的计算。

表 3 – 3　飞机数量计划表

机型	报告期末在册架数	计划期内增加情况		计划期内减少情况		计划期末在册架数
		架数	日期	架数	日期	

飞机数量计划是分机型分别确定的。在计划表的文字说明中，应对每一架飞机的来源和去向予以注明。

（2）飞机季度需要量的计算

飞机年度需要量是按全年生产任务计算的，但由于航空运输企业的生产季节性较强，每个季度飞机的航班数和飞行小时数差异较大，再加上各级检修次数在各个季度的分布情况也不一样，所以在计算出飞机的年度需要量以后，还需计算飞机的季度需要量。飞机季度需要量的计算步骤如下。

1）确定各型飞机季度飞行计划（见表 3 – 4），该计划要根据航班计划来定。

表 3 – 4　飞行计划表

机型	一季度			……	全年	
	班次	生产飞行小时	平均在册飞机	……	平均在册飞机	生产飞行小时
B737	14	1 150	5	……		
运七	13	770	3			

表 3 – 4 中的班次为每周班次，去程和回程算一班，数据来自航班计划；生产飞行小时为季度飞行小时。

2）确定各型飞机各季度检修架次和占用的天数（见表 3 –5）。

表 3 –5　飞机检修表

季度	机型	各种检修架次				各种检修占用天数					
		50 小时	100 小时	换发	大修	50 小时（2 天）	100 小时（3 天）	换发（4 天）	大修（60 天）	总计	平均每周检修占用天数（天数/架）
一	B737	12	11	1	–	24	33	4	—	61	0.9 =61 ÷13 ÷5
	运七	8	7	1	1	16	21	4	60	101	2. 6 = 101 ÷ 13 ÷3
二	B737										
	运七										
三	B737										
	运七										
四	B737										
	运七										

注：表中的检修分为四种情况，50 小时（2 天）代表每架飞机累计飞行 50 小时后的检修，每次检修需要占用 2 天；100 小时（3 天）代表每架飞机累计飞行 100 小时后的检修，每次检修需要占用 3 天；换发（4 天）代表每架飞机换发动机耗时要 4 天；大修（60 天）也称 D 检、翻修，是飞机或发动机在达到规定的寿命时所进行的修理，按各型飞机或发动机的大修技术标准和工艺规程进行。每架飞机修理耗时 60 天。

在表 3 –5 中，各种检修架次、各种检修占用天数、平均每周检修占用天数三项指标系采用下列方法计算而得：

$$季度各种检修架次 = \frac{季度生产飞行小时数}{各级检修间隔时限} - 重复次数$$

季度各种检修占用天数 = 季度各种检修架次 × 各种检修所占天数

平均每周检修占用天数（天数/架） = 季度各种检修占用天数 ÷13 周 ÷ 飞机架数

3）计算各型飞机各季度需要架数（见表 3 –6）。

各季度需要架数 = ［（每周飞行架天数 + 平均每周检修占用天数） ÷周天数］ + 备用架数

表 3-6　各季度所需要架数

机型	第一季度	应需飞机
B737	$\frac{(14+1)}{7}+1=3.1$	4 架
运七	$\frac{(13+2.6)}{7}+1=3.2$	4 架

当各季度所需飞机架数都确定后，完成生产任务才有确实的保证。

2. 飞机利用率计划的编制

飞机利用率计划是分飞机用途和机型来编制的。我们结合计划表（见表 3-7）来介绍飞机利用率计划的编制。

表 3-7　飞机利用率计划

机型	平均在册飞机架数	大修飞机		定期维护架天数	其他停场架天数	可用飞机架数	计划飞行小时					飞机天利用率	
		架数	架天数				合计	生产	公务	训练	熟练	在册	可用
总计 运输飞机 飞机型 专业飞机 飞机型													

表 3-7 中的平均在册飞机架数是指计划期内已正式向国家有关部门登记注册、持有有效适航证书，可随时投入生产飞行的飞机的平均架数，它是航空公司在计划年度内平均拥有的飞机数量，其计算公式为：

平均在册飞机架数 = ［（报告期末在册飞机架数 × 12 月）+（计划期增加飞机架数 × 自增加月至年末月数）-（计划年度减少飞机架数 × 自减少月至年末月数）］÷12 月

例：某公司某型飞机计划期初有 20 架，计划在 3 月增加 2 架，在 7 月报废 2 架，在 9 月再增 4 架，年末在册飞机架数为 24 架，计算该公司该型飞机年平均在册飞机架数。

解：平均在册飞机架数 $=\frac{20\times12+2\times10-2\times6+4\times4}{12}=22$（架）

在计算平均在册飞机架数时也可以精确到天，即以天为计算单位。

大修飞机架数是指计划期内需送工厂大修的飞机架数。大修的指标有两个：一是飞行小时，二是起落架次，哪个指标先到就执行哪个。大修飞机架天数是指计划期内需送工厂进行修理所占用的架天数。定期维护架天数是指各种定期检查所占用的架天数。其他停场架天数是指飞机故障、缺件停场和封存等占用的架天数。以上这些停场架天数统称不可用架天数。它们需与飞机送修计划和有关机务资料协调、平衡后才能确定。

可用飞机架数是指计划期内平均可用飞机的数量，计算公式为：

$$\text{可用飞机架数}=\frac{\text{平均在册飞机架数}\times\text{年日历天数}-\text{大修架天数}-\text{定期维护架天数}-\text{其他停场架天数}}{\text{年日历天数}}$$

计划表中的生产飞行小时按运输生产和通用航空生产计划填写。

公务飞行小时指飞机发动机检修，更换发动机后的试飞飞行、调机、返航等时间，一般规定占生产飞行小时的某个比例。在编制计划时，应尽量减少公务飞行时间。因为这种时间的占用直接加大了企业的成本而不增加收入。

训练飞行小时是为培养新的飞行人员或为现有飞行人员的转机型或天气标准而进行训练的飞行时间；熟练飞行时间是指为巩固正、副驾驶员的技术而进行飞行的时间。这种飞行时间多半是由于驾驶员平时飞行任务较少，或由于某种原因久未参加生产飞行，需按照熟练飞行规定进行必要的熟练飞行而产生的。这两种时间需与空勤人员飞行计划进行协调、平衡，方能确定。

计划表中的飞机天利用率，是指平均每架在册飞机或可用飞机的天生产飞行小时，计算公式是：

$$\text{平均在册飞机天利用率}=\frac{\text{年生产飞行小时}}{\text{平均在册飞机架数}}\div\text{年日历天数}$$

$$\text{平均可用飞机天利用率}=\frac{\text{年生产飞行小时}}{\text{平均可用飞机架数}}\div\text{年日历天数}$$

如果是计算年利用率，则无须除以日历天数。上述公式表明，要提高飞机天利用率，就必须增加年生产飞行小时，或者减少飞机架数。增加生产飞行小时是提高飞机天利用率的途径之一，而要在运力一定的条件下增加生产飞行小时，就要尽可能减少各种停场架天数，同时压缩公务飞行、熟练飞行小时，并使飞行训练与生产需要密切结合，最大限度地提高飞行的经济效益。

需要强调的是，虽然飞机利用率计划中的各种修理、维护架天数、生产飞行小时、公务飞行小时、训练飞行小时、熟练飞行小时等都可以从飞机送修计划、生产计划、空勤人员飞行计划等有关计划中得到，但编制飞机利用率计划不能机械地从各有关计划中抄录和填列有关数字，然后计算飞机天利用率。应当以提高飞机利用率为目标，对运输航空和通用航空生产计划、飞机送修计划、空勤人员飞行计划等有关计划进行协调、平衡，采取积极措施，促进飞机利用率的提高。

3.1.4 机队规划

机队是在同一航线上，按一定技术要求和建制编排而成的一组飞机，需要统一领导，统一安排飞行时间表。

1. 机队规划的内容与作用

(1) 什么是机队规划

机队规划是根据航空运输市场研究的结果，按照一定的原则和方法，对规划期内机队的结构与数量所作的系统的、动态的安排。机队规划的好坏影响航空公司的长期发展及经济效益。

(2) 机队规划的内容

1) 机队的规模

机队的规模指航空公司在今后一定时期内的飞机数量，它应与公司今后生产发展的需要相适应。

2) 机队的结构

即航空公司今后一定时期内飞机的构成情况，包括客货机比例、不同座级飞机的比例、不同航程飞机的比例等。

3) 飞机选型

本着近细远粗的原则，提出购置飞机的型号。选择的机型应与航空公司的航线网络结构及相关机场的条件相适应。

4) 飞机购置的时间与布局

(3) 机队规划的作用

1) 使机队适应生产经营情况的变化，保证生产经营的顺利进行。

2) 合理配置资源，减少经营风险。

3) 为提高经济效益创造基本条件。

在回答对新航空公司的未来发展而言，什么是他们所做的最重要的决策这一问题时，一位华尔街航空公司事务分析家说，“头号决策是机队的组成，因为它牵涉上千亿元的事业，而这将影响这些航空公司今后20年的发展。”

所以，机队规划直接影响航空公司的发展和经济效益。

2. 机队规划的影响因素

（1）市场需求状况。这是决定性因素，机队规划的科学性取决于对市场的准确把握。

（2）企业的宏观环境与微观环境。这些是不可控因素，须认真考虑，如政治、法律、经济、自然等环境、机场设施、空中交通管制等。

（3）企业自身条件与发展目标。这些是可控因素，是机队规划的基础和基本出发点，如人员、资金、管理水平、市场占有率等。

（4）飞机技术经济性能和飞机制造厂商的营销策略。这些对机队规划也有很大影响（主要影响机型的选择）。

3. 机队规划的方法

（1）宏观分析方法

该方法建立在宏观运量预测的基础上，其步骤如下。

1）进行宏观运量增量预测：预测总的运输量、周转量等指标。

2）确定计划吨位利用率，计算需增加的可用吨公里。

需增加的可用吨公里 =（收费吨公里预测值 – 基年值）/计划吨位利用率

3）根据各座级飞机承担运量的比例，计算各等级飞机需增加的可用吨公里。

4）根据飞机生产率，计算各型飞机增加量。

飞机增加量 = 需增加的可用吨公里/飞机生产率

5）计算飞机总需求。

飞机总量 = 现有飞机数量 + 增加飞机数

6）计算飞机净增量。

飞机净增量 = 飞机总量 – 现有飞机架数 + 预计飞机退役架数

（2）微观分析方法

微观分析方法是对已开航和拟开航的航线逐条进行运量预测，在此基础上求得各个座级飞机的需求量，累加后，得到的总飞机需求量。

（3）两种方法的比较

1）宏观分析法。优点是易于建立预测方案，对评估的总体要求较高，适用于中长期计划；缺点是过于简单，仅提供一个粗略的计算结果。

2）微观分析法。优点是清楚地表明飞机需求量的分布，对机型选择、航班安排有直接意义；缺点是预测复杂，信息量大，不易做到，仅适用于短期计划。

3.2　支持设备

3.2.1　集装化设备概述

航空运输中的集装化设备，即集装器（Unit Load Devices,ULD）主要是指为提高运输效率而采用的集装板和集装箱等成组装载设备。为了更好地处理大体积、大批量的货物运输，可将货物按一定的流向装入集装器（箱/板）内进行整装整卸。集装器被视为飞机构造中可拆卸的一部分，为使用这些设施，飞机的甲板和货舱都设置了与之配套的固定系统。能放集装器的飞机货舱底部一般都会设置滚轴轨道及叉眼装置等固定集装器的设备，集装器的底部直接与这些装置相接触，可使集装器平稳地进入货舱并牢固地固定在机舱内。由于航空运输的特殊性，这些集装设备无论是外形构造还是技术性能指标都具有自身的特点。集装箱有主舱集装箱和下舱集装箱之分。我们在海运中常见的40英尺（1英尺=0.304 8米）和20英尺的标准箱只能装载在宽体飞机的主舱。也有人把这些集装设备称为航空载具，不同机型之间的集装化设备有的是可以通用的，有的是不能兼容的，即使一个系列的飞机，因为机型不一样，所使用的集装化设备也不一定能够通用，比如B767上的一些集装化设备只能在该机型上使用。

1. 集装运输的特点

集装运输或称成组化运输是将一定数量的货物装入集装化设备上作为运输单位进行运输，集装运输具有如下特点：

（1）减少货物装运的时间，提高工作效率。

（2）以集装运输替代散件装机，减少地面等待时间。

（3）减少货物周转次数、提高完好率。

（4）减少差错事故，提高运输质量。

使用集装设备，工作人员有充裕的时间做地面运输组织工作，可以提前按货物的到达站和种类进行集装，成组上机或下机，减少差错、事故发生的可能性。

（5）节省货物的包装材料和费用。

采用集装箱进行运输，箱体较为坚固，对货物有保护作用。所以对采用集装器进行运输的货物，在包装上的要求较低，这样可以节约包装货物的材料和费用。

图3－4　机舱内的滚轴轨道及叉眼装置

（6）有利于组织联合运输和门到门服务。

货物运输的集装箱化，进行海空、陆空联运，是货运发展的大趋势。集装器可以直接租给用户，运送到企业，实现“门到门”服务。

2. 集装器代号的组成

在集装器的面板和集装器的四周，常会看到代号，这些代号是根据集装器的类型、尺寸、外形、与飞机的匹配、是否注册等因素设计的。

集装器代号由10位组成，中间数字从4位变为4～5位，由以下几部分组成（见表3－8）。

表3－8　集装器代号的组成部分

位置	字母或数字	含义
1	字母	集装器的类型
2	字母	底板尺寸
3	字母	外形或适配性
4、5、6、7、8	数字或字母	序号
9、10	字母	所有人、注册人

图3-5 集装箱的代号

（1）首位字母表示集装器的种类。

A：注册的飞机集装箱（Certified Aircraft Container）；

D：非注册的飞机集装箱（Non-Certified Aircraft Container）；

F：非注册的飞机集装板（Non-Certified Aircraft Pallet）；

G：非注册的飞机集装板网罩（Non-Certified Aircraft Pallet Net）；

J：保温的非结构集装箱（Thermal Non-Structural Container）；

H：马厩（Horse Stalls）；

K：牛厩（Cattle Stalls）；

M：保温的非注册飞机集装箱（Thermal Non-Certified Aircraft Container）；

N：注册的飞机集装板网罩（Certified Aircraft Pallet Net）；

P：注册的飞机集装板（Certified Aircraft Pallet）；

R：保温的注册飞机集装箱（Thermal Certified Aircraft Container）；

U：非结构集装箱（Non-Structural Container）；

V：汽车运输设备（Automobile Transport Equipment）。

一些旧的集装器还可以找到如下废弃的代码。

B：注册的主舱飞机集装器（Certified Main Deck Aircraft Container）；

C：非飞机集装器（Non－Aircraft Container）；

E：非注册的主舱飞机集装器（Non－Certified Main Deck Aircraft Container）；

S：结构集装棚的实心门（Structural Igloo－Solid Doors）；

T：结构集装棚的除方门外的其他闭合［Structural Igloo－Other Closures（other than solid doors）］。

（2）集装器代号的第二位字母表示集装器的尺寸。

A：2 235mm×3 175mm（88in×125in）

B：2 235mm×2 743mm（88in×108in）

E：1 346mm×2 235mm（88in×53in）

F：2 438mm×2 991mm（96in×117.75in）

G：2 438mm×6 058mm（96in×238.5in）

H：2 438mm×9 125mm（96in×359.25in）

J：2 438mm×12 192mm（96in×480in）

K：1 534mm×1 562mm（60.4in×61.5in）

L：1 534mm×3 175mm（60.4in×125in）

M：2 438mm×3 175mm（96in×125in）

N：1 562mm×2 438mm（61.5in×96in）

P：1 198mm×1 534mm（47in×60.4in）

Q：1 534mm×2 438mm（60.4in×96in）

R：2 438mm×4 938mm（96in×196in）

X：2 438mm～3 175mm（96in～125in）

Y：<2 438mm（<96in）

Z：>3 175mm（>125in）

（3）第三位表示集装器的外形、有无叉眼装置、使用集装板及网罩时的控制系统以及与飞机的适配性等。

A：适用于B747F上舱集装箱；

E：适用于B747、A310、DC10、L1011下货舱无叉眼装置的半型集装箱；

P：适用于B747COMBI上舱及B747、DCl0、L1011、A310下舱的集装板；

N：适用于B747、A310、DC10、L1011下货舱有叉眼装置的半型集装箱。

3.2.2　集装化设备的种类

集装器是飞机的一部分，所以其大小有严格的规定。

1. 按注册与非注册划分

注册的飞机集装器是指国家政府有关部门授权集装器生产厂家生产的，适宜于飞机安全载运的，在其使用过程中不会对飞机的内部结构造成损害的集装器。

非注册的集装器是指未经有关部门授权生产的，未取得适航证书的集装器。非注册的集装器不能看作飞机的一部分。因为它与飞机不匹配，一般不允许装入飞机的主货舱。这种集装器适于地面的操作环境，它仅适合于某些特机型的特定货舱，如 D、P、E 类的集装器仅适宜于 B767。

2. 按结构划分

（1）组合结构的集装器（Combination of Components）。

1）集装板和网罩（Pallet and Net）

集装板或称载板（如图 3－6）是根据机型要求制造的具有标准尺寸的，四边带有卡锁轨或网带卡锁眼，即用于固定网罩的网扣，中间略为凹入，带有中间夹层的硬铝合金制成的平面台板，以便货物在其上码放。货物摆放在上面后，用薄膜缠绕整齐并加盖网罩用于固定，然后锁定在货舱内，以达到速装速卸的目的。

图 3－6　卡锁轨

网罩或称网套，用来把货物固定在集装板上，网套靠专门的卡锁装置固定。集装板的识别代号以字母“P”打头，常用的集装板型号有 PMC、P6P、PAJ 等。

2）非结构集装棚与结构集装棚

为了充分地利用飞机内的空间、保护飞机的内壁，除了增加板和网之外，还可增加一个非结构棚罩或称无结构拱形盖板（Non-structural Igloo）（可用轻金属制成），罩在货物和网套之间，这就形成了非结构

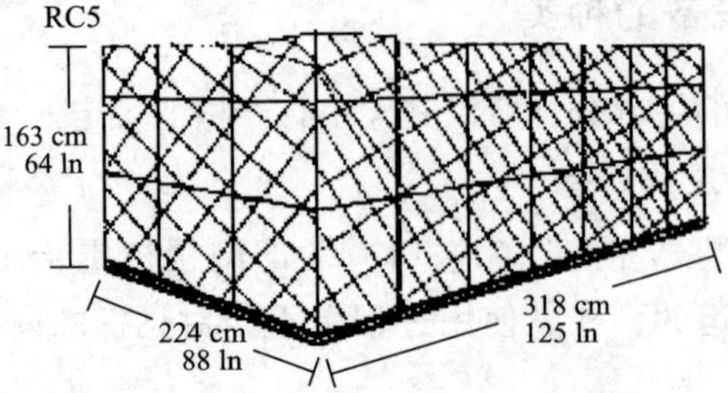

图 3－7　88in（1in＝2.54m）下货舱特型带网罩的集装板（PAP，PAG 系列）

的集装棚。结构集装棚（Structural Igloo Assembly）是指带有固定在底板上的外壳的集装设备，它形成了一个完整的箱，不需要网套固定，分为拱形和长方形两种。

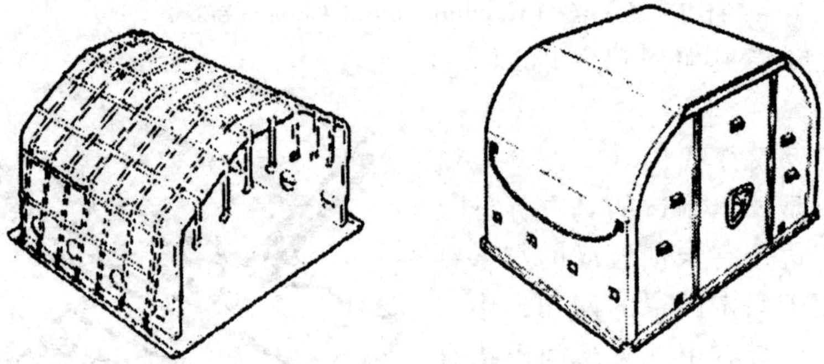

图 3－8　非结构集装棚与结构集装棚

（2）全结构集装器（Complete Structural Unit）。

全结构集装器类似于结构集装棚，是用铝板制作的封闭箱子，保护货物的效果非常好，可以同时用于制冷和保鲜。鲜活产品一定要用集装箱——特殊用途的集装箱，如保温箱，它是用绝缘材料制成的箱体，通过封闭等方法控制箱内的温度，以便装载特种货物。保温箱分为密封自然保温箱和动力控制保温箱两种。除此之外，还有用于运载活体动物和特种货物的专用集装器，如马厩、牛栏、汽车运输设备，以及一些有特殊用途的集装器，比如用于挂衣、危险品运输等。

集装箱有多种形状，甚至是不规则的（见图 3－9）这样的设计是为了充分利用飞机的空间，因为飞机有些仓位是弧形的。常用的型号有 AKE、AAU、AMP 等。

1）空陆联运集装箱（Intermodal Container）

空陆联运集装箱又称内结构集装箱，20英尺或40英尺宽、8英尺高可装在宽体货机的主舱内。此类集装箱属非专用航空集装箱，主要在陆空、海空联运，即空运转入地面运输时使用。

2）主货舱集装箱（Main Deck Container）

主货舱集装箱只能装于全货机或客机的主货舱，高度在163cm以上。

3）下货舱集装箱（Lower Deck Container）

下货舱集装箱只能装在宽体飞机下部货舱内，有全型和半型两种类型。机舱内可放入一个全型和两个半型的此类集装箱，高度不得超过163cm。

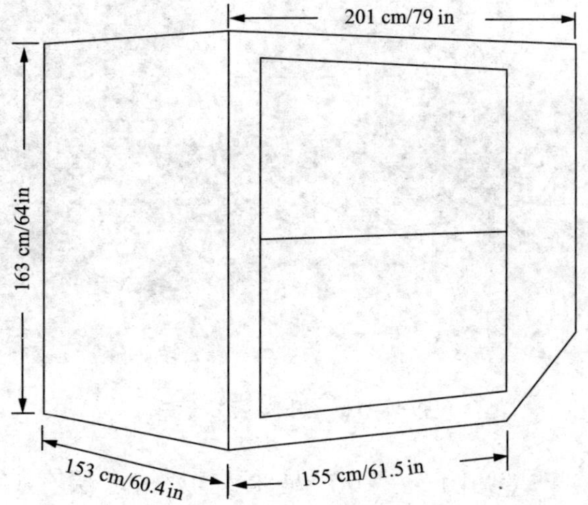

图3-9 AVE，AKE （LD-3）型集装箱

3.2.3 航空货运站的主要货物处理设备及应用

航空货运站是货主与航空公司之间的“通道”，它处理货物的规范化程度和效率，依赖于它对货物处理的流程设计和处理方法选取。根据进出港货物在不同阶段的流程要求和处理对象的不同形态，航空货运站的主要货物处理设备有如下几类。

1. 存储系统设备

航空货运站的存储系统按处理对象的不同分为集装板/箱存储系统、

散货存储系统以及零散货物存储系统。集装器存储系统、散货存储系统已可完全实现无人化作业。这得益于先进、完善、可靠、实时在线的监控和管理系统，极大地提高了作业效率，同时也显著地降低了工作人员的劳动强度和错误率。

（1）集装板/箱存储系统

集装板/箱存储系统包括升降式转运车、辊道式货架、辊道台。

1）升降式转运车（Elevating Transfer Vehicle，ETV）

图 3－10　升降式转运车

升降式转运车（见图 3－10）是集装板/箱多层存储系统中关键的集装器处理设备，也是衡量货运站处理能力的标准之一。

①分类

纵向或横向升降式转运车：即按其载货台上的辊道台输送集装器的方向不同分为纵向（采用窄边，即标准 10 英尺集装器的 2 440mm 宽度方向输送）或横向（采用宽边，即标准 10 英尺集装器的 3 175mm 宽度方向输送）升降式转运车。同时结合其搬运集装器的规格又分为 10 英尺、16 英尺和 20 英尺的纵向或横向升降式转运车。

单轨或双轨升降式转运车，按其采用的地面轨道的形式分类。

②主要功能

升降式转运车在巷道内沿轨道进行水平运行，其载货台沿机身立柱导轨升降。升降式转运车可同时进行水平、升降复合往复运行，自动到达货架指定货位，再通过升降式转运车的摩擦提取器，带动货架上的辊道台与升降式转运车辊道台同步运行，完成集装板/箱货物入出库搬运作业任务。

③结构组成

升降式转动车由升降式转运轴水平行走结构、提升系统、立柱、升降载货台、辊道台、驾驶室、传动机构、电气系统、集装器外形检测装置、安全保护装置、地面导轨、供电轨等装置组成。

④控制方式

按控制级别的高低，升降式转运车一般具有四种功能，即维修方式、手动控制、单机自动及联机在线自动控制。

维修方式：设备处于维修状态，用于设备维修、维护、调试时的就地控制方式。

手动控制：通过设备控制面板对设备进行操作的就地控制方式。

单机自动控制：可完成设备单机操作的自动控制方式。

联机在线自动控制：亦称为全自动控制。即无须驾驶员，所有的运行指令均来自货运站信息系统中的监控或管理层，并可将完成后的信息反馈至监控或管理层，实现计算机对设备的实时在线控制。

⑤安全保护装置

安全保护装置包含速度控制器的卡紧装置、货位异物伸出探测器、超速下降压轮装置、上下极限位置保护、断缆停车保护装置、电池刹车装置、通过变频器实现的超载保护装置、升降限位保护装置等。

2）辊道式货架

辊道输送机由机架、钢辊、法兰轴承、链轮、链条、驱动机构及附件等组成。它是构成航空货运站货物处理系统的最主要和最基本的传输集装器的设备单元。一般，当集装器以窄边，即 2 440mm 的方向传送时，辊道台可称为纵向辊道输送机；当集装器以宽边，即 3 175mm 的方向传送时，辊道台称为横向辊道输送机。纵向或横向辊道输送机是根据工艺流程的需要来选择的。10 英尺动力纵向辊道输送机的台面尺寸一般为 $W \times L = 2\ 740\text{mm} \times 3\ 600\text{mm}$，并配备 1.1 千瓦的电机。

辊道式货架用于存储航空货运专用的集装板/箱，按每一辊道台上存放 10 英尺集装器的数量和辊道台的输送方向分为 10 英尺或 20 英尺纵向或横向辊道式货架，为有效利用存储空间一般采用20英尺纵向辊道式货架。

3）辊道台

辊道台安装于辊道式货架的货格上，可拆换、维修。辊道式货架为刚性整体结构，用地脚螺栓紧固于升降式转运车地轨中心线两侧的库房地面上。辊道台的结构分为两种，第一种是存储辊道台，其自身无动力，由升降式转运车摩擦提取器来驱动运行，完成输送集装板/箱入出库作业。第二种是出入库通道输送台，其自带传动装置，用于首层与外场交接货输送机的集装板/箱入出库作业。

（2）散货存储系统和零散货物存储系统

散货存储系统主要包括由堆垛机（Stacker Crane）、存储货架和出入库输送设备组成的系统。

以堆垛机为主的散货存储系统在国内的应用较为广泛，在我国也有相应的行业标准，在此不再赘述。在航空货运站中使用的零散货物存储系统主要是层格式货架，用于小件和零散货物的存放。

2. 集装器分解/组合系统设备

这类设备也叫集装器辊道台，主要用于对集装板/箱进行装、卸货作业，可根据要求或工艺需要加装电子秤。按处理集装板/箱的规格可分为10英尺、20英尺辊道台；按具备升降能力分为升降式或固定式两种。升降式辊道台是将设备安装在地坑中，由操作者控制工作台面的升降。升降式辊道台的四周还装有安全围板，保护操作人员的脚趾。工作台上有可调节挡板，以防止集装器在装卸过程中四处移动。固定式辊道台按是否配备动力驱动装置分为动力辊道台和无动力辊道台。这种辊道台一般有两种高度，一种辊道台面高度为508mm，该高度与拖车辊道台面高度相同，可直接与拖车配合完成集装器的交接作业。另一种辊道台面高度为200mm，由转运车或辊道输送机与之配合完成集装器的往复运输。一般，固定式辊道台的高度在同一个货运站中只有一种。

3. 集装器传输系统设备

这类设备包括转运车、直角转向台、旋转直角台和以10英尺辊道输送机为单元的输送辊道带。多用于分解/组合系统与存储系统之间传送集装器。

（1）转运车（Transfer Vehicle，TV）

1）主要功能

转运车是用来搬运集装器的设备，适用于单层储运系统对集装器的存取作业。

转运车按处理集装器的规格分为10英尺、16英尺和20英尺；按传输集装器的方向分为纵向或横向。有的转运车上的辊道台是旋转直角台，集搬运、转向、调转箱门等主要功能于一身，还可根据需要加装电子称重设备。国航北京货运站就使用了16英尺的纵向和16英尺的横向转运车。

2）结构组成

转运车主要由转运车框架、（纵向或横向）辊道台（旋转直角台）、水平驱动机构、驾驶室、电气控制系统、集装器外形检测装置、安全保护装置、地面导轨、供电轨和电子秤（选装）等装置组成。

3）控制方式

根据控制级别的高低，转运车一般具有4种功能，即维修方式、手动控制、单机自动及联机在线自动控制。具体内容可参见升降式转运车的相关描述。

4）安全保护装置

转运车配有外形检测装置、巷道异物探测器、液压缓冲器、紧急制动开关、声光报警指示灯等安全保护措施。

（2）直角转向台（Right Angle Deck，RAD）

当需要将集装器传输至与原有前进方向成90°的位置时，在不搬动集装器的情况下，由可使用辊道输送机、滚轮输送机、微升降机构等设备组成的直角转向台完成这一工作。直角转向台通过两个工作台——滚轮输送机和辊道输送机之间的位置相互交换而实现，转换前辊道输送机与转换后滚轮输送机的输送面高度不变。

（3）旋转台（Turntable Right Angle Deck，TRAD）

旋转台由辊道输送台、滚轮输送台、升降机构及回转机构等设备组成。它主要用于集装箱在存储前或分解/组合前调整箱门开口方向，以便存取和作业。它可根据要求实现90°、180°、270°以及360°旋转。

4. 集装板或集装箱拖车（Dolly，Container Trailer）

简单地说，集装板式集装箱拖车是在配有4个实心橡胶轮胎的车架上安装着的无动力辊道台。根据可运输集装器的大小，拖车分为5英尺、10英尺和20英尺。拖车由拖头，即牵引车牵引来完成在飞机和货运站间往返运输集装器的工作。它的行驶时速一般为15km ~ 20km。拖车的辊道台面高度为508mm。根据现行有关规定，一个拖头最多可同时拖拽3个10英尺的拖车。

需要说明的是，10 英尺拖车装卸集装板或集装箱时是拖车侧面移动集装器，而 20 英尺拖车则从拖车尾部移动集装器，且一个拖车头只能拖拽 1 个 20英尺的集装器。

5．站台装卸设备

这类设备主要有汽车调平台、车辆装卸升降式台和各种型号的叉车，其中以汽车调平台配合叉车的应用最为普遍。

（1）汽车调平台

汽车调平台按动力来源分为机械液压式、电动液压式和电动气囊式。

根据不同汽车车厢的高度，汽车调平台的工作台面可升起或降下，并将其前端的活动板搭接到车厢底板上，便于装卸人员和叉车进出车厢。汽车调平台配有自动止落装置、防撞装置、脚趾防护装置等安全保护措施。

（2）车辆装卸升降式台

车辆装卸升降式台可升降并与拖车或装载有集装器的卡车进行集装器交接。它有两种形式：固定式和移动式。

固定式的车辆装卸升降式台安装在地坑中，是专为配有滚轴平台的车辆而特别设计的。根据不同汽车车厢的高度，车辆装卸升降式台升降其工作台面，再完成集装器的交接传输。由于工作台可分别向左或右各作 230mm 的移动，因而较好地解决了车身与升降式对位时的偏离。它还可配备马达驱动绞盘及绳索，便于将货车内的集装器拖上辊道台。

使用移动式车辆装卸升降台可使货车的停靠位置不必受到过多的限制。由于升降台可沿各停机位作横向移动，因此大大方便了车辆的装卸。与路面平齐的地轨，不会阻碍货车与作业平台的对接，架空式供电缆也不会影响货车的停靠。

3.3 飞机的配载

3.3.1 常见集装化设备的数据

航空集装化设备的规格受飞机型号的限制，全货机可以使用所有的载具，而客机只能使用低板和集装箱。受载具尺码的限制，我们在接受空运货物的时候，只能在载具允许的尺码范围内接货，否则只能改用其他运输方式，比如海运或者滚装船。

表 3－9 常见的集装器数据

IATA 码［型号］（ATA 码）	尺寸（长×宽×高，cm）容积（m^3）	机型、货舱及最大装载量（kg）
集装板		
PAG［5］ P1P［8］ P1G ×AW［8］ 探板为固定翼 探板为折叠翼（LD－7）	中板 外部：L318×W224×H244 内部：L295×W201 低板 外部：L318×W224×H163 内部：L295×W201 容积：10.76	7F MD 6408 7 LD 4626 767L LD 5102 777 LD 5551 10 LD 4670 11 LD 6033 空板重：108～134
PMC PQP P6P［2BG］ （LD－9）	高板（Q7 特型） 外部：L318×W244×H300 内部：L295×W220 中板（Q6 特型） 外部：L318×W244×H244 内部：L295×W220 低板（LD 客机） 外部：L318×W244×H163 内部：L295×W220 容积：21.2	7F MD 侧门 6408 7F MD 6804 7 LD 5035 767 LD 5102 777 LD 6055 11 LD 5148 A340、A330、A310、A300 747 L1011 空板重：134～140
PZA	16 尺板（超长板的一种） 中板 外部：L498×W244×H244 内部：L484×W230	7F MD 通用 11340 汽车运输 9300 空板重：352
PGA［1］ P7A，P7E，P7F，P7G PGE，PGF，PSA，PSG （M－2）	20 尺板（超长板的一种） 高板 外部：L606×W244×H300 内部：L592×W230 容积：33.2	747F 747C MD 11340 空板重：530

续表

IATA 码［型号］ （ATA 码）	尺寸（长×宽×高，cm） 容积（m^3）	机型、货舱及最大 装载量（kg）
全宽下货舱集装板 PLA［6］ PLA，FLA，P9A，P9P，P9R，P9S （HP）	窄板 外部：L318×W153×H163 内部：L307×W145×H157 容积：7.2	747、777、747F、空客 LD　3175 707F、727F、737F MD　3175 空板重：73
集装箱		
AMA，AMF，AMP， AMK，AMG AQA，AQ6，AQD （M－1）	外部：L318×W244×H244 内部：L306×W222×H240 容积：17.7 门型：空心或实心 可作挂衣箱	7F MD 6 804 747F、747C 空箱重：257～379
AAF （LD－26）	外部：L318×L406×W244×H163	747/DC－10　6 033 777/DC－10　4 626
DPE（KQ）［8D］ （LD－2）	外部：L119×W153×H163 箱门：100×135 容积：3.3	767－300　1 225
DPN （LD－2）	外部：L119×L156×W153×H163 内部：L110×L148×W140×H143 容积：3.2～3.7	767　LD 1 224 777　LD 1 224 空箱重：91～98
全宽下货舱集装箱 AAP［5］ AA2，XAG，XAV （LD－9）	外部：L318×W224×H163 内部：L293×W200×H155 容积：10.4 门型：空心或实心 可作挂衣箱	7　LD　4 626 767　LD　5 102 777　LD　5 551 10　LD　4 670 11　LD　6 033 A340、A330、A310、A300 747、L1011 空箱重：214～247

续表

IATA码［型号］（ATA码）	尺寸（长×宽×高，cm）容积（m^3）	机型、货舱及最大装载量（kg）
气密隔热冷冻集装箱 RAP（LD－9）	外部：L318×W224×H163 内部： Frigotainer型 L208×W305×H147 Van Riemsdijk型 L195×W290×H147 容积：9.6	747、777、747F、 空客 B747 MD　6 000 LD　4 626
冷冻集装箱 RKN［8］ （LD－3）	外部：L155×L201×W153×H163 内部：L125×L180×W125×H133 容积：3.0	747、767、777、 10、11 A340、A330、A310、 A300 温度：－20～20℃ （23－5OF） 冷却剂：干冰 35K/77L
半宽下货舱集装箱 AKE AVE AVN AKN （LD－3）	外部：L155×L 201×W153×H163 内部：L147×L 191×W140×H157 容积：3.9～4.4	7　LD　1 587 767　LD　1 587 777　LD　1 587 10　LD　1 587 11　LD　1 587 747、747F、767、 空客 A340、A330、A310、 A300 空箱重：85～158

注：以上数据都是理论上的数据，在实际装载过程中，集装器的长宽都要扣除网扣间距和集装箱壁的厚度，约为15cm，高度要扣除5cm～10cm的集装板和集装箱底部和顶部的高度。同时，因为实际装载货物的尺码不同，很难完全利用所有空间，限载时要少装，不限载时可多装。国际航协和美国航空运输协会（Air Transport Association of America，ATA）的代码是不一样的，如：美国航协的LD－3相当于国际航协8型的集装器。表中先列国际航协代码，后列美国航协代码。国际航协官方规格参数使用度量衡是千克和毫米（kg，mm），磅和英寸［1b（1lb＝0.453 6kg），in（1in＝2.54cm）］仅供参考。L×W×H＝长×宽×高。因为飞机体型的缘故，下舱集装箱的基板通常小于上舱集装箱的基板，由于量货物是随客机运载，所以下舱集装箱的数量多于上舱集装箱。

3.3.2 各类飞机装载集装器的数据

了解不同飞机能够装载多少板、箱，对于国际航空货运代理实践有着实际的意义，下面通过表3－10、表3－11、表3－12来进行说明。这些数据只能作为理论数据，具体操作要以机型和舱位配载的实际情况为准，收货尺寸一般要比舱门尺寸小10cm。A320飞机有一种特制的集装器，高117cm，宽体飞机集装器一般高163cm。

表3－10 波音系列常见机型的货舱门尺寸数据

机型	舱门尺寸（W×H，cm）	最大载量	动物舱位
B737－200	前货舱 121×86 后货舱 110×75		可以
B737－300	前货舱 121×86 后货舱 117×88	2 488kg 10.47m^3 2 721kg 14.28m^3	可以
B737－500	前货舱 121×48 后货舱 121×78	2 488kg 10.47m^3 2 721kg 14.28m^3	可以
B737－800	前货舱 122×89 后货舱 122×84	3 558kg 19.6m^3 4 850kg 24.5m^3	可以
B747－200combi 60t 170m^3	主货舱 340×304 B747－200：350个座位	7块P6P板或5块P6P板加1块20尺板	
	前下货舱 264×168		
	后下货舱 264×168	9个AVE箱	
	散装货舱 112×119		
B747－300combi 175m^3	主货舱 340×304 B747－300：416个座位	15块P6P板	
	前下货舱 264×168		
	后下货舱 264×168	2个AVE箱	
	散装货舱 119×112		

续表

机型	舱门尺寸（W×H，cm）	最大载量	动物舱位
B747－400combi 容积：120m³ 载量：120t	主货舱 340×304 B747－400 500 个座位	7 块 P6P 板或 5 块 P6P 板加 1 块 20 尺板	可以
	前下货舱 264×168	5 块 P1P/P6P 板	
	后下货舱 264×168	16 个 AVE 箱或 4 块 P1P/P6P 板加 4 个 AVE 箱	
	散装货舱 112×119	12.3m³（4 408kg）	
B747－SP	前下货舱 264×168 后下货舱 264×168 散装货舱 112×119		
B757－200 小型机 容积：50m³～68m³ 载量：5t～7t	前下货舱 139×107	4 260kg　17.69m³	
	后下货舱 139×111	4 509kg　20.41m³	
	散装货舱 121×81	2 476kg　6.62m³	
B767－300 容积：100m³～110m³ 载量：15t	前下货舱 340×170	4 块 P1P/P6P 板 88.27m³ 20 411kg	可以（无气味）
	后下货舱 178×170	14 个 DPE 箱或 7 块 PLA 板 80.15m³　17 574kg	
	散装货舱 110×96	12m³　2 794kg	
B777－200	前下货舱 270×170	6 块 P1P/P6P 板或 18 个 AVE 箱可进 L500×W40 物体 126.97m³　30 617kg	可以（无气味）
	后下货舱 180×170	14 个 AVE 箱可容 L300×W200×H160 的物体 96.36m³　22 226kg	可以（限板）
	散装货舱 114×91	21.18m³　4 082kg	可以
B777－A	前下货舱 269×170	6 块 P1P/P6P 板可进 L500×W40 物体 126.97m³　30 617kg	
	后下货舱 269×170	12 个 AVE 箱可容 L300×W200×H160 物体 96.36m³　22 226kg	
	散装货舱 114×91	21.18m³　4 082kg	

表 3-11　空客系列常见机型的货舱门尺寸数据

机型	舱门尺寸（W×H，cm）	最大载量	动物舱位
A300-200 容积：115.7m^3 载量：13.76t	前下货舱 270×178	4 块 P1P/P6P 板	
	后下货舱 181×171	22 个 AVE 箱	
	散装货舱 95×95		
A310	前下货舱 270×169 后下货舱 181×170		
A320	前下货舱 182×124	4 块 P1P/P6P 板（板可换箱） 13.28m^3　3 402kg	
	后下货舱 182×124	8 个 AVE 箱	
	散装货舱 95×77	14.38m^3　3 607kg	
A330-200 293 个座位 136m^3 13.76t	前下货舱 244×170	6 块 P1P/P6P 板	
	后下货舱 244×170	19 个 AVE 箱	
	散装货舱 95×106		
A330-300 335 个座位 161.4m^3	前下货舱 244×170	11 块 P1P/P6P 板	
	后下货舱 244×170	32 个 AVE 箱	
	散装货舱 95×63		
A340-200	前下货舱 244×170	6 块 P1P/P6P 板	
	后下货舱 244×170	19 个 AVE 箱	
	散装货舱 95×63		
A340-300	前下货舱 270×170	6 块 P1P/P6P 板或 18 个 AVE 箱	可以
	后下货舱 270×170	4 块 P1P/P6P 板或 14 个 AVE 箱	不可以
	散装货舱 95×95	19.6m^3　3 468kg	可以
A340-500	前下货舱 244×170	10 块 P1P/P6P 板	
	后下货舱 244×170	31 个 AVE 箱	
	散装货舱 95×63		

续表

机型	舱门尺寸 W×H（cm）	最大载量	动物舱位
A340－600	前下货舱 244×170	14 块 P1P/P6P 板	
	后下货舱 244×170	43 个 AVE 箱	
	散装货舱 95×63		

表 3－12　其他航空公司常见机型和货舱门尺寸数据

机型	舱门尺寸（W×H，cm）
MD－11	前下货舱 166×246 后下货舱 76×177
MD－80	前下货舱 127×135 后下货舱 127×135 散装货舱 127×135
MD－82	前下货舱 127×135 后下货舱 127×135 散装货舱 127×135
TU－154	前下货舱 80×135 后下货舱 80×135
BAE146	前下货舱 109×135 后下货舱 104×91
YUN－7	前下货舱 109×119 后下货舱 140×75
DC－10	前下货舱 168×246 后下货舱 168×178 散装货舱 91×76
DHC－8	货舱 152×127
L－100－30	货舱 277×305
FK－100	货舱 66×90
SAAB－340	货舱 135×130

3.3.3 货物集装的基本原则

1. 检查所有待装货物

根据货物的卸机站、重量、体积、包装材料以及货物运输要求设计货物组装方案（见图3－11）。

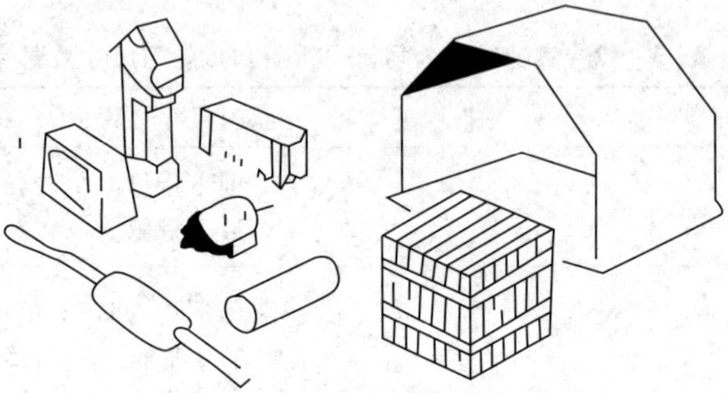

图3－11 设计货物组装方案

2. 打板

打板是指包板托运人根据该航班所包的板形、板量，在航空公司指定的作业堆场区域（俗称打板场），将该航班已订仓并已通过海关审核放行的货物按照一定的形状及航空公司的打板规范堆装到集装器上，并蒙上网罩或关上箱门的过程。一般情况下，大货、重货装在集装板上；体积较小、重量较轻的货物装在集装箱内。组装时，体积或重量较大的货物放在下面，并尽量向集装器中央集中码放；小件和轻货放在中间；危险物品或形状特异可能危害飞机安全的货物，应将其固定，可用填充物将集装器塞满或使用绳、带捆绑，以防损坏设备、飞机，造成事故（见图3－12）。

图3－12 合理组装

合理码放货物，做到大不压小、重不压轻、木箱或铁箱不压纸箱。同一卸机站的货物应装在同一集装器上。一票货物应尽可能集中装在一个集装器上，之后由划平衡的人员根据板箱的重量划平衡，把板箱号标注在配载单上，搬运工根据这个单子把事先打好的板或箱按顺序装到机舱的指定位置。

3. 集装箱内的货物应码放紧凑，间隙越小越好

为防止货物在集装箱中的不规则端坍塌，可以在箱内加一些垫舱的隔板（见图3－13）。

图3－13　垫舱的隔板

4. 捆绑固定

如果集装箱内没有装满货物，即所装货物的体积不超过集装箱容积的2/3，且单件货物重量超过150kg时，就要对货物进行捆绑固定。最好用标准的绳具将货物固定在集装箱的卡锁轨里（见图3－14）。

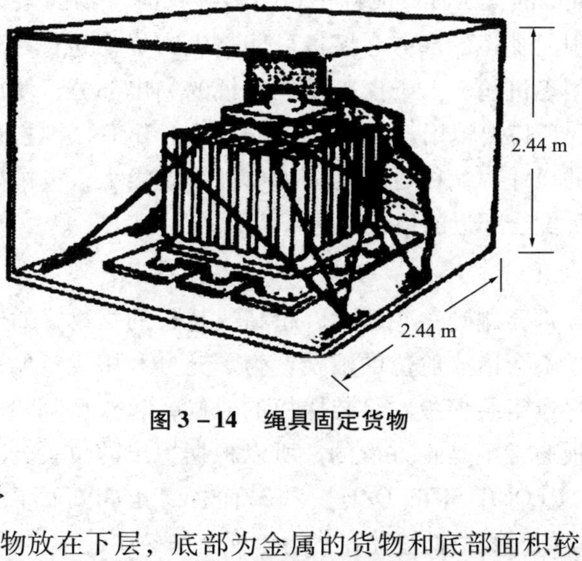

图3－14　绳具固定货物

5. 装载顺序

特别重的货物放在下层，底部为金属的货物和底部面积较小、重量较大

的货物必须使用垫板，以防金属货物损坏集装板，同时可以分散货物对集装器底板的压力，保证集装器能够平稳、顺利地装入飞机。装在集装板上的货物要码放整齐，上下层货物之间要相互交错，骑缝码放，避免货物与货物间的坍塌、滑落（见图3－15）。

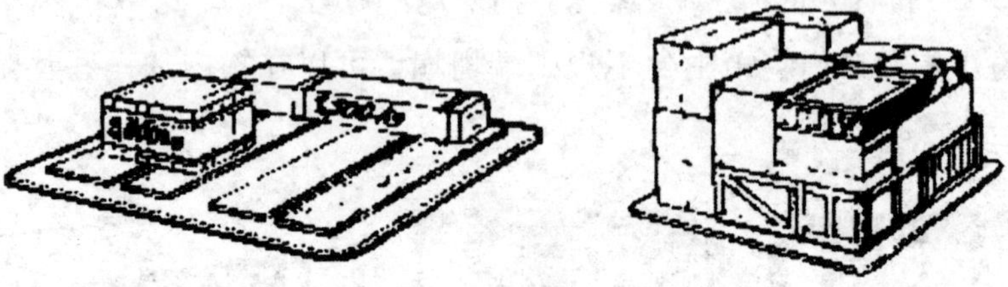

图3－15　装载顺序

6. 不同尺寸货物的装载要分别对待

装在集装板上的小件货物，要装在其他货物的中间或适当地予以固定，防止其从网套及网眼中滑落。一块集装板上装载两件或两件以上的大货时，货物之间应尽量紧邻码放，尽量减少货物之间的空隙。长货可使用超长板16尺板或20尺板。汽车要使用车架。

3.3.4　探板与缩板

1. 含义

探板（Overhang，O/H）或称出板，指装货时货物的某一部分超出集装板，外悬在空中无支撑的部分。探板可能是因为货物超长超宽，也可能仅仅是为了充分利用飞机舱。由于探板是集装板的突出部分，使用不当会撞到其他货物或机身，所以要慎用。缩板（Underhang，U/H）则指货物装载的总尺寸小于集装板的尺寸。缩板可能是因为单件货物很大，也可能是因为货量不足，或者是为了配合邻近的集装板探板。

2. 探板的使用

航空货运经常会碰到一些超大、超高或超长的货物，如何对这些货物进行科学的装载才不会造成舱位的浪费？为了充分利用飞机舱位，当货物适合装探板时，应尽量组装探板。组装探板的时候，起探高度和探出的宽度要符合标准。集装板通常不是正方形的，所以根据探出的位置分为宽面探，也叫长面探或宽探（LONG SIDE O/H）和窄面探，也叫短面探或窄探（WIDE SIDE O/H）。操作时要根据情况在货运单证上加备注，写“LONG SIDE O/H”

“WIDE SIDE O/A”或“LENGTH AND WIDTH OVER PALLET”“WIDTH OVER PALLET”“LENGTH OVER PALLET”。根据探出高度，探板又可分为高探和低探。

（1）裸探

直接把货物探出板外不加任何额外支撑叫裸探。

在主货舱上，高板要想探出只能前后探。例如，B747－400COMBI中的7块P6P板全部使用了裸探这种方式（见图3－16），且都用的是高板（Q7），此时，靠近尾部的两块板可以高探，但必须要放在宽面向机尾探，探出50cm没有问题，不会装不进去或者撞到后面的板。探板A2、H2、W2和Q7一般都这样用。

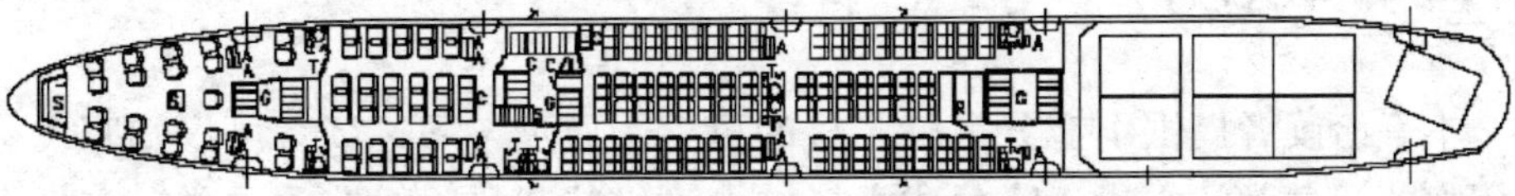

图3－16 B747－400COMBI主舱的分布图

一块P6P板的尺寸是318cm×244cm，一般探板探出的长度是40cm~50cm。对于3.5m长的货物来说，不能按通常的理解装载探板，因为这样会占用一个板的位置，势必会造成舱位的浪费。所以，我们应该把货物以对角线的方式摆放在整个板的最上面，然后在P6P板的宽面各探出10cm。与之相邻的板的高度可以比它略低一点，这样就不会占用其他集装板的空间。

还有一种方法就是装载单面的探板，在P6P板的窄面探出40cm、高度在1.5m处左右，然后与之相邻的板要装成缩板，高度与探板一样相应地缩进40cm左右。这样一探一缩的结合，也可以达到节约舱位的目的。

一般情况下，不组装低探板货物，因为会与邻近集装板冲突。确因货物多，需充分利用舱位，且货物包装适合装低探板时，允许装低探板。但是，低探板货物要按照标准码放，码放货物要合理牢固，网套要挂紧，必要时要用尼龙带捆绑，保证集装货物在运输过程中不发生散落或倾斜。

（2）加折叠翼或固定翼

在集装板窄面两翼加有固定角度或可折叠的翼板以支撑大量的出板货物。如图3－17的PKC系列集装板。

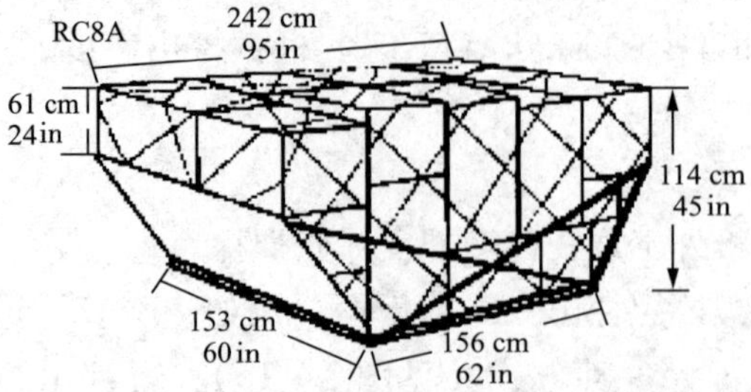

图 3-17　PKC 系列 LD3-45 带网罩加翼集装板

本章小结

本章给读者提供了充分了解飞机的机会，通过学习，读者可以知晓飞机利用率的提高对航空货运降低成本，扩大飞机装载量，繁荣航空货运市场有重大的促进作用。航空公司可以从飞机的机型、数量，飞行班次，维修安排等角度去提高运力。航空货运代理则要从细微处入手，仔细挖掘各种集装化设备的装载能力，把集装板、集装器等设备的利用率发挥到极致，比如探板技术的使用，当然前提是在飞机装载限制参数的允许范围内，同时在保证货物的运载安全的情况下进行。

阅读链接

1. 加拿大航空货运公司（Air Canada Cargo）：www. aircanada. com
2. 新加坡货运航空公司（Singapore Airlines Cargo）：www. siacargo. com
3. 美国联合航空货运公司（United Cargo）：www. unitedcargo. com
4. 浙江物流网：www. zj56. com. cn

思考题

一、选择题

1. 航空集装器包括（　　）。

A. 集装板和网套　　B. 结构集装棚

C. 非结构集装棚　　D. 集装箱

2. 下列飞机（　　）为宽体飞机。

A. B757　　B. B747　　C. A320　　D. MD11

3. 按用途划分，民用飞机可分为（　　）几种。

A. 全客机　　B. 全货机　　C. 客货混用机　　D. 包机

4. 飞机装载受到（　　）的限制。

A. 重量　　B. 容积　　C. 舱门　　D. 地板承受力

5. 一件货物重量为 900kg，长 × 宽 × 高为 150cm × 60cm × 50cm，装载于 B747 下货舱集货舱内。B747 下货舱集货舱限额为 976kg/m^2，则下列说法（　　）是正确的。

A. 需要垫板　　B. 不需要垫板

C. 垫板面积为 0. 93m^2　　D. 垫板面积为 0. 50m^2

6. 以下（　　）不是航空集装货物的基本原则。

A. 底部为金属的货物一般不使用垫板

B. 体积较小、重量较轻的货物装在集装箱内

C. 一般情况下不可以组装低探板货物

D. 一票货物应尽可能集中装在同一个集装器上

二、判断题

1. B747 – 200B 为窄体飞机。（　　）

2. 一件货物是否可以装入散舱，可以通过飞机制造商提供的散舱舱门尺寸表确定。（　　）

3. 集装器与集装箱是一回事。（　　）

4. 所有集装器都可以看作飞机的一部分。（　　）

5. AKE2233MU 表示该集装器为注册的集装箱，其底板尺码为 153cm × 156cm，适用于 B747 等下货舱无叉眼装置的半型集装箱，序号为 2233，所有者为中国东方航空公司。（　　）

三、简答题

简述航空集装运输的特点。

学习情景 2

蓝海国际空运部招聘了一位报关员——报关与国际货运专业毕业的得力干将小周。小周一来就为公司拉了不少客户，其中，日本住友商事株式会社向美的集团订了 60 台家用空调。因为对方要货紧急，小周干净利落地招来 DHL 的业务员，把 60 台室外机按每 6 台一箱，配件单独一箱装配，共计 11 箱，大部分箱子的尺寸为 113cm×95cm×132cm。小周当天就把这些空调装箱用快递发走了。交付凭证的客户联覆盖了大半个办公桌，刚好被来巡视的郭总看到。郭总一看，每一箱为一票货，从广州到日本静冈市运费为 834.7 美元/票，光室外机的运费就达 1 万多美元。郭总越看眉头锁得越紧，他觉得有必要和小周谈谈关于空运成本的问题。

当年小周在校时，本专业还没开设航空运输的课程。现在不同了，经过本章的学习，你会提出哪些建议呢？

第4章 航空货代商务

关键术语

航空运输合同　航空保险　变更运输　不正常运输　索赔　理赔　国际航权

学习目标

- 了解国际航空法条约、国际航权；
- 了解不正常运输的货物种类和代号；
- 熟悉航空运输合同的有关内容、货物破损处理方式；
- 掌握华沙体制在航空货运中的应用、变更运输的有关知识。

航空货运代理商务人员的主要任务是处理航空货物运输合同的谈判、签订及正确履行和不正确履行的善后处理。

4.1 航空货物运输合同

4.1.1 航空运输合同的概念

《中华人民共和国合同法》第二百八十八条规定："运输合同是承运人将旅客或者货物从起运地点运输到约定地点，旅客、托运人或者收货人支付票款或者运输费用的合同。"

航空运输合同是航空承运人与消费者（旅客、货物托运人以及收货人、邮政机构）之间，依法就提供并完成以民用航空器运送服务达成的协议。

4.1.2 航空货物运输合同的特征

航空货物运输合同的主体，一方是承运人，另一方是托运人，还有收货人（在邮件运输中，另一方当事人是邮政机构）；航空货物运输合同的客体是承运人运送货物的行为；航空货物运输合同的内容是当事人确定的各自的权利和义务。

航空货物运输合同具有以下法律特征。

1. 航空货物运输合同为双务合同

双务合同的特征以合同双方当事人是否互相承担义务为划分标准。双务合同是指双方当事人彼此间互相承担义务的合同；单务合同指的是仅由一方当事人承担义务，而另一方当事人完全不承担义务。在航空运输合同中，双方当事人都互相承担义务，承运人须将旅客或货物按照约定，安全、及时地从一个地点运到另一个地点，旅客或托运人须向承运人支付运费和有关费用，双方具有对价关系。

因此，对于货物在航空运输期间因毁灭、遗失或损坏而产生的损失，托运人有权要求承运人赔偿，其法理在于航空货运合同是一种双务合同。

2. 航空货物运输合同为诺成合同

以合同成立的要件是否包含合同标的物的给付为标准，合同划分为诺成合同和要物合同。诺成合同指一旦双方当事人达成合意，随即成立的合同；要物合同指的是双方当事人除了必须达成合意外，还必须以实际交付合同标的物为要件，成立的合同。

航空货物运输合同的成立一般只需承运人与托运人就提供并特定运送服务达成合意，其生效以托运人完成取得运输凭证的有关手续之时为标志，运输凭证仅仅是证明合同成立，以及随即产生的承运人与托运人之间相应的法律关系客观存在的一种证据。因此，货运合同是以托运人交付货物作为承运人履行合同义务的条件而非合同成立的条件。所以，航空运输合同为诺成合同。

3. 航空运输合同为格式合同

格式合同指基本内容与形式均由一方当事人为与多数人订立合同而事先制定，并在其经营或管理活动中反复使用，而作为另一方当事人（单独或集体）不能对合同基本内容与形式作出任何变更的合同。《中华人民共和国合同法》第三十九条规定："格式条款是当事人为了重复使用而预先拟定，并在订立合同时未与对方协商的条款。"航空货物运输合同的基本内容全部由承运人事先依法律、行业惯例、经营需要单方确定，而承运人所开具的货运单是订立合同和接受运输条件的凭证。

从要约与承诺的主体看，承运人永远是要约人，而消费者永远是承诺人；从要约与承诺的内容看，承运人一般不会对合同的基本内容作出变更，而消费者也不能对合同的基本内容作出任何变更。简言之，消费者只有对合同表示接受或不接受的权利，没有对合同内容进行讨价还价的自由。所以，不论对合同内容知晓与不知晓，多知晓或少知晓，消费者均要受其约束；从要约与承诺的方式看，如果承运人根据消费者的请求按条件合法出具运输凭证，只要没有相反的证据表明消费者不接受要约，就应该认定消费者已就合同的成立与履行作出了具有拘束力的承诺。

当然，只要没有相反的证据表明承运人没有作出要约或已变更其既定要约，同样应该认定承运人已就合同的成立与履行作出了具有拘束力的承诺。承运人与消费者均无须按照传统的缔约方式对合同作出签署。在解释这种格式合同时，应依照《中华人民共和国合同法》第三十九条至第四十一条的规定进行。

4. 航空运输合同是有名合同

以法律是否使用特定名称命名并设有专门规范为标准划分，合同分为有名合同（又称典型合同）与无名合同（又称非典型合同）。有名合同指法律对合同的类型与内容已作出明确规定，并赋予特定名称，合同当事人必须对法律规定的要素作出约定的合同。它区别于法律未对合同的类型、内容以及名称作出规定，双方当事人出于交易需要，可以自行决定合同内容，只要不违反法律、社会公共利益，法律便承认其合法效力的无名合同。

法律设定有名合同的意义在于，对经济流转中约定俗成的交易模式作出科学的分类并赋予其法定的效力，以对日常商业交往中频繁使用的各类合同提供最大限度的保护。

这种保护既体现于合同的要素以及债的结构由法律依各类合同的特殊性作出明确的特别规定，又体现于这种特别规定可以直接调整相应的债的结构。

航空运输合同在本质上属于一种承揽合同。世界各国或在民法与商法中于承揽合同或工作合同名下对它的有关问题作出了一般规定，或在航空法或合同法中于航空运输合同或运送合同名下对它的基本要素作出了特殊规定，例如，合同的基本内容与形式、赔偿责任等。因此航空货物运输合同是有名合同。

4.2 航空运输货物保险

国家规定必须投保的货物，托运人应在托运时投保货物运输险。

4.2.1 责任范围

保险公司承保航空运输货物，保险责任是以飞机作为主体来加以规定的。航空运输货物保险（Air Transportation Cargo Insurance）分为航空运输险和航空运输一切险两种。被保险货物在投保航空运输险和航空运输一切险后，还可经协商加保航空运输货物战争险等附加险。被保险货物遭受损失时，保险公司按保险单上订明的承保险别条款负赔偿责任。

1. 航空运输险负责赔偿范围

（1）被保险货物在运输途中遭受雷电、火灾、爆炸或由于飞机遭受恶劣气候或其他危难事故而被抛弃，或由于飞机遭受碰撞、倾覆、坠落或失踪等意外事故所造成的全部或部分损失。

（2）被保险人对承保责任内的货物采取抢救、防止或减少货损的措施而支付的合理费用，以不超过该批被救货物的保险金额为限。

2. 航空运输一切险

航空运输一切险除包括上述航空运输险的责任外，还负责被保险货物由于外来原因所致的全部或部分损失。对被保险货物在运输中由于外来原因造成的损失包括被偷窃、短少等全部或部分损失。

4.2.2 除外责任

航空运输货物保险的除外责任与海洋运输货物保险的除外责任相同，主要包括：

（1）被保险人的故意行为或过失；

（2）属于发货人的责任；

（3）保险责任开始前，被保险货物已存在品质不良或数量短少现象；

（4）被保险货物的自然损耗、本质缺陷、特性以及市价跌落、运输延迟；

（5）航空运输货物战争险条款和货物及罢工险条款规定的责任范围和除外责任。

4.2.3　责任起讫

航空运输货物保险负“仓至仓”责任，自被保险货物运离保险单所载明的起运地仓库或储存处所开始运输时生效，保险范围包括正常运输过程中的运输工具在内，直至该项货物运达保险单所载明目的地收货人的最后仓库或储存处所或被保险人用作分配、分派或非正常运输的其他储存处所为止。如未运抵上述仓库或储存处所，则以被保险货物在最后卸载地卸离飞机后满 30 天为止。如在上述 30 天内被保险的货物需转送到非保险单所载明的目的地时，则以该项货物开始转运时终止。

由于被保险人无法控制的运输延迟、绕道、被迫卸货、重行装载、转载或承运人运用运输契约赋予的权限所作的任何航行上的变更或运输契约的终止，致使被保险货物运到非保险单所载目的地时，在被保险人及时将获知的情况通知保险人，并在必要时加缴保险费的情况下，本保险仍继续有效，保险责任按下述规定终止：

（1）被保险货物如在非保险单所载目的地出售，保险责任至交货时为止，但不论任何情况，均以被保险的货物在卸载地卸离飞机后满 30 天为止；

（2）被保险货物在上述 30 天期限内继续运往保险单所载原目的地或其他目的地时，保险责任仍按上述规定终止。

4.2.4　当事人的义务

（1）当被保险货物运抵保险单所载目的地以后，被保险人应及时提货，当发现被保险货物遭受任何损失，应立即向保险单上所载明的检验、理赔代理人申请检验，如发现被保险货物整件短少或有明显残损痕迹，应立即向承运人、受托人或有关当局索取货损货差证明。如果货损货差是由于承运人、受托人或其他有关方面的责任所造成，应以书面形式向他们提出索赔，必要时还须取得延长时效的认证。被保险人如因未履行规定的义务而影响保险人的利益，保险人对有关损失有权拒绝赔偿。被保险人在向保险人索赔时，必须提供下列单证：

保险单正本、空运单、发票、装箱单、磅码单、货损货差证明、检验报告及索赔清单，如涉及第三者责任还须提供向责任方赔偿的有关函电及其他必要单证或文件。

（2）货物遭受承保范围内的各类危险时，保险人应迅速采取合理的抢救措施，防止或减少货物损失。

（3）代理人为尽量避免风险，可采取的措施有以下几点：

1）加强业务培训，提高整体素质。

航空货物运输中的问题很多都是由于代理人的业务素质不高。加强业务培训，提高代理人的业务水平将大大减少运输事故的发生。

2）建立业务规章，严格岗位责任制。

航空货物的环节众多，每一个工作人员要严格执行岗位责任制，不要在自己的岗位上出问题。

3）严格交接程序。

要严格按照交接程序进行交接，货物和单证需要仔细交接。

4）发现潜在事故。

代理人要有预见性，要及时发现可能产生事故的先兆，努力在事故发生之前，把各项工作做得更完善。

5）增强保险意识。

代理人只是一个中介机构，没有必要把所有的潜在责任都揽在身上，要有意识地把运输的各个环节的风险降到最低，学会使用保险保护自己。

4.3 特殊运输情况

联运是两段或两段以上的运输构成的连贯运输。

4.3.1 航空联运

国际航空货物运输联运要遵循国际航协的《航空货物运价及规则手册》（TACT），或承运人之间缔结的双边协议。国际航协的协议适用于航协的会员，在某些情况下也适用于非航协会员。协议的内容包含接受其他承运人的空运单和关于货物处理的航协条款。协议内容只有在参与联运双方的同意下才能生效，换句话说，航协协议的内容并非在其所有的成员中自动生效，所以在签发空运单时必须考虑把这个联运协议包含进去。

图4－1是中国国际航空公司的IATA标准联合运输协议。这个协议按国际航协成员的字母顺序排列，航空公司全称下面列举了与该航空公司有双边

协议的所有航空公司的两个字代码。

AIR CHINA INTERNATIONAL

AH AI AN AR AS BD BR BU CI CU CW CX CZ EG
EK E4 FB FI FJ GF GV GY HP IB IR IW IY JD
JK JU KE KK KL KM LX L6 MA MD MH MK MS M4
NF NH NW OA OS OV OZ PH PX PY QF QR RJ RK SA
SB SK SN SR SV TE TU TW UK US VP WF YX Z9
5R 8K

图4-1 与中国国际航空公司联运的续程承运人表

陆空联运指火车、飞机和卡车的联合运输，简称TAT（Train-Air-Truck），或火车、飞机的联合运输，简称TA（Train-Air）。我国空运出口货物通常采用陆空联运方式，这是由于我国幅员辽阔，而国际航空港口岸主要有北京、上海、广州等。虽然省会城市和一些主要城市每天都有班机飞往上海、北京、广州，但班机所带货量有限，费用较高，如果采用国内包机的运输方式，费用更贵。因此，在货量较大的情况下，往往采用陆运至航空口岸，再与国际航班衔接的方式。由于汽车具有机动灵活的特点，在运送时间上更可掌握主动权，因此一般都采用“TAT”方式组织出运。

4.3.2 货物运输变更

1. 基本概念

托运人在货物发运后，可以对货运单上除声明价值和保险金额外的其他各项作变动。托运人要求变更时，应出示货运单正本并保证支付由此产生的费用。托运人的要求，在收货人还未提货或还未要求索取货运单和货物，或者拒绝提货的前提下应得到满足。托运人的要求不应损害承运人及其他托运人的利益，当托运人的要求难以做到时，承运人应及时告知。

2. 变更运输的范围

（1）自愿变更

一般规定，托运人在交运货物后收货人提取货物前，有权提出下列变更要求：

1）费用方面

改变费用、费用支付方式，如将运费预付改为运费到付，或将运费到付改为运费预付；更改航空运费或其他费用数额，如更改垫付款的数额。

2）运输方面

①在运输的始发站将货物撤回；

②在任何经停站停止货物运输；

③更改收货人（变更后的收货人即为航空货运单所指定的收货人）；

④要求将货物运回始发站机场；

⑤变更目的站；

⑥从中途或目的站退运。

（2）非自愿变更

由于承运人执行特殊任务或天气等不可抗力因素，货物运输受到影响，需要变更时，承运人应当及时通知托运人或收货人，商定处理办法。托运人交运货物后承运人由于执行特殊任务或天气等不可抗力的原因，货物运输受到影响，有权变更运输。

变更内容：退运、退回、停运、变更目的站、变更运输方式。

3. 变更运输的处理方式

（1）自愿变更

自愿变更提出变更要求的，托运人对已办妥运输手续的货物要求变更时，应当提供托运人出具的书面要求、个人有效证件和货运单托运人联。要求变更运输的货物，应是一张货运单填写的全部货物。运输变更应当符合有关规定，否则承运人有权不予办理。承运人应当及时处理托运人的变更要求，根据变更要求，更改或重开货运单，重新核收运费。托运人要求变更运输承运人的有关规定，不得损害承运人和第三人的利益，否则承运人不予办理。如果不能按照要求办理，应当迅速通知托运人。

1）货物发运前

货物发运前，托运人要求更改付款方式或代垫付款数额时，应收回原货运单，根据情况补收或返还运费，并按照有关航空公司的收费标准向托运人收取变更运输手续费、货运单费。

托运人在始发站要求退货时，应向托运人收回货运单正本，扣除已发生的费用（如地面运输费、托运手续费）后，将余款退回给托运人。在运送货物前取消托运，承运人可以收取退运手续费。

2）货物发运后和提取前

货物发运后和提取前，托运人要求变更付款方式或代垫付款数额时，应填写“货物运费更改通知单”（CCA），根据不同情况补收或退回运费，并按有关航空公司的收费标准向托运人收取变更运输信息手续费。如托运人要求变更运输信息（如中途停运、改变收货人），除应根据上述有关规定办理外，还应及时与有关承运人联系，请其办理。变更运输信息意味着运费发生变化，应向托运人多退少补运费，并向托运人收取变更运输手续费。承运人应当按照下列规定处理运输费用：

①发运前退运：扣除退运手续费和已经发生的各项费用，余款退还托运人。

②在中途站变更到达站，退还未使用航段的运费，另核收由变更站至新到达站的运费。

③将货物运回始发站：由中途站运回始发站，将始发站至中途站的货物运费和中途站至始发站的货物运费相加，与已经收取的货物运费相比，多退少补；由目的站运回始发站，已经收取的货物运费不退，另核收目的站至始发站的货物运费。

④在中途站改用其他交通工具将货物运至目的站，超额费用由承运人承担。

⑤变更目的站，货物发运前变更目的站，退还已经收取的货物运费，另核收始发站至新的目的站的货物运费；货物发运后变更始发站，将已经使用航段的货物运费与货物所在的航站至始发站的货物运费相加，与已经收取的货物运费相比，多退少补。

⑥变更收货人：电报通知到达站。

⑦中途站停运：扣除实际已经使用航段的货物运费，余款退还托运人。

⑧变更费用或支付方式：向目的站发送“货物运费更改通知单”电报，待答复确认后向目的站发送“货物运费更改通知单”。

⑨中途站停运：扣除实际已经使用航段的货物运费，余款退还托运人。

（2）非自愿变更

1）发运前

在始发站退运：收回原货运单，费用全退。

2）发运后

①在中途站变更目的站，退还未使用航段的运费，另核收由变更站至新目的站的全部货物运费，运费多退少不补。

②在中途站将货物运回始发站，收回原运单，退还全部运费。

③在中途站改用其他运输工具将货物运至目的站，超额费用由承运人承担。

4. 更改货运单

（1）修改现有货运单

货运单填写后，对货运单各种修改剩余各联同时进行修改后的内容应尽可能接近原内容，并注明修改企业的IATA代号和修改地的机场或城市代号。

（2）填写新货运单

当一票货物由于无人提取而退运时，应填写新货运单，原货运单号注于新货运单的“会计事项”（Accounting Information）栏。所有本该向收货人收取而未收取的费用，应填在新货运单的“其他费用”（Other Charges）栏，按运费到付处理。

5. 运费更改通知书

托运人应承担因其行使变更权给承运人造成的所有损失，支付承运人在履行托运人的变更要求时产生的所有费用。无论何种原因造成货物运输的费用发生变化，都应通知有关承运人和有关部门，同时填制货物运费更改通知书，填制方法详见第七章。

4.3.3 不正常运输的种类与处理方法

货物的不正常运输是指货物在收运及运输过程中由于工作的差错而造成的不正常情况。

1. 破损（Damage）的货物

（1）定义

破损：货物的外部或内部变形，使货物的价值可能或已遭受损失，如破裂、损坏或短缺。

内损：货物包装完好而内装货物受损，只有收货人提取后或交海关时才能发现。

破损分为轻微破损、严重破损。

（2）处理方法（见表4－1）

表4－1 货物破损的处理方法

发现时间（破损时段）	处理方法
收运时	拒绝收运
出港操作时	轻微破损（内物未损）→加固包装，继续运输 严重破损（内物损坏）→停止运输，通知发货人
交接中转货物时	轻微破损（内物未损）→在转运单（TRM）的备注栏内说明破损情况 严重破损（内物损坏）→拒绝转运
进港操作时（分解前、分解时、装车前）	填写不正常运输记录，通知装机站和始发站

2. 无人提取的货物

（1）定义

货物到达目的地14天后，由于下列原因无人提取时，被称为无人提取的货物。

1）货运单所列地址无此收货人或收货人地址不详；

2）收货人对提取货物的通知不予答复；

3）收货人拒绝提货；

4）收货人拒付有关款项；

5）出现了其他一些影响正常提货的问题。

（2）处理方式

货物自发出到货通知的次日起14日内无人提取，由于上述的任一原因所造成的货物无法交付，除货运单上列明的处理办法外，目的地应采取下列措施：

1）填写无法交付货物通知单（Irregularity Report/Notice of Non－Delivery，IRP），通知始发站；

2）特殊情况可以先通知始发站，但随后应填写无法交付货物通知单寄交始发站，以征求托运人对货物的处理意见。

在收到托运人对货物的处理意见后，作如下处理：1）将货物变卖；2）改变收货人；3）变更目的地；4）将货物毁弃（与当地海关及航空公司联系，按当地有关法令、规定办理）；5）将货物运费由预付改为到付；6）如果托运人有其他要求，可按具体情况处理，并将处理结果在货运单的“交付收据”联上作详细记录。

满60日无人提取又未收到托运人的处理意见时，按无法交付货物处理。对无法交付的货物，应当做好清点、登记和保管工作。

1）凡属国家禁止和限制运输的物品、贵重物品及珍贵文史资料等货物应当无价移交国家主管部门处理。

2）凡属一般的生产、生活资料应当作价移交有关物资部门或商业部门。

3）凡属鲜活、易腐或保管有困难的物品可由承运人酌情处理。如作毁弃处理，所产生的费用由托运人承担。当货运的鲜活易腐物品在运输、仓储过程中发生变质或腐烂；或在目的站无人提取；或收货人拒绝提取时，承运人有权采取必要的处理措施，如销毁全部或部分货物。采取上述措施时，承运人可以不预先通知托运人或收货人。由此产生的费用，由托运人支付。

4）对地址有误、不详或夹寄禁寄物品的快件，在退回时由寄件人承担原运费的70%作为退件运输和处理费用；如寄件人选择“放弃”，则相关快件将就地销毁。

经作价处理的货款，应当及时交承运人财务部门保管。从处理之日起90日内，如有托运人或收货人认领，扣除该货的保管费和处理费后的余款退给认领人；如90日后仍无人认领，应当将货款上交国库。对于无法交付货物的处理结果，应当通过始发站通知托运人。对于该货物通常应发出无法交付货物通知单，交给始发站的出票航空公司或其当地代理人，特殊情况可以先通知始发站，但随后应填列无法交付货物通知单寄交始发站。填“无法交付货物通知单”的单位即出票承运人的财务部门应有副本。

如果是到付运费，其收取过程如下：

1）目的站填写CCA，向始发站结算所有费用；

2）始发站负责向托运人收取到付运费和目的站产生的其他所有费用。

3. 单货不一致的问题

(1) 定义

航空货物入境时，与货物相关的单据（运单、发票、装箱单等）也随机到达，航空公司的地面代理需要向货运代理公司交接的有：国际货物交接清单、主运单、随机文件、货物。

交接时要做到：单、单核对，即交接清单与总运单核对；单、货核对，即交接清单与货物核对。通常造成交接单、货不一致的原因如下：

Offloaded（OFLD）　卸下，拉货
Short shipped（SSPD）　漏（少）装
Over carried（OVCD）　溢（多）装
Mislabeled Cargo　货物贴错标签
Missing Label　标签脱落
Missing Cargo（MSCA）　货物丢失
Found Cargo（FDCA）　多收货物
Missing AWB（MSAW）　无货运单
Found AWB（FDAW）　多出货运单

（2）处理方式（见表4－2）

表4－2　少单多单的处理方式

主运单	货物交接清单（舱单）	货物	处理方式
有	无	无	主运单退回
无	有	无	清单上划去
有	有	无	主运单退回，清单上划去
有	无	有	清单上加主运单号
无	有	有	主运单后补
无	无	有	货物退回

托运的货物与货运单上所列品名不符或在货物中夹带政府禁止运输或限制运输的物品和危险物品时，承运人应当按下列规定处理：

1）在出发站停止发运，通知托运人提取，运费不退；

2）在中转站停止运送，通知托运人，运费不退，并对品名不符的货件，按照实际运送航段另核收运费；

3）在到达站，对品名不符的货件，另核收全程运费。

4.4　索赔与理赔

4.4.1　索赔

1. 含义

货物索赔是指托运人、收货人或其代理人对承运人在货物运输组织的全

过程中所造成的货物毁灭、破损、遗失、变质、污染、延误、内容短缺等，向承运人提出赔偿的要求。进行索赔是货物托运人、收货人或其代理人遇到货物运输问题后采取的措施，但应尽量在事前做好风险防范。

2. 索赔人

（1）货运单上列明的托运人或收货人。

向航空公司提出索赔的应是主运单上填写的托运人或收货人。

客户或分运单上的托运人、收货人或其他代理人应向主运单上填写的托运人或收货人提出索赔。

如果收货人在到达站已将货物提取，则托运人将无权索赔，除非有收货人出具的权益转让书。

（2）持有货运单上托运人或收货人签署的权益转让书的人员。

1）承保货物的保险公司；

2）受索赔人之托的律师；

3）有关的其他单位；

4）集中托运货物的主托运人和主收货人。

3. 索赔的地点

托运人、收货人或其代理人在货物的始发站、目的站或损失事故发生的中间站，可以书面的形式向承运人（第一承运人或最后承运人或当事承运人）或其代理人提出索赔要求。索赔要求一般在到达站处理。

4. 提出赔偿要求的时限

货物损坏（包括短缺）属于明显可见的赔偿要求，应从发现时起立即提出并最迟延长至收到货物之日起 14 天内提出；货物发生其他损坏的，其赔偿要求最迟应当自收到货物之日起 14 天内提出。货物运输延误的赔偿要求，应在货物由收货人支配之日起 21 天内提出。货物毁灭或遗失的赔偿要求，应自填写货运单之日起 120 天内提出。有任何异议，均须按上述规定期限，向承运人以书面形式提出。因承运人的过失或故意行为造成托运人或收货人损失，托运人或收货人要求赔偿的，应在填写货物运输事故记录的次日起 180 日内，以书面形式向承运人提出，并附有关证明文件。

除承运人有欺诈行为外，有权提取货物的人如果在规定时限内没有提出异议，将会丧失获得赔偿的权利。对于提出索赔的货物，货运单的法律有效期为 2 年。保险索赔时效从被保险货物在最后卸载地卸离飞机后计算，最多不超过 2 年。

超过法定索赔期限收货人或托运人未提出赔偿要求，则视为自动放弃索赔权利。

5. 索赔所需的文件

（1）正式索赔函两份（收货人/发货人向代理公司发出的索赔函、代理公司向航空公司发出的索赔函）；

（2）货运单正本或副本；

（3）货物商业发票、装箱清单和其他必要资料；

（4）货物舱单（由航空公司复印）；

（5）货物运输事故签证（货物损失的客观详细情况）；

（6）商检证明（货物损害后由商检等中介机构出具的鉴定报告）；

（7）运输事故记录；

（8）来往电传等文件。

6. 赔偿限额

内损货物的责任。对于此类货物的破损，如无确实的证据证明是由承运人的过错造成的，则承运人不承担责任。但对于外包装破损或有盗窃痕迹的，承运人应负责赔偿。由于承运人的原因造成的货物丢失、短缺、变质、污染、损坏，应按照下列规定赔偿。

（1）货物没有办理声明价值的，承运人按照实际损失的价值进行赔偿，但赔偿最高限额为毛重每千克20美元（每千克17个特别提款权）；国内运输货物的赔偿限额为每千克20元人民币。

（2）办理了声明价值并交付了声明价值附加费的货物，在运输过程中遭受损失，该声明价值为最高赔偿限额。承运人能够证明货物的实际损失低于声明价值的，按实际损失赔偿。

（3）投保航空公司运输险的货物，在运输过程中遭受损失，由保险公司按照有关规定赔偿。

（4）延误运输的赔偿。由于航空公司的原因货物超过约定和规定期限运出，航空公司应给予适当赔偿，但每延误一天的赔偿额不超过该票货物实付运费的5%，赔偿总额以全部运费为限。

如货物的一部分或者货物中任何物件发生遗失、损坏或者延误，用以决定承运人责任限额的重量，仅为该件或者件数的总重量。

如货物的一部分或者货物中任何物件发生遗失、损坏或者延误，以致影响同一份货运单所列的另一包装件或者其他包装件的价值时，在确定责任限额时，另一包装件的总重量也应当考虑在内。

超过货物运输合同约定期限运达的货物，承运人应当按照运输合同的约定进行赔偿。

4.4.2 理赔

货物权益方索赔对象可以是合同方承运人、目的站承运人或当事承运人或其代理人。承运人对托运人或收货人提出的赔偿要求，应当在两个月内进行答复。不属于受理索赔的承运人接到索赔要求时，应当及时将索赔要求转交有关的承运人，并通知索赔人。索赔对象处理赔偿的过程就是理赔。

1. 货物运输事故签证

当航空地面代理人在卸货时发现货物破损时，由航空公司或航空公司地面代理人填写“不正常运输事故记录”或称“货物运输事故签证”，这份签证是货物在目的站出现问题的一个证明。在填写这份签证之前，收货人需要进一步确认内装物的受损程度，可以同航空公司的货运人员共同开箱检查。在开箱检查时，会出现两种情况：一是外包装破损，内装物完好；二是外包装破损，内装物破损。在第二种情况下，有可能出现由于货主没有按照航空货物包装的要求来进行包装，而导致货物受损的情形，这时需要货主和承运人共同承担责任。

这份证明要客观地描述货物出现问题的状况，尽量不要出现“短少”等模糊性词语。这份签证由航空公司的货运部门签完后，再由收货人签字，其中一份由航空公司留存，另一份由收货人留存。

2. 索赔申请书

发现货物发生问题后，一定要按照公约规定的赔偿时限提出赔偿要求，货物权益方需要向航空公司提出书面的索赔申请书。

企业实践

中国国际航空公司货运部：

我公司提取了来自首尔的一票货物，运单号为999－12345675，共1件重100kg，由CA1507/09AUG承运。该票货物在目的地交付时发生严重的外包装破损（详见贵公司开具的事故签证）。现本着实事求是、维护双方共同利益的原则，敝公司向贵公司提出以下处理意见和索赔申请。

该货物价值2 000美元，请给予原价赔偿。参见托运人出具的受损货物价值证明。

望贵公司予以尽快办理为盼，谢谢合作。

随附：运单、装箱单、发票、事故签证等。

南华国际货运代理公司

2008年12月12日

3. 承运人审核所有的资料和文件

承运人收到索赔申请后，要求索赔人提供下列文件：

（1）索赔申请书；

（2）损失证明（发票或其他证明）；

（3）货运单或复印件；

（4）不正常运输事故记录。

受理承运人答复索赔人表示接受索赔，审核所有的资料和文件，进一步进行以下调查工作以判明责任、确定赔偿金额。

（1）如货物办理了保险，保险公司全额赔偿后，保险公司再向承运人提出申请，承运人视限额赔偿；

（2）如货物遗失，查看来往电传，如货物破损、潮湿，查看记录是全部损坏还是部分损坏；

（3）及时告知相关各站，了解始发站是否收到索赔函，避免重复索赔；

（4）编制“国际货物损失事故调查报告”；

（5）填写国际货物索赔报告。

4. 填写航空货物索赔单

由航空公司填写航空货物索赔单，索赔人签字盖章，表明航空公司正式认可索赔的有关事项。

5. 货物索赔审批单

航空货物的索赔根据索赔货物的金额不同需要各级领导审批，向责任承运人结算赔偿费用。

6. 责任解除协议书

索赔人若有异议，进行赔偿仲裁；索赔人若无异议，在收到索赔款时签署责任解除协议书，即放弃诉讼权及进一步的索赔权。

4.5 航空货运法律法规

民用航空越发展，其活动越频繁，所涉及的社会关系就越广泛，也越需要法律来保障这一行业的健康发展。《中华人民共和国民用航空法》由此诞生。现代意义的航空法是在1903年飞机发明以后才逐步发展起来的。因此，相对于其他行业的法律而言，民用航空法是一门非常“年轻”的法律。由于民用航空的迅猛发展，在短短的100余年中，民用航空法已经发展成了一个较为完善的法律体系。民用航空法是用以调整民用航空活动中的社会关系的法律规范的总和。

航空货物运输涉及国际运输和国内运输，所以航空法分为国内航空法和国际航空法两大部分，分属于不同的法律体系。

国内航空法是国家的重要法律，涉及领空主权的宣告及其空域管理制度，还涉及采用刑法手段保护民用航空的安全问题，用于规范民用航空行政管理行为，调整民用航空活动产生的民商法律关系。

国际航空法是国际法的重要组成部分，它确立了领空主权原则，用于调整国家之间开展民用航空活动产生的社会关系。

航空法的特点包括以下几点。

1. 独立性

航空法是否具有独立性，是否能作为一个独立的法律体系，历来就有两派观点，至今仍存在分歧。有的学者否认航空法的独立，甚至否认航空法的存在，认为航空法没有丝毫新内容，只是把各种现行法律，如国际公法、国际私法、海商法、行政法、刑法、商法等用于空中航行运输过程中。从历史角度分析，航空法受海商法和海洋法的影响比较大。人类在远古时代就制定了海事法，而航空法是20世纪初的产物，人们借用海商法的模式来研究航空法，是完全可以理解的。海商法对航空法的影响，至今依然可见。例如，“空中航行”（Air Navigation）、“驾驶”或“领航”（Pilot）、“机场”（Airport）等词汇，无不来源于航海用语。

1929年《华沙公约》关于推定责任、责任限制、免责原由等的规定，也模仿了1924年的《海牙规则》。然而，随着航空技术的进步，航空法早已摆脱了海商法的模式。在航空法中，1919年的《空中航行管理公约》曾采用过“无害通过”制度，但1944年的《国际民用航空公约》抛弃了这种制度，取而代之的是航空“业务权”（Traffic Rights）（即空中自由权）的概念，今天，航空运输中已推行“无过失责任制”，即客观责任制。在海运中，1978年通过的《汉堡规则》，采用“完全的过失责任制”。类似的例子还有很多，这些都足以说明，不应将航空法与海商法生硬地进行比较。航空法的独立性指的是航空法自成一类，形成了一个独立的法律体系。在我国，将航空法发展成一个独立的法律部门，是我国民航事业发展的需要。

民用航空是以民用航空器为工具，实施空中航行，从事公共航空运输、航空作业及其他通用航空活动的领域。这种活动在空中作业，风险性高，机动性强，具有资金密集、技术密集、知识密集、信息密集、组织严密、质量管控严格等诸多特点。

民用航空是空军的后备力量，平时为发展国民经济，方便人民生活，促进各种往来服务，一旦发生战争或国家处于紧急状况，民用航空就将被征用，以处理紧急事项，保卫国家服务。

因此，民用航空在整体上是一种特殊的商业活动，要正确调整民用航空及其相关领域中的社会关系，就需要专门的法律，即航空法来调整。航空法的调整对象是十分明确的，也是专一的，这就使航空法成为一个独立的法律部门具备了基本的条件。

2. 国际性

(1) 国际性的发展历史

航空器发明后，人们可以驾驶着航空器在空中自由翱翔。同时，出现了一个人们从未遇到过的问题，即一国的航空器可以几乎不受影响地、随心所欲地在另一个主权国家的领土上空飞行，甚至可以飞到另一国首都上空去。

20世纪初，就曾出现过德国的载人氢气球在未经许可的情况下，多次飞至法国巴黎上空的情况。在当时传统的国际公法中，一个国家的疆域范围仅限于其领土和领海，对于领土和领海上方的空气空间，国际公法尚未作出明确规定。民用航空器的出现，使人们不得不对领土和领海上方的空气空间的法律地位作出规定。

国际公法顺应了这一要求，并依照罗马法所倡导的“谁拥有土地，谁就拥有土地上方的天空”这一原则，将一国的领土扩展到该国领土和领海上方的空气空间。自此，出现了我们非常熟悉的“领空”这一概念。

然而，航空器无须像陆上交通工具一样借助地面道路运行，它可以很容易地从一国的领空进入另一国的领空。此外，由于缺乏像地面道路一样明晰的标志物，航空器在飞行中极易发生碰撞事故。在此情况下，仅靠各国单独制定的航空法，很难满足民用航空发展的要求。所以，早在民用航空器投入使用后不久，当时世界上少数航空工业较为发达的国家就已经着手制定调整民用航空的国际性规范。

在第一次世界大战中，飞机被用于战争，人们认识到了对航空器进行国际管理的必要性。1919 年第一次世界大战刚一结束，美、英、法、意、日五国各派两名代表和比利时、巴西、古巴、希腊、葡萄牙、罗马尼亚、南斯拉夫（三个邦）各派一名代表组成了巴黎和会航空委员会，讨论了战后国际空中航空的管理问题，并制定了《关于管理空中航行的公约》（通称《巴黎公约》）。

1928 年，美国等 20 多个泛美联盟国家在哈瓦那订立了《泛美航空公约》。1929 年，《华沙公约》在波兰华沙订立。这个公约及以后制定的多个议定书，主要用来解决国际航空旅客及货物运输等问题，并形成了民用航空法学界所称的关于航空运输的“华沙公约体系”。

第二次世界大战后期，在美国的倡议下，世界上 55 个国家于 1944 年在美国的芝加哥订立了《国际民用航空公约》（通称《芝加哥公约》）。这个公约是目前最为重要的国际民用航空公约。根据这一公约，成立了国际民用航空组织（International Civil Aviation Organization，ICAO）。该组织是当今世界上最具广泛性及权威性的国际专业性组织，已拥有 192 个成员。国际民用航空组织的成立，对全球民用航空发展、民用航空飞行安全及各国民用航空合作都起到了积极的促进作用。

为了解决飞行中民用航空器对地面、水面第三人的损害赔偿责任这个问题，1952 年国际民用航空组织在意大利罗马订立了《罗马公约》。为了对付曾一度十分猖獗的针对民用航空器的犯罪行为，国际上先后于 1963 年、1970 年和 1971 年分别制定了《东京公约》《海牙公约》及《蒙特利尔公约》。

（2）国际法渊源

迄今为止，在民用航空法的诸多渊源中，最为重要的是国际法渊源。正是由于这一原因，许多学者在评述民用航空法时，都将其视为国际法的组成部分。在国际公法中也有国际航空法这一法律部门存在。

综观国际公约中关于民用航空法的规定，其中包括两大部分：一部分是航空公法方面的内容，如《芝加哥公约》《东京公约》《海牙公约》《蒙特利尔公约》；另一部分则是航空私法方面的内容，如《华沙公约》。

航空公法方面的国际公约主要用于民用航空器国籍的调整、民用航空器的国际保护、危害国际民用航空安全行为的惩治等。航空私法方面的国际公约主要用于国际旅客及货物运输的调整以及相关的民事责任问题。

航空法的国际性要求各国采用统一的航空技术标准和统一的航空法律规范。

统一性是所有法律的一般属性，是法律具有规范作用的必备条件。统一的技术标准和法律规范使国际空中航行的安全得到有效保障。《国际民用航空公约》规定："缔约各国承允在关于航空器、人员、航路及各种辅助服务的规章、标准、程序及工作方面进行合作，凡采取统一办法而能便利、改进空中航行的事项，尽力求得可行的最高程度的一致。"自1919年成立国际空中航行委员会（国际民用航空组织的前身）、1925年成立国际航空法律专家技术委员会至1947年正式成立国际民用航空组织，国际民用航空组织在统一国际航空法律规范方面做了大量的工作，尤其在统一国际航空技术标准方面取得了巨大的成就。然而，国际航空法尚需要进一步的完善。

（3）航空法的国际性特点，使国内航空法与国际航空法具有高度的统一性。

国内航空法应尽可能采用国际航空法律规范和国际上的通行做法，否则不利于国际航空交往，也将阻碍本国民用航空事业的发展。因此，国内航空法的许多法律规范往往来源于国际航空法，就航空法的内容而言，各国航空法在某种程度上是"大同小异"的。

航空运输有国内和国际之分，但在私法上，不是依当事人是本国人还是外国人来区分的，而是根据运输的始发地、目的地或约定的经停地，这几个地点只要有一处在外国就是国际运输，否则是国内运输。

因此，国内航空承运人经营国内航班业务，不仅应依据国内航空法与托运人签订国内航空运输合同，遇到国际联程旅客或国际联程货物，还应知晓作为国际航空运输合同的约定方，其亦受国际航空法有关规定的保护。

3. 技术性

这是民用航空器及民用航空活动的特殊性所要求的。民用航空器作为一种高科技产物，其中包含的技术含量是非常之高的。仅就目前世界上通用的民用飞机来说，其零件数已近千万个，而民用航空器上的各种电线、电缆总长度达数十公里。因此，世界上能独立研制飞机的国家仍是屈指可数的。从另一个角度来看，任何一个设备只要越复杂，其可靠性也就越难把握。如果不从技术上加强管理，民用航空器的安全性便不可能得到保障。

另外，民用航空活动中所涉及的技术性问题也是非常多的。民用航空法适应了民用航空的高技术要求，其中的许多规定是由技术性规范直接转化而来的。

4. 综合性

调整民用航空及其相关领域中的社会关系的各种法律手段纵横交错，调整方法多种多样，这些特点构成了航空法的综合性。航空法的这一特性打破了按照传统方法划分的公法和私法的界限。

在航空运输实践中，公法和私法往往交织在一起。民用航空是一项复杂的系统活动，所产生的社会关系呈现出多样性和复杂性的特点。对此实施法律调整，必将形成多种多样的法律关系，自然需要调整手段的多样性与之相适应。

我们分析航空法的内容不难发现，关于管理民用航空的法律规范，属于行政法；关于宏观调控航空运输市场和航空作业市场的法律规范，属于经济法；关于航空运输合同的法律规范，属于民法；关于航空领域中的犯罪和惩罚的规定，属于刑法。

如果说行政法、经济法、民法、刑法是一般法，那么航空法中的有关部分则应分别是上述这些法的特别法。然而，我们却不能说，航空法在整体上是行政法、或经济法、或民法、或刑法。其所以出现这一现象，正是航空法具有综合性的反映。

在整体上，我们只能说航空法自成一类，是一个独立的法律分支。

鉴于航空法具有综合性的特点，在研究航空法的时候，一方面应紧密联系行政法、民法、经济法、刑法等法律的一般原则；另一方面应按“特别法优于一般法”的原则，正确处理好它们之间的关系，即在处理航空事务时首先应依据航空法；若航空法没有规定的，则依据有关的其他法律。

5. 航空法是行为法

任何一种法律都是用来限定当事人的权利和义务的，如民法限定当事人的民事权利及义务。然而，就绝大多数法律来看，它们仅仅规定了权利、义务的内容，但对如何实现权利、如何承担义务却未作规定。

民用航空法则对如何实现权利、如何承担义务作了详尽的规定。这个问题在民用航空器营运人适航责任上表现得最为充分。

法律明确规定了营运人的民用航空器在飞行前应当携带哪些文件，起飞前应进行什么样的常规检查，空勤人员在哪些情况下不能执行飞行任务，甚至连机组人员每天的工作时间及休息方法都有明确规定。

可以看出，民用航空法对民用航空法律关系主体的行为都作了规定，因而它是一种行为法。

4.5.1 国际航空公约

现行的国际航空法涉及航空运输的方方面面，例如航空运输、安全保卫、国际航空运输的业务权、双边协定等。在此，主要介绍有关航空货物运输方面的条约，这些条约主要集中在华沙体制中包含的8个文件中，其中，前3个文件是基础。《华沙公约》及相关修订议定书、补充性公约所确立的统一国际航空运输有关规则和承运人责任制度的规则体系总称为华沙体制。但随着1999年《蒙特利尔公约》成员数量的增加，旧华沙体制逐步退出国际空运法律体系。

1.《华沙公约》

这个公约是第一部重要的航空运输方面的法律。1929年10月12日签订于波兰华沙。《华沙公约》共5章41条，就国际航空运输的定义、运输凭证、承运人的责任制度以及责任诉讼的若干程序问题作了规定。

《华沙公约》针对的是在国际航班上出现航空事故，乘客或货物受到损失时，若乘客或托运人与承运人的国籍不同，有关的赔偿应该依据哪些法律或规则来处理的问题。它确立了华沙体系运输凭证为客票和货运单；责任赔偿为旅客最高赔偿限额12.5万法郎；货物每千克赔偿250法郎。

2.《修改1929年10月12日在华沙签订的统一国际航空运输某些规则的公约的议定书》(Protocol to Amend the Convention for the Unification of Certain Rules Relating to International Carriage by Air Signed in Warsaw on October 12, 1929)，简称《海牙议定书》(The Hague Protocol)。

《海牙议定书》1955年9月28日签订于荷兰海牙，1963年8月1日起生效。

《海牙议定书》对国际运输定义作了修改，删去了《华沙公约》定义中的一些过时的政治用语；简化了运输凭证：将客票、行李票、航空货运单上的项目分别由5项、8项和17项减少到3项；删去了免费条款中由于驾驶、操作、领航上的过失可以对货物和行李损失免除责任的规定，删除了“有意的不良行为”的概念，但对承运人的责任制度未作实质性的变动；修改、提高了承运人对每个旅客和行李、货物应负的赔偿限额，即由原来的每名旅客12.5万法郎提高到25万法郎。《海牙议定书》规定，其对加入《海牙议定书》的非《华沙公约》缔约国具有原《华沙公约》的效力。

我国于1958年加入《华沙公约》，于1975年加入《海牙议定书》，并声明公约适用于我国的全部领土，包括我国台湾地区。我国与《华沙公约》的缔约国之间适用《华沙公约》，与《海牙议定书》的缔约国之间适用《海牙议定书》。

《华沙公约》是提出无过失责任这一现代概念的先驱。旅客（或其权利继承人）或托运人无须证明航空公司一方是否有过失，只需向被告证明其所受损失的数额。这一原则能够有效地对旅客或托运人提供保护。

另外，公约规定如果损失不是由承运人有意或不顾后果的行为造成的，承运人应承担的赔偿限额。华沙体制有效地规范了国际航空运输市场，但在其发展的过程中，也暴露出了一些问题。

例如，航空运输合同是否应当适用不可抗力原则；赔偿限额是否应提高和如何提高；具有地域管辖权的法院是否应当扩充到包括旅客居所或永久住所地的缔约国法院等。

3.《瓜达拉哈拉公约》

1961年，有关国家的代表在墨西哥的瓜达拉哈拉对《华沙公约》进行了补充，并形成了一个新的公约，即《统一非立约承运人所作国际航空运输的某些规则以补充华沙公约的公约》，简称《瓜达拉哈拉公约》(The Guadalajala Convention)。该公约于1964年5月1日起生效。

1971年3月8日，美国等21个国家在危地马拉城对经《海牙议定书》修改的《华沙公约》进行了修订，所形成的文件称为《修订经海牙议定书修订的〈统一国际航空运输某些规则的公约〉的议定书》，简称《危地马拉城议定书》。

4.《蒙特利尔附加议定书》

1975年9月25日，有关国家在蒙特利尔再次对《华沙公约》体制的相关文件进行了修订，并形成了4个文件：《修订1929年10月12日在华沙签订的统一国际航空运输某些规则的公约的第一号附加议定书》《修订经1955年9月28日在海牙签订的议定书修正的1929年10月12日在华沙签订的统一国际航空运输某些规则的公约的第二号附加议定书》《修订经1955年9月28日在海牙签订的议定书和1971年3月8日在危地马拉城签订的议定书修正的1929

年10月12日在华沙签订的统一国际航空运输某些规则的公约的第三号附加议定书》《修订经1955年9月28日在海牙签订的议定书修正的1929年10月12日在华沙签订的统一国际航空运输某些规则的公约的第四号附加议定书》。

《蒙特利尔第四号议定书》主要在三个方面作出了新的规定。

(1) 引入"特别提款权"作为赔偿金的计算单位。

赔偿的责任限额为每千克17个特别提款权（大约相当于20美元），规定的限额为最高额，无论产生责任的情势如何，均不得超过这一限额。

所谓特别提款权，是指国际货币基金组织所指定的货币计算单位，它是由美元、英镑、欧元和日元4种货币，通过加权方式而计算出来的。特别提款权可以折合成某个特定国家的货币。客户可以通过声明价值来提高限额，但由于种种原因，客户主要选择保险来补偿经济损失。

(2) 国际航空货物运输承运人的责任制度，由"主观责任制"修改成"客观责任制"。

承运人只有证明货物的损失是由下列原因造成的才可以免责：货物内在的质量问题或缺陷，货物的包装有缺陷，且包装是由承运人或其雇用人员或代理人之外的其他人完成的；货物的进出港或在中转中公共机构的行为造成的损失。

(3) 引入电子计算机储存货运资料的新方式。

进一步简化了航空货运单的内容，并引入电子计算机储存货运资料的办法，即经托运人同意，可以用能够保存运输记录的任何其他方法代替出具航空货运单。这在技术上无疑是一种飞跃。但鉴于世界各国在经济上发展很不平衡，该议定书所规定的，只是实行航空货运单和其他替代办法的并行制度。共有51个国家批准。

5. 《蒙特利尔公约》

《蒙特利尔公约》于1999年5月28日签订于加拿大蒙特利尔，于2003年11月4日生效，2005年7月31日起对我国生效。该公约由过错责任制走向严格责任制。提高对旅客的赔偿责任限额，采用双梯度赔偿，10万特别提款权约合13.5万美元、110万元人民币，增加了第五管辖权，恢复了运输凭证的正常功能。

《蒙特利尔公约》解决了国内航空运输旅客伤亡赔偿责任制度与公约的接轨问题；我国《民用航空法》的一些规定是否需要修订的问题；航空运输的赔偿责任制度与其他运输方式的赔偿责任制度协调的问题。首先，归责原则不同；其次，赔偿范围不同。

4.5.2 国内航空运输的有关法律依据

国内货物运输依据的法律法规主要有《中华人民共和国民用航空法》《中国民用航空货物国内运输规则》。除此之外，还有同航空货运有关的一些法律和规定：

《中华人民共和国民事诉讼法》；

《中华人民共和国民法通则》；

《中华人民共和国进出口商品检验法》；

《中华人民共和国动植物检疫法》；

《中华人民共和国野生动物保护法》；

《中华人民共和国消费者权益法》；

《中国民用航空货物国际运输规则》；

我国适用的有利于消费者的法律和法规。

4.5.3 国际航权的定义及分类

1. 欧洲单一天空计划（Single European Sky）

2001 年 10 月，欧洲委员会采纳了欧洲单一天空计划的提案，在欧洲建立了一个空中交通管理的行业调节机构。该调节机构把当前分散于各国的高空空域融为一体，自此，空域的组织不再基于各国的边界，而由该机构统一以空中交通管制区域的有效运行为基础来进行。同时，它还将整合军民航空中的交通管理。

第二次世界大战后，西方国家认为战争爆发时天空的控制权非常重要。《国际民用航空公约》草议出两国间协商航空运输条款的蓝本，其有关条款仍沿用至今。《国际民用航空公约》是国际航空领域一个宪章性的文件，它对国际民航领域的基本问题作了规定。其内容包含空中航行、国际民用航空组织、国际航空运输和最后条款四部分，以及有关国际标准和建议措施的附件。其中最主要的内容就是航空业务权（即空中自由权）。

2. 国际航权

国际航权是指国际航空运输中的过境权利和运输业务权利，也称国际航空运输的业务或空中自由权，用来表述一种商定的具体或地理说明或在一条批准航线或航段上飞机（替代地面运输工具）可以运输的客货业务的混合说明。航空权是国家重要的航空权益，必须加以维护，在国际航空运输中交换这些权益时，一般采取对等原则，有时候某一方也会提出较高的交换条件或收取补偿费以适当保护本国航空企业的权益。

一个国家可以授予他国的航权通常包括以下五种。

第一航权又称领空飞越权，是给予一个国家国际航班定期或不定期不降停地飞越授予国领土的权利或特权（如图 4－2）。在不着陆的情况下，该国航班可以在协议国领空上飞过，前往其他国家的目的地。例如：由北京飞往旧金山的航班如果中途飞越日本领空，我国就要和日本签订领空飞越权，获取第一航权，否则只能绕道飞行，增加燃料消耗和飞行时间。

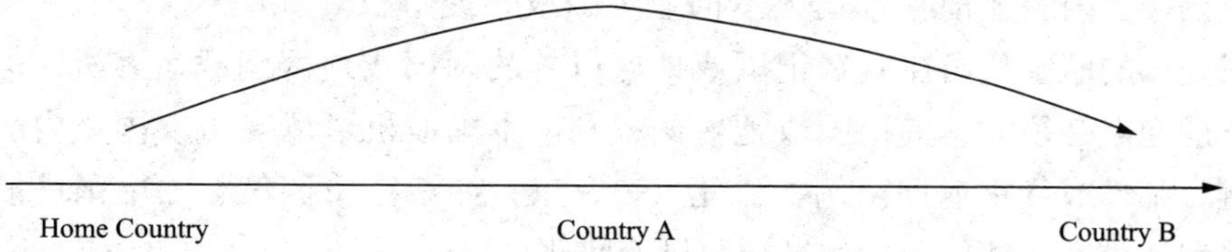

图 4－2　第一航权

第二航权又称技术经停权，是给予一个国家定期或不定期的国际航班在权利授予国的领土内作非运输业务经停的权利或特权（如图 4－3）。该国航机可以因技术需要（如添加燃料、检修飞机、飞机故障或气象原因备降等）在协议国降落、经停，但不得开展任何业务性工作，如上下旅客、装卸货物或邮件。例如，由北京飞往纽约的航班，如果由于某飞机机型的原因，不能直接飞抵，中间需要在日本降落并加油，但不允许在该机场上下旅客和装卸货物，此时我国就要和日本签订技术协议，获取技术降停权。

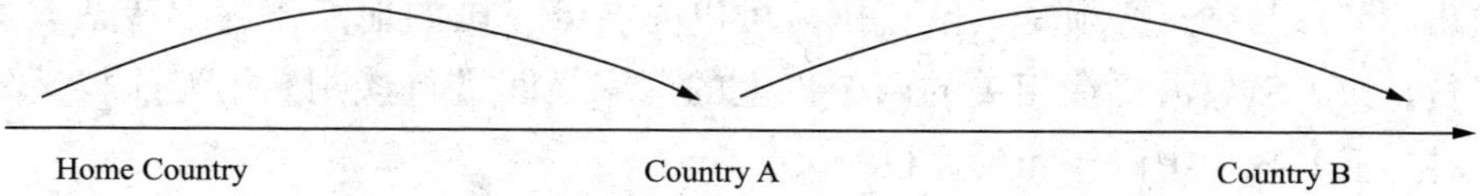

图 4－3　第二航权

第三航权又称目的地下客权，是一个国家授予另一个国家关于定期国际航班在第一国领土内下来的旅客或货物等的权利或特权（如图 4－4）。一个国家或地区的航空公司自其登记国或地区载运客货至另一个国家或地区的权利。本国航机可以在协议国境内卸下乘客、邮件或货物。例如：北京—东京，如获得第三航权，中国民航飞机承运的旅客、货物可在东京进港，但只能空机返回。

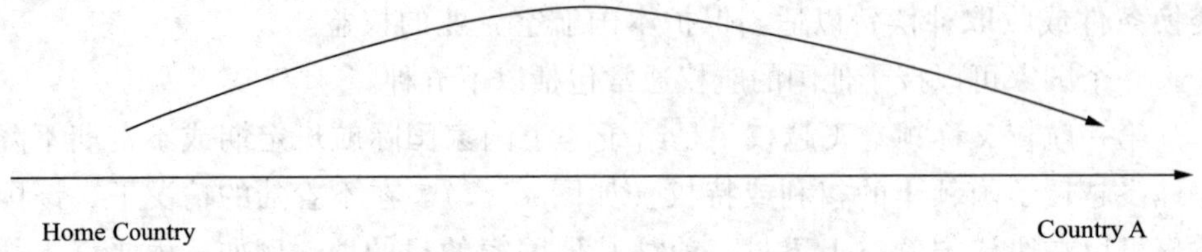

图 4－4　第三航权

第四航权又称装载权，是一个国家授予另一个国家关于定期国际航班在第一国领土内装上前往承运人本国业务的权利或特权（如图 4－5）。一个国家或地区的航空公司在其登记国或地区以外的两国或地区间载运客货，但其航班的起点必须为其登记国或地区的权利。本国航机可以在协议国境内载运乘客，邮件或货物返回。例如：北京—东京，如获得第四航权，中国民航飞机能载运旅客、邮件或货物搭乘原机返回北京。

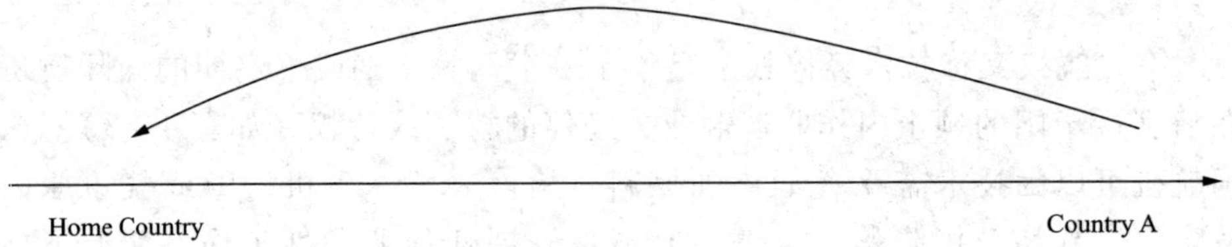

图 4－5　第四航权

第五航权又称中间点权或延运权，是一个国家授予另一个国家关于定期国际航班在第一国领土内卸下或装上来自或前往第三国的业务的权利或特权（如图 4－6）。指某国的航空公司在其登记国以外的两国区间载运客货，但其航班的起点与终点必须是其登记国。可以先在第三国的地点作为中转站上下客货，第五航权需要在相关的两个以上的国家之间进行谈判。第五航权又分三种：前站权、中停权和延远权。

例如：我国政府已经向新加坡航空公司开放了第五航权。新加坡航空公司的货机可以直飞新加坡经我国厦门、南京到美国芝加哥的航线，并在厦门、南京拥有装卸国际货物的权利。

此外还有：

第六种航权又称桥梁权，本国航机可以用两条航线的名义，接载甲国和乙国乘客及货物往返，但途中必须经过本国（如图 4－7）。

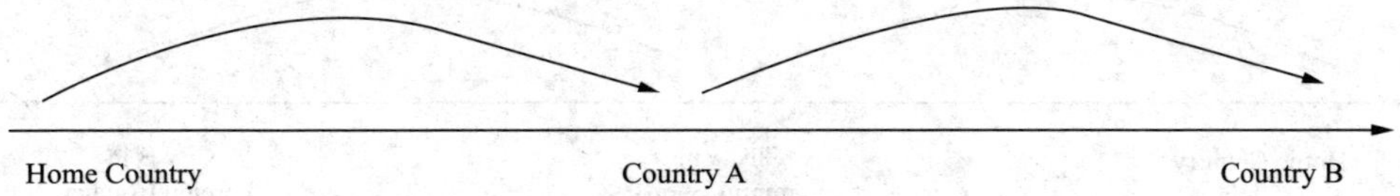

图4－6 第五航权

例如：伦敦—首尔—东京，大韩航空将源自英国的旅客运经首尔后再运到东京。

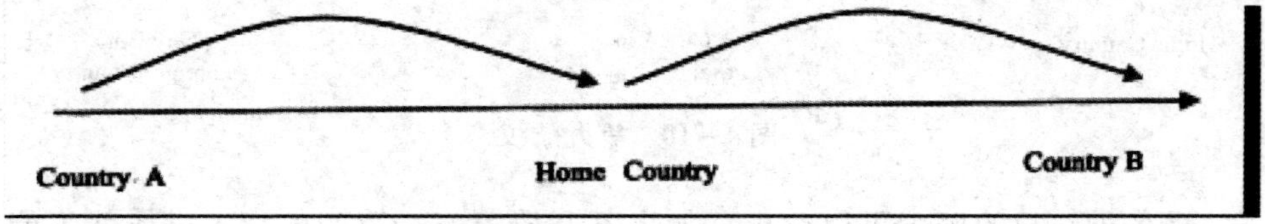

图4－7 第六航权

韩国首尔的仁川机场按照国际枢纽标准建设完工后，凭借其飞往北美地区的航班频率高的优势，通过既执飞中韩航线，也执飞韩美航线的大韩航空公司，把中国内地大量飞往北美的旅客运到仁川机场，然后再衔接到由仁川机场飞往北美的航班上，从而扩大了仁川机场的业务量。

第七航权又称完全第三国运输权，本国航机可以在境外接载乘客和货物，而不用返回本国。即本国航机在甲、乙两国间接载乘客和运载货物（如图4－8）。例如：伦敦—巴黎，由德国汉莎航空公司承运。

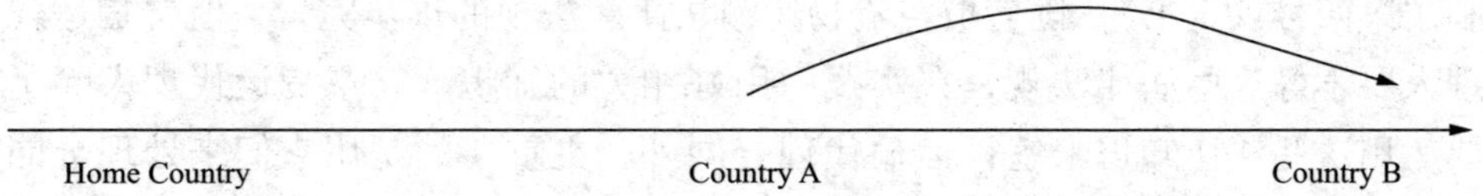

图4－8 第七航权

第八航权又称（连续的）国内运输权，本国航机可以在协议国国境内两个不同的地方接载乘客、货物往返，但航机以本国为起点站（如图4－9）。

第九航权又称（非连续的）国内运输权，本国航机可以到协议国作国内航线运营，但航机不需要以本国为起点站（如图4－10）。

第一、第二、第三、第四种航权需要相关两国政府就有关具体问题进行双边谈判，如开放哪些点、允许进入的航空公司和航班数量等，达成协议后实施。

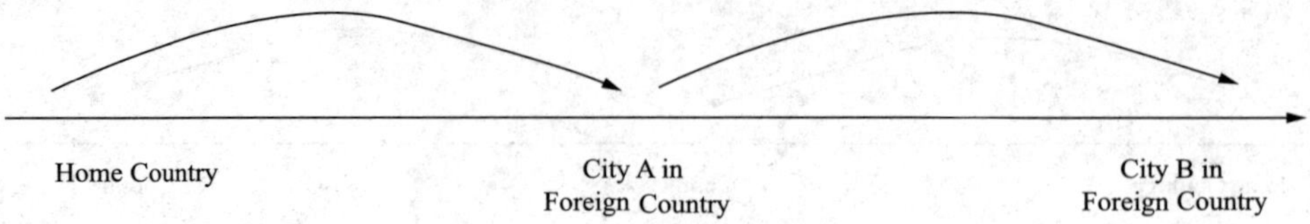

图 4－9　第八航权

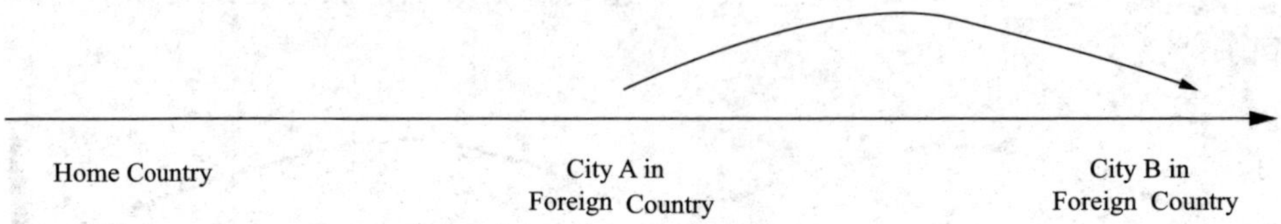

图 4－10　第九航权

从各种航权的概念可以看出，如果不开放第三、第四航权，机场就不能成为门户机场；如果不适度开放第五、第六航权，门户枢纽机场就不能争取到更多的国际业务量，不能迅速地发展壮大。

另外对于门户枢纽机场来讲，驻机场的海关、边检等部门应适度简化检查程序，使旅客、货物能够迅速通关，“一票到底”。

本章小结

本章介绍了最重要的三个航空公约：《华沙公约》《海牙议定书》《蒙特利尔第四号议定书》。随着航空货物运输法律、法规的逐步完善，航空货运代理人要学好这些法律法规，在实践中用好相关的知识。航空货运代理人除了要运用这些法律知识来签订运输代理合同外，更重要的是用它们来处理合同的非正常履行问题。

托运人或收货人发现货物有丢失、短缺、变质、污染、损坏或延误到达等情况时，应当场向承运人提出，承运人应当按规定填写运输事故记录并由双方签字或盖章。如有索赔要求，收货人或托运人应当于签发事故记录的次日起，按法定时限向承运人或其代理人提出索赔要求。向承运人提出赔偿要求时应当填写货物索赔单，并随附货运单、运输事故记录和能证明货物内容、价格的凭证或其他有效证明。合同履行中的这种非正常情况，需要航空货运代理人妥善处理，使托运人、承运人双方满意。

阅读链接

1. 外贸英才网：www. tradehr. com
2. 起点贸易网：www. start-tech. net

思考题

一、选择题

1. 属于非自愿变更的国际货物运输，如货主要求在中途站将货物运回原始发站，则承运人应（　　）。

A. 退还全部运费　　B. 只收由中途站退回的运费

C. 收取运费的50%　　D. 收取退运手续费

2. 某货主自广州至东京，托运10箱货物，共重500kg，由某航空公司承运，在发运前，货主要求变更目的地，将其中400kg货物继续运至东京，另100kg货物改运至大阪，其处理方法为（　　）。

A. 将原货运单的500kg货物全部做退运处理后，重新分别发运

B. 继续用原货运单运送400kg货物，另100kg再填一张货运单后发运

C. 因属同一承运人，分别运送即可

D. 不受理

3. 有关CCA的说明，（　　）是正确的。

A. 只有需要更改运费数额时才填写CCA

B. 更改运费数额不超过5美元时，无须填写CCA

C. CCA应至少填写一式四份

D. 任何与货物运输有关的承运人都可填写CCA

4. 有权向航空公司提出索赔的人包括（　　）。

A. 主运单上列明的托运人

B. 主运单上列明的收货人

C. 持有主运单上托运人或收货人签署的权益转让书的人员

D. 分运单上列明的指运人、收货人

二、判断题

1. 航空法的国际性特点，使得国内航空法与国际航空法具有高度的统一性。(　　)

2. 货物可能因航空公司航班取消、延误、溢载、故障、改机型、错运、倒垛或装板不符合规定等原因未能按预定时间运出，对此，航空公司应承担违约责任。(　　)

3. 如果空运代理从航空公司接货时没有提出异议，则货物驳运进自己的监管仓库后，即使出现异常，确属接货时未发现的问题，也无法再向航空公司提出异议，即应由自己承担损失。(　　)

三、简答题

1. 一票从北京运往伦敦的机器配件，在巴黎中转，货运单号为666－33783444，共4件，每件重25kg。当在巴黎中转时，由于临时出现问题，发货人向航空公司提出停止运输且返回北京的要求。问：发货人的请求是否可以得到航空公司的认可？为什么？返回的机器配件的运费由谁来支付？

2. 一票从上海运往泰国的整套流水线机器，货运单号为777－89783444，由于机器比较庞大，用了6个箱子，每件重量为60kg，整套机器的价值为USD6 000，无申明价值。在终点站接货时，发现一个箱子开裂，经检验，这个箱子内的机器已完全受损，其他5个箱子完好。问：航空公司应如何赔偿？

3. 请简述变更运输的范围与处理方式。

4. 请简述索赔的地点和时限及所需的文件。

5. 请简述赔偿规定与理赔程序。

第5章　航空货代工作流程

关键术语

货物托运书　空运包装　空运流程　标签　理单　单货交接　单证审核　制单　包机

学习目标

- 了解包舱、包板的意义和存在的问题；
- 熟悉包机运输；
- 熟悉货物待运和分拨处理流程；
- 掌握航空货物进出口运输代理业务流程；
- 掌握包舱运输、包集装器运输规范。

我们从了解航空运输方式与运输要求入手，引入了航空货代工作流程，航空货运代理企业的服务体现在这个工作流程的每一个环节。国际航协通过建立 CARGO iQ 工作组在全世界范围来推行航空货运供应链质量标准流程，为航空货运行业提高效率、更好服务客户、降低成本提供解决方案。作为 CARGO iQ 系统的一部分，标准操作流程（Master Operating Plan，MOP）被航空货运业广泛采用，本章就此做一些介绍。

5.1 航空运输方式与运输要求

这里先来介绍班机运输、包机运输、集中托运的相关内容。

5.1.1 班机运输（Scheduled Airline）

班机指具有固定开航时间、航线和停靠航站（始发站、目的港、途经站）的飞机，通常为客货混合型飞机，货舱容量较小，运价较贵，但由于航期固定，有利于客户安排鲜活商品或急需商品的运送。按照业务的对象不同，班机运输可分为客运航班运输和货运航班运输。顾名思义，后者只承揽货物运输，大多使用全货机（All Cargo Carrier）。由于在国际贸易中航空运输所承运的货量有限，所以货运航班只由某些规模较大的、专门的航空货运公司或一些业务范围较广的综合性航空公司在货运量较为集中的航线开辟。对于前者，一般航空公司通常采用客货混合型飞机（Combination Carrier），在搭乘旅客的同时承揽小批量货物的运输。

由于班机运输有固定的航线、挂靠港、固定的航期，并在一定时间内有相对固定的收费标准，对进出口商来讲可以在贸易合同签署之前预期货物的起运和到达时间，核算运费成本，合同的履行也较有保障，因此是大多数贸易商的首选航空货运形式。特别是近年来货运业竞争加剧，航空公司为体现航空货运快速、准时的特点，不断提高航班的准班率（航班按时到达的比率），强调快捷的地面服务，在吸引传统的鲜活易腐货物、贵重货物、急需货物的基础上，提出为企业，特别是跨国企业提供后勤服务的想法，努力成为跨国公司分拨产品、半成品的得力助手。然而，班机运输由于多采用客货混合机型，航班以客运服务为主，货物舱位有限，不能满足大批量货物及时出运的要求，往往只能分批运输。另外，不同季节同一航线客运量的变化也会直接影响货物装载的数量，使得班机运输在货物运输方面存在很大的局限性。班机运输的特点包括：

（1）班机固定航线、固定停靠港和定期开飞航，因此国际间货物流通多使用班机运输方式，这样能使货物安全、迅速地到达世界上各通航地点。

（2）便于收、发货人确切掌握货物起运和到达的时间，这对市场上急需的商品、鲜活易腐货物以及贵重商品的运送是非常有利的。

（3）班机运输一般是客货混载，舱位有限，不能使大批量的货物及时出运，往往需要分期、分批运输。这是班机运输的不足之处。跨入21世纪后，国内定期全货机航线的不断涌现，大大改善了这一状况。

5.1.2 包机运输（Chartered Carrier）

包机运输是指航空公司按照约定的条件和费率，将整架飞机租给一个或若干个包机人（包机人指发货人或航空货运代理公司），从一个或几个航空站装运货物至指定目的地的运输方式。包机运输适合大宗货物运输，费率低于班机，但运送时间比班机要长。由于班机运输和货物舱位有限，因此当货物批量较大时，多采用包机运输的方式。

1. 包机运输方式的分类

（1）整机包机

整机包机即包租整架飞机，指航空公司按照与租机人事先约定的条件及费用，将整架飞机租给包机人，从一个或几个航空港装运货物至目的地。包机人一般要在货物装运前一个月与航空公司联系，以便航空公司安排运载和向起降机场及有关政府部门申请、办理过境或入境的有关手续。包机的费用一次一议，随国际市场供求情况的变化而变化。原则上，包机运费是按每一飞行公里固定费率核收费用，并按每一飞行公里费用的80%收取空放费。因此，大批量货物包机时，要尽量使飞机来回程都有货载，这样费用比较低。只有单程装货，运费比较高。

（2）部分包机

由几家航空货运公司或发货人联合包租一架飞机，或者由航空公司把一架飞机的舱位分别卖给几家航空货运公司装载货物，即为部分包机。此方式用于托运不足一架整飞机舱位，但货量又较重的货物运输。

2. 包机与班机的比较

（1）包机的缺点

1）包机运输按往返路程计收费用，存在着回程空放的风险；

2）包机由于需要等待其他货主备妥货物，因此运送时间比班机长，尽管部分包机有固定时间表，往往也会因其他原因不能按时起飞；

3）各国政府为了保护本国航空公司利益常对从事包机业务的外国航空公司采取各种限制措施，如降落地点限制等。飞机降落在指定地点外的其他地点时，一定要向当地政府有关部门申请，经同意后才能降落（如申请入境、通过领空和降落地点）。

（2）包机的优点

1）解决班机仓位不足的问题，满足大批量货物进出口运输的需要；

2）货物全部由包机运出，节省时间和多次发货的手续；

3）可以由承租飞机的双方议定航程的起止点和中途停靠的空港，更具灵活性，弥补了一些地点没有直达航班的不足；

4）减少货损、货差或丢失的现象；

5）在空运旺季缓解航班紧张状况；

6）解决海鲜、活体动物的运输问题；

7）运费比班机低，且随国际市场供需情况的变化而变化，给包机人带来了潜在的利益。

5.1.3 集中托运（Consolidation）

集中托运是指航空货运代理公司将若干批单独发运的货物集中成一批向航空公司办理托运，填写一份总运单送至同一目的地，然后由当地的代理人负责分发给各个实际收货人。这种托运方式可降低运费，是航空货运代理开展的主要业务之一。

1. 具体做法

（1）为每一票货物分别制定航空运输分运单，即出具货运代理的空运运单（House Airway Bill，HAWB）。

（2）将所有货物按照目的地来分类，即将运往同一国家、同一城市的货物集中到一起，统一制定总运单（Master Airway Bill，MAWB）。总运单的发货人和收货人均为航空货运代理公司。

（3）打印该总运单项下的货运清单（Manifest），即此总运单有几个分运单，号码各是什么，货物的件数、重量各是多少等。

（4）把该总运单和货运清单作为一整份货物交给航空公司。一份航空总运单可视货物的具体情况随附一份航空分运单或多份航空分运单。如：一份航空总运单内有10份航空分运单，说明此总运单内有10份货，发给10个不同的收货人。

（5）货物到达目的地机场后，当地的货运代理公司作为总运单的收货人负责接货、分拨，按不同的分运单制定各自的报关单据并代为报关，为实际收货人办理有关的接货、送货事宜。

（6）实际收货人签收分运单以后，目的站货运代理公司以此向发货的货运代理公司反馈到货信息。

外贸企业办理航空运输手续，需要委托航空运输公司作为代理人，负责办理出口货物的提货、制单、报关和托运工作。委托人应填妥国际货物托运单，并将有关报关文件交付航空货运代理，向航空公司办理托运后，取得航空公司签发的航空运单，即为承运开始。航空公司需对货物在运输途中的完好负责。货物到达目的地后，收货人凭航空公司发出的到货通知书提货。

2. 集中托运的限制

（1）集中托运只适合普通货物，对于使用等级运价的货物，如贵重物品、危险品、活体动物以及文物等不能办理集中托运；

（2）目的地相同或临近的货物可以办理集中托运，其他则不宜办理，例如，不能把去日本的货发到欧洲。

3. 集中托运的特点

（1）节省运费：航空货运公司的集中托运运价一般低于航空协会的运价。发货人可获得低于航空公司的运价，节省费用。

（2）提供方便：将货物集中托运，可使货物到达航空公司到达地点以外的地方，延伸了航空公司的服务，方便了货主。

（3）提早结汇：发货人将货物交与航空货运代理后，即可取得货物分运单，可持分运单到银行尽早办理结汇。集中托运方式已在世界范围内普遍开展，形成了较完善、有效的服务系统，为促进国际贸易发展和国际科技文化交流起到了良好的作用。集中托运已成为我国进出口货物的主要运输方式之一。

5.1.4　航空运输要求

1. 运送时限

急件货物，承运人应按与托运人约定的航班和日期运出。限定时间运输的货物，承运人应在与托运人约定的期限内，将货物运抵目的站。

2. 发运顺序

根据货物性质，承运人按照下列顺序发运：

（1）抢险、救火、急救、外交信袋和政府指定急运的物品；

（2）指定日期、航班和按急件收运的货物；

（3）有时限、贵重和零星、小件物品；

（4）中转联程货物；

（5）一般货物按照收运的先后顺序发运。

3. 运输路线

（1）承运人按照合理、快捷的原则选择货物运输路线，但不承担用特定的飞机或经过特定的一条或几条航线进行运输，或者用特定的航班在任何一个地点衔接货物续运的义务。

（2）由于不可抗拒或不可预见的原因，承运人可以在不预先通知的情况下取消、变更、推迟、提前或终止全部或部分货物运输。

5.2 委托与承接

5.2.1 揽货与接受委托

揽货是指航空货代公司为争取更多业务，主动向进出口企业承揽货运的活动。揽货时，一般需向合作对象介绍公司的业务范围、服务项目以及各项收费标准，双方就进出口货物运输事宜达成协议后，可以向发货人提供货物托运书作为委托书。委托书由发货人填写并加盖公章，作为委托和接受委托的依据。对于长期出口或出口货量大的企业，航空货代公司一般都与之签订长期的代理协议。

航空货物出口运输代理业务流程由以下若干环节构成：接受托运人委托运输；审核单证；接收货物；填制货运单；拴挂标签；预配、预订舱位；出口报关；出仓单提箱、装板；签单、交接发运；航班跟踪信息服务；费用结算。

出口时，货主将出口合同副本或订单寄交当地航空运输代理公司，由其办理报关托运等手续。货物备妥后，货主向航空货代公司提供有关的出口单证。货代公司安排从仓库至民航营业地点或机场的市内运输。货主公司凭航空货运代理公司的分运单或航空公司的运单办理结汇。

进口时，货主将进口合同副本或订单寄交当地航空货运代理公司。航空货物进口运输代理业务流程包括：代理预报；承接运单与货物；货物仓储；整理运单；发出到货通知；进口报关；收费与发货；送货上门及货物转运等，包括交接运单与货物、收费与发货等。

5.2.2　签订委托运输合同

发货公司向货代公司的业务部发送“货物托运委托通知书”（见表5－1），货代公司的业务部派业务员到发货公司核查证件，并对托运的货物进行安全检查、重量核准、尺寸检查，双方签订“货物托运合同”（见表5－2）。托运人托运货物应向承运人提交货物托运单，并根据国家主管部门的规定随附必要的有效证明文件。托运人应对托运单填写内容的真实性、正确性、完备性负责。

根据货物种类的不同，托运人应提供以下有关文件：

（1）进、出口过境海关所需文件；

（2）货物的内容清单（作为货物运送的行李应提供内容清单）；

（3）危险品、动物证明；

（4）在国际航协3区和1区之间（IATA AREA3－1）托运指定商品时，必须提供商业发票。

托运人提交的货物托运单经承运人确认，并由承运人填写发货运单后，航空货物运输合同即告成立。

表5－1　货物托运委托通知书

托运人名称________	电话________	传真________		
收货人名称________	电话________	传真________		
通知人名称________	电话________	传真________		
起运地________	目的地________			
唛头________	件数________	重量________	尺寸________	货物品名________
头程日期________	二程日期________	要求配何航空公司________		
约定运价及杂费________	委托方印鉴________	费用支付方式________		

发货人拿到必要的出口单据，安排运输工具取货或由发货人送货到指定地点，货代公司的业务员将托运合同交给操作人员，操作人员进行以下作业：

（1）核对托运合同上的资料是否完整，如不完整应尽快和客户及业务员联系，把资料补齐。

（2）将入仓通知书传真给客户。

（3）打印分运单，与客户核对单证。

表 5－2　货物托运合同

<table>
<tr><td colspan="2">始发站</td><td colspan="2"></td><td colspan="2">目的站</td><td colspan="2"></td></tr>
<tr><td colspan="2" rowspan="2">托运人姓名
或单位名称</td><td colspan="4" rowspan="2"></td><td colspan="2">邮政编码</td></tr>
<tr><td colspan="2"></td></tr>
<tr><td colspan="2" rowspan="2">托运人地址</td><td colspan="4" rowspan="2"></td><td colspan="2">联系电话</td></tr>
<tr><td colspan="2"></td></tr>
<tr><td colspan="2" rowspan="2">收货人姓名
或单位名称</td><td colspan="4" rowspan="2"></td><td colspan="2">邮政编码</td></tr>
<tr><td colspan="2"></td></tr>
<tr><td colspan="2" rowspan="2">收货人地址</td><td colspan="4" rowspan="2"></td><td colspan="2">联系电话</td></tr>
<tr><td colspan="2"></td></tr>
<tr><td>件数</td><td colspan="2">重量</td><td colspan="3">货物品名</td><td colspan="2">包装</td></tr>
<tr><td rowspan="2"></td><td>实际</td><td>计费</td><td colspan="3" rowspan="2"></td><td colspan="2" rowspan="2"></td></tr>
<tr><td></td><td></td></tr>
<tr><td rowspan="2">储运</td><td colspan="2" rowspan="2"></td><td colspan="3">货物价值</td><td colspan="2">是否投保运输险</td></tr>
<tr><td colspan="3"></td><td colspan="2"></td></tr>
<tr><td>注意事项</td><td colspan="2"></td><td colspan="5" rowspan="2">请如实申报货物价值，不如实申报价值的货物丢失、损坏或被冒领的赔偿价值，以航空货运单货物价值栏注明的价值为准，赔偿不足的责任由托运人或收货人负责。</td></tr>
<tr><td colspan="3">托运人对本合同内所填写的正确性和真实性负责</td></tr>
<tr><td colspan="2" rowspan="7">托运单位

经手人身份证号码

经手人签名</td><td rowspan="7"></td><td colspan="5">货运单号码</td></tr>
<tr><td colspan="5"></td></tr>
<tr><td rowspan="5">经办人</td><td>X光机检查</td><td colspan="3"></td></tr>
<tr><td>检查货物</td><td colspan="3"></td></tr>
<tr><td>总量计算</td><td colspan="3"></td></tr>
<tr><td>标签填写</td><td colspan="3"></td></tr>
<tr><td colspan="4">年　月　日</td></tr>
</table>

5.2.3　订舱与包租

1. 班机订舱

（1）航空货代公司的信息人员查询相应的航班信息，并进行订舱，之后再次口头确认舱位（头程舱位、二程舱位）及运价成本，提供最合理的航线建议，并把以上信息告知客服部，由客服部反馈给业务员和客户。信息得到确认后，航空货代公司正式向航空公司发送委托书，并通知现场操作员进行接货前的准备工作。

（2）托运单与航空运单的填写。

航空托运人往往先填写托运单，托运单一式四联（财务联、收货人联、发货人联、存根），再由承运人或航空货代根据托运单来填写航空运单。然后，将收货人提供的货物随行单据订在运单后面，集中托运的货物要制作集中托运清单，并将清单、所有分运单及随行单据装入一个信袋，订在运单后面。

（3）预定舱位。

预定吨位：需要预定舱位（俗称吨位）的货物，应事先定妥舱位；特种货物、运输中需特别照料的货物，应事先安排妥当。托运人托运下列货物前应当预定舱位，否则承运人有权不予接收。

1）在运输中转过程中需要特殊对待的货物；

2）运输声明价值超过 10 万美元或其等值货币的货物；

3）形状不规则的货物；

4）特种货物；

5）批量较大的货物；

6）需要两家或两家以上承运人运输的联程货物。

航空公司根据实际情况安排航班和舱位，舱位销售的原则包括：

1）保证有固定舱位配额的货物；

2）保证邮件、快件舱位；

3）优先预定运价较高的货物舱位；

4）保留一定的零散货物舱位；

5）未订舱的货物按交运时间的先后顺序安排舱位。

订舱后，航空公司签发舱位确认书（舱单），同时开立装货集装器领取凭证，以表示舱位订妥。

2. 包机申请

托运人要求包用飞机运输货物应填交包机申请书，经承运人同意并签订包机运输协议书以后，航空包机货物运输合同即告成立，签订协议书的当事人，均应遵守民航主管机关有关包机运输的规定。

申请包机时，包机人凭单位介绍信或个人有效身份证件与承运人协商包机运输条件，双方同意后签订包机合同。包机人与承运人应当履行包机合同规定的责任和义务。包机人和承运人执行包机合同时，每架次货物应当填制托运书和货运单，作为包机的运输凭证。包机人和承运人可视货物的性质确定押运员，押运员凭包机合同办理机票并按规定办理乘机手续。包用飞机的吨位，由包机人充分利用，承运人如需利用包机剩余吨位应当与包机人协商。包机合同签订后，除天气或其他不可抗力的原因外，托运人和承运人均应当承担包机合同规定的经济责任。承运人按包机双方的合同约定收取费用。包机人提出变更包机前，承运人因执行包机任务已发生调机的有关费用应当由包机人承担。

3. 包舱及包集装器业务

托运人的货物在一定时间内需要单独占用飞机货舱或集装器，承运人需要采取专门措施给予保证的一种运输方式为货物包舱及包集装器运输。包舱及包集装器运输可分为固定包舱包集装器和非固定包舱包集装器两种方式。固定包舱包集装器是托运人在承运人的航线上包舱包集装器的方式运输，托运人无论是否向承运人交付货物，都必须支付协议上规定的运费，申请包舱或包集装器的合同条款及双方应当承担的职责和义务参照包机的有关条款。非固定包舱包集装器是托运人在承运人的航线上包舱包集装器的方式运输，托运人在航班起飞前72小时内如果没有确定舱位，承运人则可以自由销售舱位，但承运人对代理人的包舱包集装器的总量有一定控制。

5.2.4 发货与进港航班预报

发货前，空运代理公司将运单、航班、件数、重量、品名、实际收货人及其他地址、联系电话等内容发给目的地代理公司。进港货物的操作流程是指从承运人把货物卸下飞机到交给代理人的整个操作流程，包括：

（1）进港航班预报；

（2）办理货物海关监管手续；

（3）分单业务，其中，联程货运单交给货物中转部门；

（4）核对货运单和运输舱单；

（5）制作国际进口货物航班交接单；

（6）货物交接。

5.3 出口接货与出港装货

航空公司出港货物的操作流程是指自代理人将货物交给航空公司到货物被装上飞机的整个业务操作过程。

5.3.1 出口接货

1. 交接单证及货物

接收货物是指航空货运代理公司把即将发运的货物从发货人手中接收过来，并运送到仓库的操作。接收货物一般与接单同时进行。对于通过航空或铁路从内地运往出境地的出口货物，货运代理按照运单号、航班号及接货地点和日期，代发货人提取货物，如货物已在始发地办理了出口海关手续，发货人应同时提供始发地海关的关封。

接货时，货运代理应着重检查货物内容，了解托运人交运的货物是否属于需在特定条件下运输的货物，是否属于危险品，或货物中可能含有危险品。货物如属于或含有危险品，应按承运人与代理人的有关协议及国际航协危险物品规定中的有关规定办理。

货物的目的地代理人应了解托运人所交货物的目的地是否系通航地点，如目的地无航站，可建议托运人将货物到达站改为离目的地最近的一个通航地点，但收货人栏仍须填货物的目的地。代理人在收运货物时，应检查货物的包装情况和货物的尺寸。对于包装不牢、过于简陋以及带有旧标志的包装，应要求托运人重新包装。另外，应检查货物的体积是否符合所装载机型的要求，对于联程货物，应考虑其中转航站所使用的机型。

海关手续检查环节应确认货物的报关手续是否齐备。代理人对货物应进行称重和量尺寸操作，以便计算出计费重量。托运人若自己将货物重量填入栏内，代理人必须进行复核，并根据发票、装箱或送货单清点货物，核对货物的数量、品名、合同号或唛头等是否与货运单上所列一致。

对于需要加贴货物有关标贴的货物，应予加贴/拴挂货物标签。如果是集中托运的货物，还必须加贴分运单标签。货运代理需要对货物、货运单和标签进行核对，以免出现差错。之后，持缮制完的航空运单到海关报关放行，将盖有海关放行章的运单与货物一起交与航空公司，航空公司验收单货无误，在交接单上签字。集中托运的货物，需要将下列事项通过电传通知国外代理：航班号、运单号、品名、件数、毛重、收货人等。

2. 货代口岸营业部与其他部门的出口运输工作衔接

一般流程是这样的，货代公司提前将要发运货物的品名、件数、毛重及时间要求通知口岸公司，并制作分运单，与其他单据一起寄出或与货同时交给口岸公司。货主将货物按照规定的时间、地点运至口岸。口岸公司设专人承接货主运交的货物。口岸营业部告知货代制单部航班号、运单号或总运单号，货代将航班号、运单号打在分运单上，将分运单交与发货人办理结汇。然后，货代公司填写货物的交接单，并将货物安全送交到承运人处，编制销售日报，根据航空公司有关要求，按时交付运费。

3. 危险品运输的操作原则

（1）预先检查原则

组装集装器或装机之前，需对货物认真检查，货物在包装件完全符合要求的情况下，才可进入下一流程。检查的内容包括：外包装无漏洞、无破损，包装件无气味，无任何泄漏及损坏的迹象；包装件上的危险性标签和操作标签正确无误、粘贴牢固，包装件的文字标记（包括运输专用名称、联合国危险货物编号、托运人和收货人的名字及地址）书写正确，字迹清晰。

（2）方向性原则

装有液体危险物品的包装件均按要求贴有向上标签［需要时还应标注“此端向上”（THIS SIDE UP）］。在搬运、装卸、装集装板或集装箱以及装机的全过程中，必须按该标签的指向使包装件始终保持直立向上。

（3）轻拿轻放原则

人工操作、机械操作必须轻拿轻放，切忌磕、碰、摔、撞。

（4）固定货物、防止滑动原则

危险物品应设法固定，防止在飞机飞行过程中倾倒或翻转，造成损坏。

5.3.2 配载员的出港作业

配载员出港作业时的工作内容主要包括以下 9 项（如第 142 页图 5－1）。

（1）主动了解有关航站相关航线货物的待运情况，为其他航站提供运力，争取货源，提高航班货物载运量。结合货物订舱通知单及时发现有无超订情况，如有疑问及时向吨控部门进行了解。

根据货物订舱通知单了解旅客人数，货邮订舱情况，有无特殊货物，对于经停的国际航班，需了解前后站的旅客人数、舱位利用等情况。估算本航班最大可利用货邮业载①（Payload）和舱位。

货邮业载 = 商务业载 − 行李重量货邮舱位 = 总货舱位 − 行李舱位

修正后的基重（Dry Operating Weight，DOW）=基重（Basic Weight）+机组（包括行李、食品）（Crew and Crew Baggage + Pantry）

含油基重（Operating Weight）=修正后的基重 + 飞起油量（Take Off Fuel，TOF）

起飞全重（Take Off Weight，TOW）=含油基重 + 业载

根据订舱情况，旅客人数及前、后舱分布，对飞机的整体情况做到心中有数，如有问题，可在预配货物时，及时调整。

（2）根据航班动态和可用载量，预制“货邮舱单”。根据货物的急缓程度，按规定对货物进行配载，合理选择货物中转点，做好中转货物的订舱、跟踪、服务工作，核算次日待运货量，防止货物积压。准确计算航班配载量，根据货舱容积，注意大小、轻重搭配，充分利用载量，配足配好货物，严防超载。

口岸公司仓储员承接货主公司运交的货物，负责将货物送至电子磅，记录重量，并悬挂吊牌。对装有轻货泡物的板箱，查看运单，做好体积记录。在电脑中输入板箱号码、航班日期等，将货物码放在货架上。配载员检查货物板、箱的组装情况，高度、收口等是否符合规定。准确核对出港货物的件数，严禁发生漏配、错配等现象。根据预制舱单指挥装卸队把预配货物装板。

（3）出发航班应提前1小时做好对单出仓工作，与装卸队共同押运货物通过安检。负责仓库与机坪间的货物运送及机坪停放期间的货物安全，防止其遗失、损坏。

（4）认真负责，正确行使工作职责，按业务规定和值机装载指令组织装货，确保装载平衡。指挥、监督外场装卸队按规定的顺序装机。严格按货物指示标志，组织搬运人员装卸、摆放货物，在装机前对货物包装再次进行检查。装机货物应大小搭配，尽量装满货舱。

---

① 业载：业务载荷，也称商载。指飞机可以用来赚取利润的商业载荷，包括3个部分。

旅客：总重量为座位数×旅客平均重量，我国一般旅客（含随身携带的行李）平均重量按75kg计算。

行李：这里指旅客托运的行李，放在飞机货舱。

货物：在客机上和行李混装，由于行李是散装的，占体积较大，因而多采用集装箱或集装板以充分利用容积来装运行李。

（5）如果要调整货物平衡（航班拉货等），应在航班起飞前20分钟进行。及时卸下指定货物、邮件和及时做好清点、称重、更改货邮舱单的工作，并及时通告值机室和配载室（即载重平衡室）拉卸货物的件数和重量。拉卸货物应根据货物的急缓程度，尽量整单拉卸。

（6）按规定时间将货物装上飞机，确保出港航班正常运转。在航班起飞后15分钟之内，货运员督促装卸队把拉卸货物押运回仓库。

（7）根据拉货情况更改货邮舱单，并报告查询室，同时填制临时拉货补运清单，统计当天货物交接和发运情况，整理业务单据并装订存档。

（8）制作正式的货邮舱单业务袋。认真填制货邮舱单，不多撕、漏撕承运人联，装订好放在业务袋内，送交值机室。配出的货物及时销号。

（9）牢固树立"安全第一"思想，坚守制度，按章操作，确保运输安全万无一失。规范填写值班日记，将待办事项交接清楚。

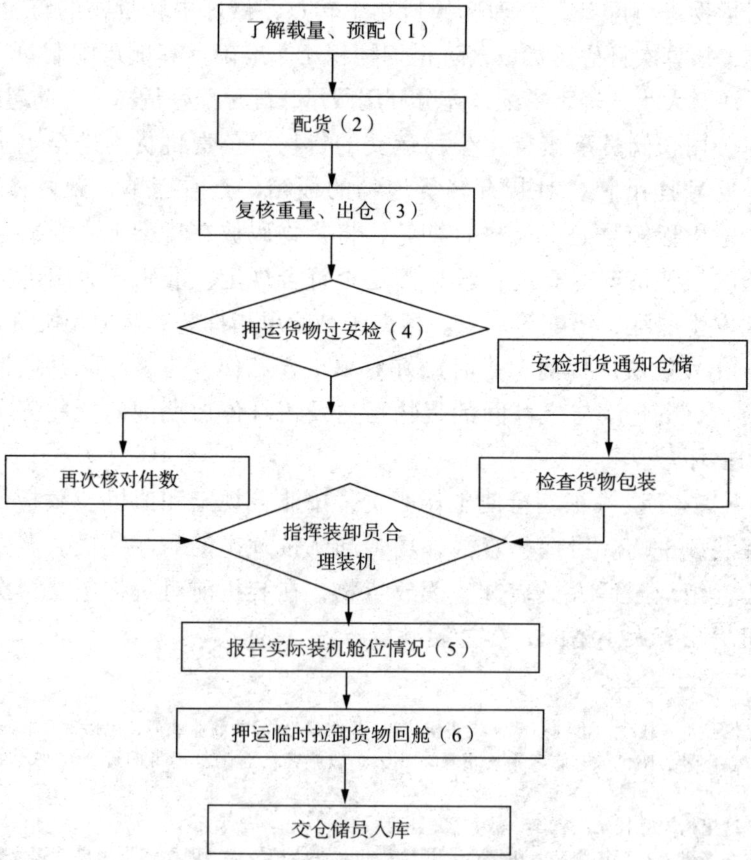

图5－1　航空货物出港作业流程

5.3.3 装卸员的装货作业

（1）严格按配货计划装载货物，防止多装、漏装或错装。

（2）对出发货物的外包装状态进行认真、细致的检查，发现问题及时纠正或报告出发库。

（3）按章操作，正确使用特种车辆等设备。

（4）及时处理货物破、湿、掉等现象，检查平板车、棚车、大板车底架是否超长拖带。

（5）检查货物的包装状态，禁止将渗漏、破损及易燃易爆等货物装上飞机。

（6）轻拿轻放，杜绝野蛮装卸。

5.4 进港理货与进口配送

航空货代公司的口岸营业部与货主出口运输工作的衔接：

（1）货主提前将要发运货物的品名、件数、毛重及时间要求通知航空货代公司，并制作分运单，与其他单据一起寄出或与货同行交给航空货代口岸公司。

（2）货主公司将货物按照规定的时间、地点运至口岸。

（3）航空货代公司负责向航空公司订舱，通知货主公司航班号、运单号或总运单号，内地公司将航班号、运单号打在分运单上，将分运单交与货主办理结汇。

5.4.1 进港理货

1. 交接单证及货物

航空货物入境时，与货物相关的单据也随机到达，航空公司的地面代理公司向货物代理公司交接的单据包括：国际货物交接清单，主货运单、随机文件，货物。运输工具及货物处于海关监管之下，货物卸下后，将存入航空公司或机场的监管仓库。单证及货物在交接时要做到单、单核对，即交接清单与总运单核对；单、货核对，即交接清单与货物核对。

2. 卸货与理货

卸货与理货由理货员、铲车司机、搬运工、理货部交接人员、运输服务部交接人员、代理共同参与。理货人员要帮助航空公司降低货物破损率，在货物装车前要将件数清点正确并且记录破损情况，保证代理区位有运输服务部的交接人员。理货员要准确、逐一核对每票货物的件数，严禁发生漏卸现象。

3. 货物堆放

货物严格按区位堆放，堆放区分为危险品区位、中转货区位、不正常货区位、超重超大货区位、代理区位。按大货、小货、重货、轻货、单票货、混载货、危险品、贵重品、冷冻品、冷藏品分别堆存、进仓。每票货物要登记储存区号，并将其输入电脑。

4. 破损处理（详见第 4 章第 3 节）

再次检查货物破损情况，确有接货时未发现的问题，可向民航提出交涉；分清楚各类破损和破损时段，填写破损货物运输事故记录单（见表 5 – 3）。

表 5 – 3　货物运输事故记录

编号：

REPORT OF DAMAGE OR LOSS FILE NO. CA0001

货运单号码（AWB NO）999 – 12345675　航班/日期（FLIGHT/DATE）CA984/09NOV
始发站（AIRPORT OF DEPARTURE）：LAX　目的站（AIRPORT OF DESTINATION）：PEK
托运人姓名、地址（SHIPPER'S NAME AND ADDRESS）：SPORTS CAR IMPORTERS
收货人姓名、地址（CONSIGNEE's NAME AND ADDRESS）：BEIJING MACHINERY I/E CORPORATION
货物品名（DESCRIPTION OF GOODS）：AUTOMOTIVE PARTS
件数/重量（PIECES/WEIGHT）：8/250　包装（PACKAGING）：CARDBOARD BOX
货物声明价值（DECLARED VALUE FOR CARRIAGE）：USD1500. 00
货物保险价值（AMOUNT OF INSURANCE）
损失情况（CONDITIONS）：丢失 LOSS □　损坏 DAMAGE □　短少 SHORTAGE □
变质 DETERIORATION □　污染 CONTAMINATION □　其他 OTHER □
货物交付地点（DELIVERED AT）：PEK
现场查验情况（DETAILS OF SPOT CHECKING）：
收货人提取货物时，发现货物丢失 2 件，实际提取货物 6 件 170kg。
损失货物品名（DESCRIPTION OF DAMAGE OR LOSS）：AUTOMOTIVE PARTS
件数（PIECES）：2 重量（WEIGHT）：80
填写地点（ISSUED PLACE）：PEK　经办人（PREPARED BY）（签字）：× ×
填写日期（ISSUED DATE）：15/NOV/2002　收货人（CONSIGNEE）（签字）：× × ×
注：此货物运输事故记录作为货物交付时的状态的证明。
REMARK：THIS REPORT IS A PROOF OF CARGO STATUS ONLY WHEN DELIVERING.

5.4.2 进口配送与转运

1. 货物到达及交付

(1) 到货通知

1) 货物运至目的站后，除另有约定外，承运人或其代理人应在货物运达到货地点后24小时内向收货人发出到货通知。到货通知可采用电话或书面形式。

2) 急件货物的到货通知应在货物到达目的站后2小时内发出，普通货物的到货通知应在货物到达目的站后24小时内发出。

(2) 收货人的证件或证明

1) 收货人凭到货通知单和本人居民身份证或其他有效身份证件提取货物。

2) 收货人委托他人提取货物时，凭到货通知单和货运单上指定的收货人及被委托人的居民身份证或其他有效身份证件提取货物。

3) 如承运人或其代理人要求出具单位介绍信或其他有效证明，收货人应予提供。

(3) 货物交付

1) 收货人应在承运人指定的提货地点提取货物。活体动物、鲜活易腐物品及其他指定航班运输的货物，托运人应负责通知收货人到目的站机场等候提取。

2) 除托运人与承运人另有约定外，货物应交付航空货运单上的收货人。

3) 自发出到货通知的次日起，货物可被免费保管3日。逾期提取，承运人或其代理人按规定核收保管费。货物被检察机关扣留或因违章等待处理而存放在承运人仓库内，由收货人或托运人承担保管费和其他有关费用。

4) 收货人提取货物时应付清所有应付费用。

5) 承运人应当按货运单列明的货物件数清点后交付收货人。收货人提取货物时，发现货物有丢失、短少、污染、变质、损坏或延误到达等情况，应当会同承运人当场查验，必要时填写货物运输事故记录单，并由双方签字或盖章。收货人提货时，如对货物外包装状态或重量有异议，应当场提出查验要求或者重新过秤核对。

6) 收货人提取货物并在航空货运单上签字而未提出异议，并在货运单上签收，承运人即解除运输责任，视为已按运输合同规定完好交付货物。

2. 收费与发货

(1) 收费

货物运输代理公司在发放货物前，应将有关费用收齐。收费内容包括:

到付运费及垫付款、垫付费；单证、报关费；海关等代收代付费用；仓储费（含冷藏、冷冻、危险品、贵重品特殊仓储费、航空公司到港仓储费）；装卸费；铲车费；垫付佣金。

1）货代公司接到航空货运公司的接货通知后，业务员需带上有效身份证件，到现场进行费用结算。

2）货代公司安排车辆将客户的货品送达指定地点。

3）货代公司与客户进行费用结算。除了按次结清费用提货的货主外，业务往来频繁的货主可与货运代理公司签订财务付费协议，实施先提货、后付款，按月结账的付费方法。

（2）发货

办完报关、报检等手续后，货主须凭盖有海关放行章、报检章的进口提货单到所属监管仓库付费提货。

仓库发货时，须检验提货单据上各类报关、报检章是否齐全，并登记提货人的单位、姓名、身份证号以确保发货安全。

保管员发货时，须再次检查货物外包装情况，遇有破损、短缺的情况时，应向货主作出交代。

1）分批到达的货物：待货物全部到齐后，方可通知货主提货。如果货物部分到达，货主要求提货，有关货运部门应收回原提货单，出具分批到达提货单，待后续货物到达后，通知货主再次提取。

2）属于航空公司责任的破损、短缺问题，应由航空公司签发商务记录。

3）属于货物运输代理公司责任的破损、短缺问题，应由该代理公司签发商务记录。

4）对于属于货物运输代理公司责任的货物破损事项，应尽可能协同货主、商检单位立即在仓库作商品检验，确定货损程度，避免在后续运输过程中加剧货物的损坏程度。

发货时，应协助货主装车，尤其是货物超大、超重，件数较多时，应指导货主（或提货人）合理、安全装车，以提高运输效率，保障运输安全。

3. 送货与转运

送货上门业务：主要指进口清关后，直接将货物运送至货主单位的业务，运输工具一般为汽车。

转运业务：主要指航空货运代理公司将完成进口清关的货物转运至内地的业务，运输方式主要为航空运输、公路运输、铁路运输、水路运输、邮政运输。

4. 货物保管

仓储：注意防雨、防潮、防腐、防冻、防暴晒、防重压、防变形；危险品要设独立仓库。货物一旦超出免费保管期限，需要另行支付保管费。

5.5 单证处理与报关报检

5.5.1 出口制单与发货通知（如图5-2）

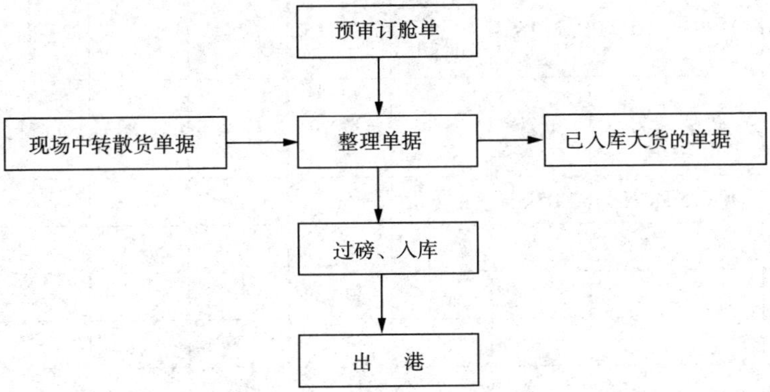

图5-2 航空货物出港流程

1. 预审订舱单

货物订舱通知单（Cargo Booking Advice，CBA）是指航空公司根据航班订舱情况制作的通知单，由国际吨控室开具，是地面操作部门对ULD发放的，货物出仓等环节的依据，也是配载人员进行配载工作的依据。

2. 整理单据

需要整理的单据主要包括三个方面：已入库大货的单据、现场收运货物的单据、中转散货的单据。检查入库通知单、交接清单（板箱号、高低板标示、重量及组装情况）是否清楚完整，运单是否和交接单一致。核对货物订舱通知单了解货物实际到达情况，如果出现未订舱货物，应将运单放回原处。

（1）收运货物的单据

根据代理提供的报关单、货物清单对运单进行审核，主要查看货物品名、件数、重量、运价及海关放行章，化工产品须提供非危险品证明。

（2）中转的散货单据

整理运单并询问货物到达情况及所在仓库区位。寻找并清点货物，确定组装方式。

3. 制作出港航班交接单

配载工作全部完成后，制作“配载平衡室出港航班交接单”（见表5－4）。交接单是配载人员在确认航班的配载计划以后，用于向相关部门传递配载货物信息的单证。

表5－4 配载平衡室出港航班交接单（国际客机）

配载平衡室出港航班交接单（国际客机）									
航班/日期		HU732/20 APR. 2018		起飞时间	12：15	配载	郭云	平衡	李文
类型	序号	集装器号	重量	备注	类型	序号	集装器号	重量	备注
普货	1	DQF75046NH	305kg	中转货	普货	6			
	2					7			
	3					8			
	4					9			
	5					10			
鲜活货	1				鲜活货	6			
	2					7			
	3					8			
	4					9			
	5					10			
快件	1				快件	4			
	2					5			
	3					6			
邮件：	邮件1车，432kg								
OSI：									
TTL：	货物1车，457kg，另邮件1车，350kg								

具体要求如下：

（1）注明航班、日期、机型、起飞时间、板箱号、重量、总板箱号、总重量；

（2）活鲜、快件、邮件及特殊物品要有标识；

（3）标明高、中、低板；

（4）交接单一式四份，一份交平衡室，一份交外场，一份交内场出仓，一份交接后留底。

4. 舱单（Cargo Manifest）制作

对航班所配货物的运单进行整理和核对，将运单和货物组装情况输入电脑，制作舱单。

货运舱单是每一架飞机所装载货物、邮件的运输凭证清单，是每一航班总申报单的附件，是向出境国、入境国海关申报飞机所载货邮情况的证明文件，也是承运人之间结算航空运费的重要凭证之一。

转运舱单或称货物转港舱单（Cargo Transfer Manifest，CTM）由交运承运人填写，是承运人之间交接货物、文件的凭证，也是承运人之间结算运费的依据之一（如图5-3）。

CARGO MANIFEST

OWNER OR OPERATOR：CHINA EASTERN AIRLINES

MARKS OF NATIONALITY：/　　FLIGHT NO.：MU524

AND REGISTRATION

POINT OF LADING：NRT　　POINT OF UNLADING：PVG

WEIGHT　UNIT　KG　VIA

AWB NO. PCS NATURE OF GOODS. SPC G. WT ORGDST OFFICIAL USE ONLY

REVENUE CARGO（LOCAL）

781 37094190	6	CONSOL CEL	100	TYOPVG
781 37092591	7	CONSOL UAC	38	TYOPVG
781 37107932	1	METAL DOME	55	TYOPVG
781 37103883	7	CONSOL OCS	130	TYOPVG
781 37107943	1	LED	2	TYOPVG
781 37125373	1	CONSOL EIJ	3	TYOPVG
781 36789034	17	CONSOL NEC	872	TYOPVG
781 37119515	2	CONSOL NUS	6	TYOPVG
781 37119526	7	CONSOL NUS PER	91	TYOPVG
TOTAL 9	49		1297	

PREPARED BY NRTFO　　JL/M. SAITO　　NO. 003 PAGE 4 OF PVG

图5-3　舱单

5. 制作“出港待装货物调整通知单”（见表5-5）

当货物不符合出运条件时，由配载人员开具指定调整方式的单据。

表5-5　出港待装货物调整通知单　　SELFM08-30

№：00666883

航班/日期	集装器号/高度	运单号/件数	过磅重量（kg）	调整要求	调整原因	调整截止时间
CA29128 APR. 2018	AMC23627MU	999-56647076	p157	1L1C	□代理原因	16时00分
	（中高板，中转货）	999-56647076	p38	1L1C	□非代理原因	
航班/日期	调整后集装器号/高度	运单号/件数	调整后过磅重量（kg）	配载签名	仓管签名	备注
CA291 28 APR. 2018 18：15				王空	李为	
				开单时间	回单时间	
					11时00分	
（第一联交仓管、第二联交配载、第三联交国航地服）						

5.5.2　进口理单

1. 进港预报单证

填写预报记录，以当日航班进港预报为依据，在航班预报册中逐项填写航班号、机号、预计达时间。预先了解货物情况，在每架航班到达之前，向查询部门索取自由飞行模式信息（Free Flight Mode，FFM）、集装箱/集装板规格信息（Container/Pallet Description Message，CPM）、装载量资料（Load Message，LDM）、各级座舱的位置数（Seats per Class，SPC）等单证，了解到达航班的货物装机情况及特殊货物的处理情况。缮制海关监管进口货物入仓清单用于报关、报检。

2. 海关监管单证

业务文件袋收到后，将货运单送到海关办公室，由海关关员在货运单上加盖海关监管章。

3. 分单业务

在每份货运单的正本上加盖或书写代理人代号、航班的航班号和日期。认真审核货运单，注意货运单上所列目的地、代理公司、品名和注意事项。联程货物交中转部门，集中托运时在总运单项下拆单，分类理单、编号，编制种类单证。

4. 核对运单和舱单

若舱单上有分批发运货物，应把分批发运货物的总件数标在运单之后，并注明分批标志。把舱单上列出的特种货物、联程货物圈出。根据分单情况，在整理出的舱单上标明每票货物运单的去向。核对运单份数与舱单是否一致，做好多单、少单记录，将多单运单号码加在舱单上，多单运单交查询部门。

5. 电脑输入

根据标好的一套舱单，将航班号、日期、运单号、数量、重量、特种货物、代理商、分批货、不正常现象等信息输入电脑，打印国际进口货物航班交接单。进行进口货物舱单录入，将舱单上的总运单号、收货人、始发站、目的站、件数、重量、货物品名、航班号等信息通过电脑传输给海关进行留存，用于报关。

6. 交接

中转货物和中转运单、舱单交出港操作部门，邮件和邮政路单交邮局。尽早、尽快通知航空货代公司从民航机场或营业处取回运单。航空货代公司根据货主公司提供的合同资料或订货单，与运单实货进行核对，对合同号、唛头标记、品名、数量、收货人或通知人等信息核对无误后，缮制“进口货物申报单”进行报关。航空货代公司在机场或营业处提取货物时，发现货物短少、破损等情况时，向民航提取商务事故记录，交收货人，便于其与民航交涉索赔，也可接受委托，办理索赔。如包装完好，内部货物有质量或数量问题，收货人直接向海关报检，并向订货公司联系对外索赔。货物在运输途中发生短少、破损等事故，属于航空公司责任的，由民航直接向货主赔偿，属于航空货运代理公司责任的，由航空货运代理公司负责联系赔偿。

5.5.3 飞机检疫

1. 海关查验航空公司如下申报的项目

（1）了解航空器的国籍、航班、机型、号码、识别标志、预定到达或起飞时间、出发站、经停站、机组和旅客人数；

（2）审阅总申报单、旅客名单、货物舱单和有效的灭蚊证书（仅要求来自黄热病疫区的航空器出示）；

（3）对来自黄热病疫区的人员，要求出示黄热病预防接种证书，没有有效的黄热病预防接种证书者，按规定予以留验；

（4）旅客离机后，对客舱、货舱、食品、餐具、厕所等进行全面的卫生检查，如发现病媒昆虫和啮齿动物，对航空器发出卫生处理通知单，在完成规定的卫生处理后，再发放入境检疫证。

2. 卫生监督

（1）环境卫生监督；

（2）媒介生物卫生监督；

（3）食品卫生监督。

3. 卫生处理

（1）来自黄热病疫区，没有有效灭蚊证书的，按规定予以卫生处理；

（2）不是来自疫区，航空器上发现病媒昆虫和啮齿动物的，应督促机组人员进行杀灭，机组人员不能杀灭的，应提出申请，由检疫医生予以杀灭。

5.5.4 出口报关

出口报关单据一般为商业发票、装箱单、提运单、出口货物报关单，同时根据监管条件代码提供相应的随附单据，如原产地证明书、出口许可证等。海关人员验收完货物，在报关单上盖验收章后，缮制航空运单，将收货人提供的货物随行单据订在运单后面。如果是集中托运的货物，要制作集中托运清单，并将清单、所有分运单及随行单据装入一个信袋，订在运单后面。之后，将制作好的运单标签贴在每一件货物上，如果是集中托运的货物，还必须有分运单标签。航空货代公司的工作人员持缮制完的航空运单到海关报关放行，再将盖有海关放行章的运单与货物一齐交与航空公司，航空公司验收单货无误，在交接单上签字。集中托运的货物需要电传通知国外代理以下信息：航班号、运单号、品名、件数、毛重、收货人等。

5.5.5 进口报关

1. 制单、报关、运输的形式

（1）货代公司代办制单、报关、运输手续；

（2）货主自行办理制单、报关、运输手续；

（3）货代公司代办制单、报关，货主自办运输手续；

（4）货主自行办理制单、报关手续后，委托货代公司进行运输；

（5）货主自办制单手续，委托货代公司办理报关和运输手续。航空运输代理公司将进出口公司提供的合同资料或订货单，与运单实货进行核对，对合同号、唛头标记、品名、数量、收货人或通知人等信息核对无误后，缮制进口货物报关单进行报关。

2. 进口制单

（1）长期协作的货主单位将进口监管证件、证明手册等放于货代处的，货物到达，发出到货通知后，即可制单、报关，通知货主运输或代办运输；

（2）部分进口货物，因货主单位缺少有关监管证件，可将运单及随机寄来的单证、提货单以快递形式寄给货主，由其备齐有关监管证件后再决定制单、报关事宜；

（3）无须监管证件的，可即行制单、报关，通知货主提货或代办运输；

（4）货主要求异地清关时，在符合海关规定的情况下，制作“转关运输申报单”办理转关手续，转关运输申报单内容少于报关单的，亦需按要求详细填列。

3. 海关查验

客户自行报关的货物，一般需由货主到货代监管仓库借出货物，由代理公司派人陪同货主一并协助海关开验。客户委托代理公司报关的，由代理公司通知货主，货主派人前来或以书面形式委托代办开验。开验后，代理公司须将已开验的货物封存，运回监管仓库储存。

航空运输代理公司在机场或营业处提取货物时，如发现货物短少、破损等情况时，可向民航取得商务事故记录并交给收货人，由收货人与民航交涉索赔，也可接受委托，代为办理索赔事宜。如包装完好，内部货物有质量或数量问题，收货人可直接向海关申请残损鉴定，并联系供货公司协商索赔事宜。

航空保险的办理详见第4章。

本章小结

一般情况下，托运人采用委托航空运输代理人运输或直接委托航空公司运输两种方式来进行航空货物运输。本章介绍的航空货代工作流程是指，从托运人委托航空运输代理人运输货物到航空承运人将货物装上飞机的运输组织与管理控制的全过程。这个流程包括航空货物运输代理业务程序和航空公司进出港业务操作程序两个部分。按照运输原则，安全、迅速地将货物运达目的地，是货物运输的根本要求，也是衡量航空货代服务质量的主要标志。

阅读链接

广州物流网：www. guangzhou-logistics. com

思考题

一、选择题

1. 有关托运书的说明，(　　) 是正确的。

A. 托运书应由托运人填写，也可由承运人或其代理人代为填写

B. 托运书是货主委托代理承办航空货运出口业务的依据

C. 托运书是空运代理办理出口手续、结算费用的依据

D. 对于与空运代理签订长期代理协议的托运人而言，无须填写托运书

2. 以下为托运书上的若干项目，(　　) 是必不可少的。

A. 始发站机场和目的地机场　B. 收发货人名称及电话/电传/传真号码

C. 运费支付方式　D. 货物实际毛重

3. 在办理国际航空货物托运时，托运人除了填写委托书之外还需要提供(　　)。

A. 商业发票、装箱单　B. 办理海关手续的文件

C. 某些特殊货物的证明　D. 有关付款问题的其他文件

4. 以下有关托运书填写的说明，(　　) 是错误的。

A. 收货人可以填写"凭指示"等字样

B. 目的地机场名称不明确时，可填城市名称

C. 有关双边联运协议、中转站的装卸及仓储条件情况在 TACT Rules 8.1 中

D. 实际毛重和计费重量应填写准确，航空公司复核时若发现有误，将予以罚款

5.（　　）业务环节是出口运输代理业务程序中不可缺少的。

A. 揽货与接受委托　　　　B. 制单

C. 预订舱　　　　　　　　D. 接收货物

二、判断题

1. 固定包舱指的是托运人只有向承运人交付货物，才支付协议上规定的运费。（　　）

2. 凡出具分运单的货物都要制作分运单标签，填写分运单号码和货物到达城市或机场的三字代码。（　　）

3. 航空公司对货运单的签单确认是空运代理办理货物出口报关手续的前提。（　　）

4. 空运代理与航空公司凭货运单进行货物交接。（　　）

5. 空运代理与航空公司按票称重、计件、交接货物。（　　）

三、简答题

1. 请简述理货时遇到疑似被盗货物的操作要点。

2. 请简述进港冷藏箱的操作要点。

3. 请简述贵重物品货物存放的操作要点。

4. 请简述货物要求复称的操作要点。

5. 请简述使用叉车叉取货物时的操作要点。

第6章 货物收运与快递业务

关键术语

承运条件　特种货物　航空快递　快递形式　快递业者

学习目标

- 了解快递发展的历史；
- 了解尸体、骨灰、作为货物运送的行李的运输要求；
- 熟悉超大、超重货物，贵重货物的运输；
- 熟悉世界六大快递公司、航空快递的特点，中国快递业的情况；
- 掌握鲜活易腐货物、活体动物、危险物品的运输规范；
- 掌握航空快递的定义、分类和作用。

航空货物收运是航空货物运输代理流程的开始，也是关键的一个环节。本章重点介绍快件收运，对特殊货物收运亦进行了展开说明。

6.1 航空货物的收运

6.1.1 货物承运的一般条件

（1）除法律、行政法规另有规定外，承运人对托运人托运货物时向承运人提供的、供货物在交付收货人以前办理海关、行政法规规定的有关手续所使用的资料或者文件没有进行检查的义务。

（2）承运人收运批量大、有特殊条件和有时间限制的联运货物时，事先安排好联运中转舱位后，才可收运。

（3）遇有特殊情况，如政府法令、自然灾害、停航、货物严重积压或者承运人认为有必要时，承运人可暂停收运货物。

（4）承运人不得收运我国和联运运输中有关国家的法律、行政法规以及其他有关规定禁止运输的物品。

（5）凡限制运输的物品，应在办理完符合规定的手续后，再进行收运。

（6）需经主管部门检查、检疫的货物和需办理有关手续的货物，在手续办妥之前，承运人不得收运。

（7）货物的包装、重量、体积必须符合空运条件。

（8）禁运限制。禁运限制是指根据政府法律或由于自然灾害等原因，承运人在一段时间内，在某一航线、某一航班或所有航班上对某类货物或全部货物实施的禁止运输措施。由于货物积压或其他原因造成的货物临时停收或停运不属于货物禁运。

（9）货物的收运。集中托运人将多个货主托运的货物，集合为一票货物使用同一份货运单交给承运人运输，这种货物称为混载货物，又称集中托运货物、集合货物或混运货物。货运单上注明的托运人为集中托运人。集中托运人在目的地的代理人作为货运单上的收货人提取货物后，分别将货物交付给货物分运单上的收货人。

1）一般规定

混载货物中不能含有危险物品，作为制冷剂的干冰除外。

混载货物中不能含有活体动物、贵重货物、灵柩。

混载货物中不能含有下列物品，除非一票混载货物全部是下列物品中的某一类：①灵柩、骨灰；②贵重货物；③汽车；④鲜活易腐货物（只能将性质相近的鲜活易腐货物作为混载货物运输，如全部为鲜花或全部为蔬菜等）。

2）文件准备

①集中托运人必须填制货运单，连同货物一起交给承运人，在货运单的“货物品名”（Nature and Quantity of Goods）栏内填写“CONSOLIDATION AS PER ATTACHED LIST”，表示按所附的第一张票据办理。

②混载货物的货运单后必须随附混载货物舱单，货运单号码、货运单分单号码、件数、重量、货物品名等内容。

③混载货物的货运单后应附有货物分运单，货物分运单是货主与货物集中托运商之间的契约文件。

④承运人不能作为货运单上的收货人，除非法律或政府规定中有特殊要求。

（10）承运人应当根据运输能力，按照货物的性质和缓急程度，有计划地收运货物。

（11）对收运后 24 小时以内装机运输的货物，一律实行开箱检查或者通过安检仪器检测的操作方法。

（12）上述规则也适用于由承运人办理的免费运输方式。

6.1.2 货物托运的一般条件

1. 符合法律法规

根据中国民航各有关航空公司的规定，托运人所交运的货物必须符合有关始发、中转和到达国家的规定以及中国民航各有关航空公司的一切运输规章。凡中国及有关国家政府和空运企业规定禁运和不承运的货物，不得接受。

必要时，托运人应提供与托运货物有关的文件，并对其提供文件的真实性和准确性负责。托运人必须自行办妥始发海关等出境手续。中国民航各空运企业暂不办理“货款到付”（COD）业务。

托运政府限制运输以及需要向公安、海关等政府有关部门办理手续的货物，应当随附有效证明；货物不致危害飞机、人员、财产的安全，不致烦扰旅客。

运输条件不同或性质相互抵触的货物，托运人应分别办理托运手续。托运人托运货物应填写货物托运书。

2. 货物的包装

托运人对托运的货物，应当按照国家主管部门规定的包装标准包装；没有统一规定包装标准的，应当根据保证运输安全的原则，按货物的性质和承载飞机等条件包装。凡不符合上述包装要求的，承运人有权拒绝承运。

货物的包装应符合航空运输的要求，包装应符合所装货物的特性，严禁使用草袋包装和草绳捆扎；托运人应当在每件货物的外包装上打上货物的始发站、到达站，收、发货人的单位、姓名、地址等运输标记，按规定粘贴或拴挂承运人的货物运输标签和航空运输指示标签。

3. 货物的重量和尺寸限制

（1）收货时，货物尺寸按收货尺寸掌握。

最小尺寸：长＋宽＋高≥40cm，最小边≥5cm（新闻稿件类货物除外）。

小于最小尺寸的解决方法：加纤袋或作为快件发运。

最大尺寸：依据舱门尺寸而定。

客机载运尺寸一般不超过40cm×60cm×100cm，宽体飞机或货机载运尺寸一般不超过100cm×100cm×140cm。

（2）重量。

非宽体飞机或客机载运的单件货物重量一般不超过80kg，其他散装飞机单件重量不能超过150kg，宽体飞机或货机载运每件一般不超过250kg。

（3）超过上述重量和尺寸的货物，需征得承运人同意，承运人可依据机型及出发地和目的地机场的装卸设备条件，确定可收运货物的最大重量和包装尺寸。

4. 机舱地板承受力和垫板面积

（1）机舱地板承受重量。

货物压在机舱地板上的重量，就是机舱地板所承受的重量。在承运货物特别是体积小而重量大的货物时，要注意机舱地板每平方米所承受的重量不可超过额定的最大负荷（即地板承受力）。如果超过而又没有垫板，不得承运。

机舱地板每平方米所承受货物的重量，可按下列公式计算：

$$\frac{\text{货物重量（kg）}}{\text{货物底板面积（m}^2\text{）}}=\text{地板每平方米所承受货物的重量（kg/m}^2\text{）}$$

应注意，有些货物的箱底板下装有木条或枕木，货物的重量是通过木条或枕木压在机舱地板上的。因此，在计算时，要根据木条或枕木的面积和货物的重量来求得机舱地板每平方米所承受货物的重量。

（2）垫板面积。

机舱地板每平方米所承受的货物重量超过机舱地板承受力时，应在货物下面加2cm～5cm厚的木制垫板，垫板面积可以按照以下公式计算：

$$\frac{\text{货物重量（kg）}}{\text{机舱地板承受力（kg/m}^2\text{）}}=\text{垫板面积}$$

例 1

货物毛重 200kg，底部面积 0. 6m × 0. 5m，货物不可倒置。在该货物运送的航程上，有 TU154、B767 和 BAE146 机型。问该货物可装运在哪种机型的飞机上？各机型飞机每平方米地板承受力如下：

机型	TU154	B767	BAE146
地板承受力（kg/m^2）	600	732（散货舱）	366

飞机机舱地板每平方米所承受的货物重量为：

$$\frac{200}{0.6\times0.5}\approx666.7\ (\text{kg})$$

故 TU154 和 BAE146 均不能载运，只能装载到 B767 机型上。

例 2

如上述货物只能由 BAE146 机型运送，需加多大面积的垫板？

$$\frac{200}{366}\approx0.55\ (\text{m}^2)$$

6. 1. 3　特种货物的收运

在航空运输中，活体动物、枪械弹药、危险物品、尸体（骨灰、防腐或非防腐）、裸露的机器、裸露的铸件及钢材、鲜活易腐物品、作为货物运输的行李、具有强烈气味的货物、贵重货物、运输工具、湿货、灵柩、快件、生物制品和植物产品、外交信袋、押运货物等货物的运输，被称为特种货物运输。对于特种货物的运输，从收运、包装、运输等各个环节，国际航协、有关国家及承运人均制定了区别于普通货物运输的规定。因此，特种货物运输除须符合一般的运输规定外，还应严格遵守各种特殊规定（参阅 IATA TACT-RULES 2. 3）。

1. *活体动物*

活体动物不同于其他货物，由于活体动物对环境的变化敏感，在航空运输中应严格按照活体动物的相关运输规则组织运输。

IATA 的《活体动物规则》（Live Animal Regulation，LAR），包括了有关活体动物运输的各项规定，如包装种类、操作和仓储标准等，目的是保证活体动物安全到达目的地。

（1）一般规定

1）收运活体动物应以《活体动物规则》为依据，严格遵守各项规定；

2）装卸活体动物必须谨慎，以确保动物和人的健康与安全；

3）装卸活体动物时应避免污染其他的货物。

（2）收运活体动物的基本条件

1）交运的动物健康情况必须良好，无传染病，并有卫生检疫证明；

2）托运人必须办妥海关手续，根据有关国家的规定，办妥进出口和过境许可证，以及目的地国家所要求的一切文件；

3）妊娠期的哺乳动物，一般不予收运，除非兽医证明动物在运输过程中无分娩的可能，但必须对此类动物采取防护措施；

4）对于动物与尚在哺乳期的幼畜同时交运的情况，只有当大动物与幼畜可以分开时，才可收运；

5）有特殊不良气味的动物，不予收运。

（3）运输文件

1）活体动物证明书。托运人交运活体动物时应填制“活体动物运输托运证明书”一式两份，由托运人签字后，一份交承运人留存，一份和其他证件一起附在货运单上寄往目的站。同时需申请海关颁发的动植物检疫证书。

2）货运单。①货运单的品名栏内必须写明与《活体动物规则》中一致的动物俗名和数量；②注明已订妥的各航段航班号/日期；③所有文件的名称和其他操作要求都应写在“处理事项”（Handling Information）栏中。

3）其他文件。①动物卫生检疫证明；②有关国家的进出口许可证。动物运输必须符合国家有关规定，并出具海关签发的免疫注射证明和检疫证明书；托运属于国家保护的动物，还需出具有关部门的准运证明；托运属于市场管理范围的动物要有市场管理部门的证明。

（4）运输

1）托运人托运动物，应当事先与承运人联系并订妥舱位，必须在订妥全程舱位之后才可收运。

2）动物运输不办理运费到付。

3）动物运输应尽量利用直达航班，如无直达航班，应尽量选择中转次数少的航班。

4）承运人应当将动物装在适合载运动物的飞机舱内。活体动物在运输过程中，由于自然原因而发生的病、伤或死亡，承运人不负责任，除非证明是由承运人的责任造成的。

5）托运人不得将任何活体动物混装于其他货物中托运。由于托运人的过失或违反承运人的运输规定，致使动物在运输过程中对承运人或第三者造成伤害时，托运人应负全部责任。

6）动物在运输途中或到达目的地后死亡（除承运人的责任事故外）所产生的一切处理费用，应由托运人或收货人承担。

7）需专门护理和喂养或者批量大的活体动物，托运人应当派人押运；托运人和收货人应当在机场托运和提取活体动物，并负责动物运输前和到达后的保管工作；有特殊要求的活体动物运输，托运人应当向承运人说明注意事项或在现场指导作业。

8）动物的包装容器，既要便于装卸又需适合动物特性和空运的要求，能防止动物破坏、逃逸和接触外界，底部有防止粪便外溢的措施，保证通风，防止动物窒息。动物的外包装上应当标明照料和运输的注意事项。

2. 枪支、警械

枪支、警械（简称枪械）是特种管制物品，弹药是特种管制的危险物品。这些物品托运时应当出具下列证明：

(1) 托运人托运各类枪械、弹药必须出具出发地或运往县、市公安局核发的准运证或国家主管部门出具的许可证明。

(2) 进出境各类枪支、弹药的国内运输必须出具边防检查站核发的携运证；枪械、弹药包装应当是出厂原包装，非出厂的原包装应当保证坚固、严密、有封志。枪械和弹药要分开包装。枪械、弹药运输的全过程要有严格交接手续。

3. 危险货物

危险物品的运输必须遵守《危险化学品安全管理条例》和民航总局有关危险物品航空运输的管理规定。

违禁品包括：爆炸品（如炸药）、压缩气体和液压气体（如煤气）、易燃易爆液体或固体、氧化剂和有机过氧化物（如乒乓球）、毒品和感染性物品（如白粉）、放射性物品、腐蚀品（如硫酸）、磁性物品、麻醉物品、电池等。

4. 骨灰

骨灰应当装在封闭的塑料袋或其他密封容器内，外加木盒，最外层用布包装。

灵柩托运的条件：

（1）托运人应当凭医院出具的死亡证明及有关部门出具的准运证明，并事先与承运人联系约定。

（2）尸体无传染性。

（3）尸体经过防腐处理，并在防腐期限以内。

（4）尸体以铁质棺材或木质棺材为内包装，外加铁皮箱和便于装卸的环扣。棺内铺设木屑或木炭等吸附材料，棺材应当无漏缝并经过钉牢或焊封操作，确保气味及液体不致外溢。

（5）托运人应当凭医院出具的死亡证明、殡葬管理部门出具的入殓证明及有关部门（公安、海关等）出具的准运证明办理灵柩托运手续。

5. 鲜活易腐物品

鲜活易腐货物是指在一般运输条件下易于死亡或变质腐烂的货物。如虾、蟹；肉；花卉；水果；蔬菜；沙蚕、活赤贝、鲜鱼；植物、树苗；蚕种；蛋种；乳制品；冰冻食品；药品；血清、疫苗、人体白蛋白、胎盘球蛋白等。此类货物，一般要求在运输和保管中采取特别的措施，如冷藏、保温等，以保证其鲜活或不变质。

（1）收运条件

1）鲜活易腐货物应有必要的检验合格证明和卫生证明，还应符合有关到达站国家关于此种货物进出口和过境的规定。政府规定需要进行海关的鲜活易腐物品，应当出具有关部门的海关证明。包装要适合鲜活易腐物品的特性，不致污染、损坏飞机和其他货物。

2）标签。除识别标签外，货物的外包装上还应拴挂“鲜货易腐”标签和“不可倒置”标签。

（2）运输文件

1）货运单

鲜活易腐物品的货运单品名栏的“性质和数量”（Nature and Quantity）处应注明“易腐烂”（Perishable）字样；注明已订妥的各航段航班号/日期。

2）其他文件

在货运单的“处理事项”（Handling Information）栏内注明其他文件的名称和注意事项，并将装有各种卫生证明的信封订在货运单后面，随货运单同时运输。政府规定需要进行海关检疫的鲜活易腐物品，托运人应当提供有关部门出具的检疫证明。

（3）运输规则

1）运输鲜活易腐货物必须遵守有关国家对鲜活易腐物品进出口、转口的运输规定，比如机场能否提供冷库、清关的时间范围等，确定无误后方可承运。

2）鲜活易腐货物需预先订妥航班。

3）应尽可能利用直达航班优先发运。托运人托运鲜活易腐物品时，应当提供最长允许运输时限和储运注意事项，而且约定好时间将货物送到机场办理托运手续。除另有约定外，鲜活易腐物品的运输时限应不少于24小时（从预定航班预计起飞时间前2小时算起）。

4）需要特殊照料的鲜活易腐物品应由托运人提供必要的设施，必要时由托运人派人押运。

5）鲜活易腐物品在运输、仓储过程中，承运人因采取必要的防护措施所产生的费用，由托运人或收货人支付。

6）客运班机不得装载有不良气味的鲜活易腐物品。

7）海鲜：不同地方需要不同的海鲜包装箱。南航和广州白云国际机场分别要用其指定的专用箱，单用泡沫箱不能装机，需外加纸箱并打包带。

6. 作为货物运输的行李

作为货物运输的行李（Baggage Shipped as Cargo），又称无人押运行李（UNACCOMPANIED BAGGAGE）。其范围仅限于旅客本人的衣物和与旅行有关的私人物品，包括手提打字机、小型乐器、小型体育用品，但不包括机器、机器零件、货币、证券、珠宝、手表、餐具、镀金属器皿、皮毛、影片或胶卷、照相机、票证、文件、酒类、香水、家具、商品和销售样品。

（1）使用条件

1）凡作为货物运送的行李，只能在旅客客票中所列各地点的机场之间运输，并且行李交付的时间不得晚于旅客乘机旅行当天；

2）旅客必须如实申报行李内容、提供有关的文件、自行办理海关手续，并支付所需费用；

3）该货物运输的具体时间由承运人决定；

4）该行李折扣运价不得和任何普通货物运价或指定商品运价相加使用，以致相加后的运价低于适用的规定或组合运价，如果不满足上述条件，则其他任何航程均只能采用普通货物运价或指定商品运价。

（2）运输文件

收运此种货物，需将旅客的客票号码、乘机日期、航班号等填入货运单中，在“货物品名及数量”栏内应填明“无人押运行李”。

旅客客票“签注（ENDORSEMENT）”栏内应注明“UNBAG”字样、货运单号码、行李件数和重量。

（3）运输

在运输过程中，为了便于识别旅客交运的行李和作为货物运送的行李，在作为货物运送的行李上应加挂货物标签。

7. 贵重货物

（1）贵重货物定义

对于运输的一票货物中含有下列一种或多种物品的，均称为贵重货物：

1）运输声明价值中的国际货运毛重每千克价值超过（或等于）1 000 美元的任何物品，国内货运毛重每千克价值在人民币 2 000 元以上的物品。

2）黄金（包括提炼或未提炼过的金锭）、混合金、金币以及各种形状的黄金制品，如金粒、片、粉、绵、线、条、管、环和黄金铸造物；白金（即铂）类稀有贵重金属（钯、铱、铑、钌、锇）和各种形状的铝合金制品，如铅粒、绵、棒、锭、片、条、网、管、带等。上述金属以及合金的放射性同位素不属于贵重货物，而属于危险品，应按危险品运输的有关规定办理。

3）法定的银行钞票、有价证券、股票、息票、旅行支票及邮票。

4）各类宝石、玉器、钻石（包括工业用钻石）、红宝石、蓝宝石、绿宝石、蛋白石、珍珠（包括养殖珍珠），以及镶有上述钻石、宝石、珍珠等的饰物。

5）金、银等材料制作的珠宝饰物和手表。

6）金、铂制品（不包括镀金、镀铂制品）。

7）珍贵文物（包括书、画、古玩等）。

（2）收运条件

收运贵重货物时应严格遵守下列规定：

1）包装

贵重货物应当用坚固、严密的包装箱，如硬质木箱或铁箱包装，不得使用纸质包装，必要时外包装上应用“井”字形铁箍加固，接缝处必须使用铅封或火漆封志。

①标记与标签。

A. 贵重货物只能使用挂签；

B. 除识别标签和操作标签外，贵重货物不需要任何其他标签和额外粘贴物；

C. 货物的外包装上不可有任何对内装物进行提示的标记。

②价值。

A. 托运贵重货物，托运人自愿办理声明价值手续。

B. 每票货运单中货物的运输声明价值不得超过10万美元或其等值货币（未声明价值的，按毛重每千克20美元计算）；国内航空运输每批货物（即每份货运单）的声明价值不得超过20万元人民币（未声明价值的，按毛重每千克38元人民币计算价值）。超过时，应经航空公司同意方可收运。

C. 每票货运单货物的声明价值超过10万美元时，应将货物分批交运，即分别填写两份或多份货运单，同时说明由此产生的运费差额或其他费用由托运人负担；如果货物不宜分开，必须经有关承运人同意后，方可收运。

D. 每次班机上所装载的贵重货物，价值不得超过100万美元（或等值的其他货币）。计算每次班机装载的货物总价值时，应把办理声明价值的和未办理声明价值的货物都包括在内。如超过时，应分开载运。

2）文件

①货运单：A. 详细的托运人、被通知人和收货人的名称、地址、联系电话；B. 除在“Nature and Quantity of Goods”栏内填写真实的货物名称、准确的净重、内装数量外，还应注明“贵重货物”（Valuable Cargo）字样；C. 注明已订妥的各航段航班号和日期；D. 贵重货物不可与其他货物作为一票货物运输。

②其他文件：托运时托运人应提供保险公司的证明。其他文件的名称和操作要求在“处理事项”（Handling Information）栏内注明；参阅TACT-Rules 7.3中有关国家规定。

3）订舱

①优先使用直达航班；

②收运贵重货物前，必须订妥全程舱位，并符合有关承运人的运输条件；

③如需变更续程承运人，必须得到有关承运人的许可；

④贵重货物如需要特别的安全措施，应在电文中特别注明，如有关航站需采取特别安全措施，如警卫等，由此产生的费用，应由托运人负担（如托运人拒付，航空公司则不予收运）；

⑤托运人应预先将货物的航班安排情况通知收货人。

8. 超大超重货物

超大货物一般是指需要一个以上的集装板方能装下的货物，这类货物的运输需要特殊处理程序以及装卸设备。

超重货物一般是指每件超过150kg的货物，但最大允许货物的重量主要取决于飞机的机型（飞机地板承受力）、机场设施以及飞机在地面停站的时间。

（1）收运条件

1）订舱：如果一票货物包括一件或几件超大、超重货物，订舱时应说明货物的重量和尺寸，并在货运单内单独列明，承运人可提前制订装载计划并准备必要的固定设施。

2）包装：托运人所提供的包装应便于承运人操作，如托盘、吊环等，必要时应注明中心位置。

（2）运输条件

1）确保货物内部不含有危险性的物品（如电池、燃油），如果有此类物品，应按有关危险品规定来处理；

2）托运人应提供装卸超大、超重货物的设施；

3）超重货物应尽量装在集装器的中间位置。

9. 外交信袋

外交信袋是指各国政府（包括联合国下属组织）与其驻外使领馆、办事处之间运输作为货物托运的使用专用包装袋的公务文件。

（1）收运条件

1）外交信袋应有完好的包装和明显的封志；

2）外交信袋应使用挂签，外包装不得使用其他粘贴物。

外交信袋可由外交信使随身携带、自行保管。根据外交信使的要求，承运人也可将外交信袋按照托运行李办理，但只承担一般托运行李的责任。外交信袋运输需要占座位时，必须在定座时提出，并经承运人同意。外交信袋占用座位时，重量限额不得超过75kg，每件体积的限制与行李相同。

外交信袋与信使的行李可以合并计重或计件，超过免费行李额的部分，按照逾重行李的规定办理。占用座位的外交信袋没有免费行李额，运费按下列两种办法计算，取其较高者：根据占用座位的外交信袋实际重量，按照逾重行李费率计算运费；根据外交信袋占用的座位数，按照运输起讫地点之间，与该外交信使所持客票票价级别相同的票价计算运费。

（2）订舱

1）外交信袋应按指定航班日期运出；

2）外交信袋一般安排在直达航班上运输，国际航班国内段不安排外交信袋的运输；

3）外交信袋应放在货舱内明显的位置，并且不能与航空邮件装在一起；

4）外交信袋不可与放射性物质或磁性物质放在同一货舱内。

10. 烟草

托运人航空托运烟草必须办理如下手续：

（1）托运人航空托运烟草应向民航部门填交货物托运单，并随附烟草公司签发的准运证明。

（2）托运人托运烟草，应当按照国家主管部门规定的标准进行包装，并在托运的货件上标明始发站、到达站与托运人、收货人的单位、姓名和地址以及储运指示标志。

（3）收货人在提取货物时，对货物的状态或重量、数量无异议，并在货运单上签字后，运输合同即告解除。

11. 其他特殊货物

（1）医药产品。这类货物的运输要求不同于其他行业，其法规遵从性、产品管理完整性、细节和质量、温度控制、货品跟踪等管理水平要比其他行业高出很多。其中，麻醉药品须包含药品监督管理部门出具的麻醉药品运输证明。国际航空运输协会设立了“独立医药物流验证中心”（CEIV）进行药品认证，各航空承运人为抢占市场纷纷跟进该认证流程。

（2）音像制品。这类货物须具备省社会文化管理委员会办公室出具的音像制品运输传递证明。

（3）罐装液体、粉状物品。这类货物须具备出产厂家的物品性质证明。

（4）玻璃必须订封闭木箱、打三脚架。

（5）凡对人体、动植物有害的菌种、带菌培养基等微生物制品，非经中国民航局特殊批准不得承运。凡经人工制造、提炼，进行无菌处理的疫苗、菌苗、抗生素、血清等生物制品，如托运人提供无菌、无毒证明可按普货承运。微生物及有害生物制品的仓储、运输应当远离食品。

（6）植物和植物产品运输须凭托运人所在地县级（含）以上的植物检疫部门出具的有效“植物检疫证书”。

（7）根据货物的性质，在运输过程中需要专人照料、监护的货物，托运人应当派人押运，否则，承运人有权不予承运。押运货物需预先订妥舱位。押运员应当履行承运人对押运货物的要求并对货物的安全运输负责。押运员应当购买客票和办理乘机手续。托运人派人押运的货物损失，除证明是承运人的过失造成的以外，承运人不承担责任；经证明是由于承运人的过失造成的，承运人按有关规定赔偿。承运人应当协助押运员完成押运任务，并在押运货物包装上加“押运”标贴。在货运单储运注意事项栏内注明“押运”字样并写明押运的日期和航班号。

6.2 航空收运、快递与跨境电商

物流公司通常提供点对点的运输，但局限于火车站、机场、货运市场或指定的集中收货场地之间。快运与快递的主要业务——门到门服务，指具有独立法人资格的企业（Courier）将货物或物品从发件人所在地通过自身或代理的运输网络直接送到终端收货人手中的一种快速运输方式。快运及快递公司与航空公司合作，向货主提供航空快运与快递服务（Air Express Service）。快递适合于各种急需物品和文件资料，快运运输对象的重量、数量、体积一般都比快递的大。国际快递公司是指在中华人民共和国境内依法注册，在海关登记备案的从事进出境快件运营业务的国际货代企业。国际快运、快递主要表现为国际航空运输，越来越多地服务于跨境电商，但不局限于航空运输方式。跨境电子商务是指分属不同关境的交易主体，通过电子商务平台达成交易、进行支付结算，并通过跨境物流送达商品、完成交易的一种国际商业活动。

6.2.1 快件

国际航空快递运输的文件、个人物品或货物叫作急件，又称快件。快件封装须符合内件性质，通过航空运输应经承运人同意，预先订妥航班并按规定支付运费。寄往我国香港地区的快件，单件重量不能超过40kg，寄往其他国家和地区的快件，单件重量不能超过30kg。目前，一些国际快递公司已经把单件重量提升到了35kg。

1. 快件分类

快件可分为文件类、个人物品类和货物类三类。

（1）文件类快件：指以法律、行政法规规定的商务文件、资料等免税且无商业价值的文件、单证及资料为主，包括信函（私人信函除外）、银行单证、合同、照片、机票、装船单据、小件资料等。进出境时根据规定海关予以免税。

（2）个人物品类（又称包裹类）：指旅客分离运输行李物品、亲友间相互馈赠物品和其他个人物品，进出境时在海关规定的合理自用范围内，在规定限值内予以免税的物品，包括此运单下任何有商业价值的物品。快件包裹服务又叫小包裹服务，包裹是指一些小件样品、急用备件、零配件、返修机等采用快件运送方式的一些进出口货物和物品。包裹一般要求毛重不超过32kg（含32kg）或外包装单边不超过102cm，三边相加不超过175cm。在美国，配送货品的重量通常须低于50lb。近年来，随着行业竞争的加剧，快递公司为吸引更多的客户，对包裹大小的要求趋于宽松。

寄自或寄往我国港澳台地区的个人物品，每次允许进出境的物品限额为800元人民币，免税额为400元人民币，超出部分照章征收关税；寄自或寄往我国港澳台地区以外目的地的个人物品，每次允许进出境的限额为1 000元人民币，免税额为500元，超出部分照章征收关税；进出境物品中，有须经审查、鉴定、检验检疫的物品，海关按照国家相关规定处理。

个人携带或快递进出境印刷品、音像制品，应以自用合理数量为限，超出的予以退运。经海关查验在规定范围内且无违禁内容的予以放行。海关监管的进出境印刷品、音像制品主要指：

印刷品——图书、报纸、杂志、印件、函件（私人信件除外）、复印件、绘画、手稿、手抄本等；音像制品——录音带、录像带、唱片、激光唱片、激光视盘、电影胶片、摄影底片、幻灯片以及计算机磁盘、光盘、磁带等各种信息存储介质。

海关对进出境个人物品的管理原则是：既要方便正常往来，照顾个人的合理需要，又要限制走私等违法活动。据此原则，海关规定了个人每次寄送物品的限值、免税额和禁止、限制寄送物品的品种。对进出境的物品，海关依法进行查验，并按章征税或免税放行。

1）禁止进境物品。

①各种武器、仿真武器、弹药及爆炸物品；

②伪造的货币及伪造的有价证券；

③对中国政治、经济、文化、道德有害的印刷品、胶卷、照片、唱片、影片、录音带、录像带、激光视盘、计算机存储介质及其他物品，如攻击

《中华人民共和国宪法》、污蔑国家现行政策、诽谤中国共产党和国家领导人的物品，以及煽动对中华人民共和国进行颠覆破坏、制造民族分裂，鼓吹“两个中国”或“台湾独立”的物品。

2）具体描写性行为或淫秽色情的物品。

3）宣扬封建迷信或凶杀、暴力的物品。

①各种烈性毒药；

②鸦片、吗啡、海洛因、大麻以及其他能使人成瘾的麻醉品、精神药物；

③带有危险性病菌、虫害及其他有害生物的动物、植物及其产品；

④有碍人畜健康的，来自疫区的以及其他能传播疾病的食品、药品及其他物品。

4）禁止出境物品。

①列入禁止进境范围的所有物品；

②内容涉及国家秘密的手稿、印刷品、胶卷、照片、唱片、影片、录音带、录像带、激光视盘、计算机存储介质及其他物品，如出版物上印有“内部资料”“国内发行”字样的，供大专院校内部使用的参考书籍；国家地质、地形测绘资料；国内非法出版的书、刊、报纸等印刷品和非法出版的音像制品；侵犯他人知识产权、盗印境外出版机构出版的印刷品和音像制品等。

5）国家颁布的《文物出口鉴定参考标准》规定禁止出境的古旧书籍，以及其他具有文物价值的物品。

①珍贵文物及其他禁止出境的文物；

②濒危和珍贵动物、植物（均含标本）及其种子和繁殖材料。

除上述所列的情况外，凡是爆炸性、易燃性、腐蚀性、放射性、有毒性、妨害公共卫生的物品；容易腐烂的物品；活的动物（包装能确保寄递和工作人员安全的蜜蜂、蚕、水蛭除外）；包装不妥，可能危害人身安全、污染或损毁其他快递设备的物品；其他不适合快递的物品都是禁止快递的。

6）限制进境物品。

①无线电收发信机、通信保密机；

②烟酒；

③濒危和珍贵动物、植物（均含标本）及其种子和繁殖材料；

④国家货币；

⑤限制进境的其他物品。

7）限制出境的物品。

①金银等贵重金属及其制品；

②国家货币；

③外币及有价证券；

④无线电收发信机、通信保密机；

⑤贵重中药材；

⑥一般文物；

⑦限制出境的其他物品。

（3）货物类快件：指除前两类以外的快件，又细分为第一类、第二类和第三类。

1）第一类快件分进境、出境两种。

进境：指关税税额在《中华人民共和国进出口关税条例》规定的关税起征数额以下的货物和海关规定准予免税的货样、广告品；

出境：指出境的货样、广告品（法律、法规规定实行许可证管理的、应征出口关税的、须出口收汇的、须出口退税的除外）。

此类快件进出境时，运营人应提交“中华人民共和国海关进出境快件KJ2 报关单”、每一快件的分运单、发票和海关需要的其他单证。

2）第二类快件仅指进境快件，是应予征税的货样、广告品（法律、法规规定实行许可证管理的、需进口付汇的除外）。

进境时，运营人应提交“中华人民共和国海关进出境快件 KJ3 报关单”、每一进境快件的分运单、发票和海关需要的其他单证。

3）第三类快件是指第一类、第二类以外的货物，此类货物进出境时，按照海关对进出口货物通关的规定办理。

6.2.2 航空快递的产生和发展

在经济和信息技术发达的国家，越来越多的公众清楚地意识到，空运运费的相对增加与货物运输的及时性和安全性，以及因此而产生的经济价值和社会效益相比已变得微不足道。从 20 世纪 70 年代开始，特快专递业务以门到门服务的形式，为客户提供快速递送各类文件资料、物品、机器零件等服务。作为社会经济发展和文明进步的体现，它的时效性强和服务质量好的特点广受用户的欢迎，如今，这项业务在我国已相当普及，并成为航空运输业的一项重要业务。

1. 快递发展的历史

如果将航空货运比作正在步入辉煌的壮年，那么航空快递只能算是崭露头角的青年。50年前，文件、小件行李的运送只能通过邮局进行，相对于客户的需要，跨国的邮政服务不仅效率低，安全性、准确性也有明显不足，因此常常困扰着从事国际贸易、国际交流的各方人士。1969年3月的一天，一位名叫阿德里安·达尔希（Adrian Dalsey）的美国青年，到加利福尼亚州的一家海运公司看望朋友时，偶然得知当时正有一艘德国船停泊在夏威夷港等待正在旧金山缮制的提单。如果通过正常的途径，提单需要一个星期才能到达那里，这个年轻人称他愿意乘飞机将文件送到夏威夷，船公司管理人员通过比较发现此举可以节约昂贵的港口使用费和滞期费用，于是将文件交给了这位年轻人，达尔希完成任务后，联合了拉里·希尔布卢姆（Larry Hillblom）和罗伯特·林恩（Robert Lynn）两位朋友，于1969年10月20日在旧金山成立DHL航空货运公司，服务于旧金山和夏威夷岛之间，专门从事银行、航运文件的传送工作，后来又将业务扩大到样品等小包裹服务。

这就是最早的国际快递公司。现在DHL的总部设在比利时的首都布鲁塞尔，由德国邮局控股。由于强调快速、准确的服务，从一开始，快递业务就深受从事跨国经营的贸易、金融企业等的热烈欢迎，行业发展非常迅速。

我国改革开放以来，首先面临的是国际间对外贸易、对外经济和文化等方面的交流。中外双方都急需将商业文件、银行票据、其他文件和小件包裹快速传递。国内外都急需使用这个新型的运送方式，国外用户极力鼓励国际快递公司进入中国。

2. 快递的分类

快递运输方式从大类上分为两种：国内快递和国际快递。

（1）国内快递

我国很多民营快递公司的快件主要在国内进行运输，国内快递按是否跨城又可分为同城快件和异地快递。

1）同城快件

同城快件是指在特定城市内经营的快件业务。同城的相对距离虽然比较小，但由于各个公司的业务繁忙、人员紧张，如果由本公司职员递送文件，成本比较高，而交给同城快件公司来完成快件递送，则可以很好地解决这个问题。

2）异地快递

异地快递是指在一个国家范围内跨省、市、区域进行快件业务经营的行为，可分为区域快递（如珠三角、长三角等）和全国快递。

（2）国际快递

国际快递是国与国之间以商业文件和包裹为运送对象的一种快速运送方式。严格地讲，其定义应该是具有独立法人资格的企业将进出境的文件和包裹（Document and Parcel），从发件人（Sender）手中通过自身或代理的运输网络运到收件人（Receiver）手中的一种快速运送方式。

6.2.3 国际快递公司介绍

到现在为止，在全世界形成规模的，即能在200个以上国家和地区有运输网络并能作业的国际快递公司共有6家，包括联邦快递（FedEx）、联合包裹（UPS）、荷兰天地（Thomas National Transport，TNT）、敦豪快递（DHL）、欧西爱司（Overseas Courier Service，OCS）、邮政快递（Express Mail Service，EMS）。

1. 联邦快递

联邦快递公司是典型的美国公司，靠国内快递起家，发展快，是美国政府重点支持的企业，美国80%以上的国内快件是由联邦快递公司处理的。现在它也兼营国际快件业务，服务遍及220个国家及地区，全球约42万名员工，676架飞机和8.5万辆货车。它的业务重点在亚洲和美洲。1984年美国联邦快递进入中国，它与外运合作，开展互为代理业务。1999年11月11日联邦快递和天津大田集团成立了大田—联邦快递有限公司，为占领市场份额，更是在中国各大城市设立办事处并在深圳、上海开设航班，设置货物分拨中心。广州白云国际机场亚太转运中心已于2008年10月投入运营。联邦快递是第一个在中国设立洲际转运中心的跨国货运巨头，当年给中国带来了1.5亿美元的投资、每年处理货量80万~100万吨。

2. 联合包裹

联合包裹服务公司于1907年8月28日在美国西雅图市成立，是世界上最大的快递承运商与包裹递送公司，同时也是专业的运输、物流、资本与电子商务服务的领导性的提供者。1996年6月18日和中国对外贸易运输（集团）总公司成立中外运北空—UPS国际快递有限公司。2008年UPS上海国际转运中心正式启用，将中国与UPS的国际网络连接起来，并将在世界范围内极大地提升快递和大宗货运的处理效率。联合包裹服务公司在中国有3个转运中心，分别是香港、上海和深圳。全球约43万名员工，657架飞机和10.8万辆各类运输车辆。

3. 敦豪快递

敦豪快递公司起源于美国，是全球最大的快递和物流企业，现在公司被德国邮局收购，成为德国邮局控股的国际快递公司，总部设在比利时首都布鲁塞尔。DHL的国际网络已经连接了世界上220多个国家和地区，员工达到36万人。公司业务从一开始就是国际业务，在国际业务中占有领先地位，公司的构成为3部分：美洲、亚洲和欧洲，重点转向亚洲与欧洲之间。随着全球经济环境变化，2009年1月退出美国国内市场，保持“中国优先”政策，中国成为其全球快递业务量最大的市场。2017年11月，敦豪快递宣布扩建中亚枢纽中心，扩建后的货物处理量将达到每小时12.5万件，是亚洲最大的自动化快递枢纽中心之一。中外运—敦豪国际航空快件有限公司是由敦豪快递公司与中国对外贸易运输（集团）总公司各注资50%于1986年成立，是中国成立最早、经验最丰富的国际航空快递公司。

4. 荷兰天地

荷兰天地公司1946年成立于澳大利亚悉尼，开始只限于澳大利亚国内业务，1997年被荷兰邮政集团公司兼并，成立了荷兰邮政集团（TNT Post Group，TPG），于1998年6月挂牌上市。其业务分三部分：国际快递、邮件和物流。快递业务仍叫TNT快运，现有43架飞机，每周有5个航空班次往来中国与欧洲之间及美国与欧洲之间，超过55 000批公路运输货物往来中国与欧洲。荷兰天地的物流业务很发达，以欧洲业务为主，特别是有关汽车、轮胎、高科技的产品和易消耗品的物流方面，它现在是世界上最大的汽车物流供应商。1988年5月26日，TNT和中国对外贸易运输（集团）总公司成立了中国第二家合资国际快递公司——中外运—天地快件有限公司，主要提供国际快递和国内公路快运服务。

5. 欧西爱司

欧西爱司即日本海外新闻普及株式会社，于1957年由日本几家主要报纸投资建成，总部设在日本东京，业务以亚洲为中心，是和中国在快递方面合作最早的公司。其业务开始是为报社的国外订户发送报纸，到了20世纪70年代以后才开始做文件、包裹的国际快递业务。日本海外新闻普及株式会社（OCS）和中国对外贸易运输（集团）公司在1996年1月1日合资成立中外运—欧西爱斯国际快递有限公司，双方各占50% 股权。2010 年 12 月 12 日，由于合营期满，中外运—欧西爱斯国际快递有限公司结束营业，欧西爱司物流（上海）有限公司成为“OCS”注册商标与网络服务在中国的唯一合法法人主体。通过整合双方的国际和国内网络资源，服务范围已覆盖了全球 220 多个国家和地区，成为能够提供全球性门到门、桌到桌的文件、包裹和货物快递服务的 6 家快递公司之一。随着中国经济的不断发展，公司在中国拥有 30 家分公司，业务覆盖全国，成功地为各主要城市提供航空快递服务。

6. 邮政速递

邮政速递依托万国邮政联盟，按照合约，各国邮局互为代理、互相投递来自不同国家和地区的快件，同时将自己收到的快件交到收件人手中，其业务也在不断地发展。邮政速递由 20 世纪 80 年代初在中国市场开展业务至今，服务领域达 210 多个国家和地区，在国内大约有 2 000 多个网点，市场份额一直遥遥领先。中国邮政速递物流股份有限公司（简称中国邮政速递物流）是经国务院批准，由中国邮政集团公司作为主要发起人，于 2010 年 6 月发起设立的股份制公司，是中国经营历史最悠久、规模最大、运输网络覆盖范围最广、业务品种最丰富的快递物流综合服务提供商。中国邮政速递物流在国内 31 个省（自治区、直辖市）设立分支机构，并拥有中国邮政航空有限责任公司、中邮物流有限责任公司等子公司。业务范围遍及全国 31 个省（自治区、直辖市）的所有市县乡（镇），通达包括港、澳、台地区在内的全球 200 余个国家和地区，自营营业网点超过 5 000 个。

6.2.4 我国国内快递业介绍

在国际快递的带动下，中国国内快递业发展迅猛。在高速发展的过程中，我国国内快递出现过一些鱼龙混杂的现象，大量以低成本运作的“野快递”冲击着快递行业，导致我国国内快递服务质量低下。2009 年 10 月 1 日，新修订的《中华人民共和国邮政法》正式施行，进一步要求经营快递业务必须经过邮政管理部门的许可，并接受邮政管理部门及其他有关部门的监督管理，此前已经从事快递业务的企业，应在一年内补办经营许可证。在省（区、市）范围内经营快递业务的企业，向所在省（区、市）邮政管理机构提出申请，跨省（区、市）经营或经营国际快递业务的，向国务院邮政管理部门提出申请。邮政管理部门自受理申请之日起 45 天内作出批准或不予批准的决定。许可证有效期为 5 年，实行年度报告制度，企业须在有效期届满前 30 天内申请换领。作为该法的配套法规，《国务院关于邮政企业专营业务范围的规定（草案）》明确规定单件重量在100克以内（国家规定的特大城市市区内互寄的单件重量在50克以内）的信件的国内快递业务由邮政企业专营，确立了邮政企业在该行业的垄断地位，形成中国邮政独立快递品牌e邮宝。2011年12月30日，《快递服务》系列国家标准发布，对于进一步推动快递转型升级，提高服务质量和服务水平等起到了推动作用。2017年顺丰、“四通一达”（申通快递、圆通速递、中通快递、百世汇通、韵达快递）集体上市，开启了中国快递出海的元年，中国快递开始国际化征程。与此同时，快递与物流、电商的跨界发展也在快速发生和融合着，智慧快递和快递柜等快递业“最后一公里”的变革也层出不穷。

6.3 航空快递业务的特点与形式

6.3.1 航空快递的特点与作用

航空快件运输（尤其是包裹运输）与普通航空货物运输相比，其基本流程和需要办理的手续相同，所需的运输单据和报关单证也基本一致，比如都要向航空公司办理托运；都要与收、发货人及承运人办理单货交接手续；都要提供相应的报关单证向海关办理进、出口报关手续。但是，航空快运作为一项专门业务而独立存在，亦具有其他运输形式不能取代的特点。

航空快递在很多方面与传统的航空货运业务、邮政运送业务有相似之处，但作为一项专门的业务它又有独到之处，主要表现在如下几个方面。

1. 快递的特点

（1）收件的范围不同

国际快递公司在特定时间内，以向客户承诺的快速商业运作方式承揽、承运的进出境物品、货物称为进出境快件。国际快递不收运国际航空运输协会（IATA）禁止的物品和国家规定不得收运的物品，其收件范围详见本章第2节。

传统的航空货运业务以贸易货物为主，规定每件货物体积不得小于5cm×10cm×20cm，每票货物的重量不得小于0.5kg。航空快递业务则以运送文件类和包裹类为主要业务对象，要求货物的体积、重量较之航空快件为小，要求每件包裹的重量不超过20kg，长度不超过1m。

（2）经营者不同

经营国际航空快递业务的大多为跨国公司，这些公司以独资或合资的形式将业务深入世界各地，建立起全球网络。航空快件的传送基本是在跨国公司内部完成的。国际邮政业务则通过万国邮政联盟的形式在世界上大多数国家的邮政机构之间取得合作，邮件通过两个以上国家邮政当局的合作完成传送。国际航空货物运输则主要采用集中托运的形式，或直接由发货人委托航空货运代理人进行，货物到达目的地后再通过发货地航空货运代理的关系人代为将货物转交到收货人的手中，业务除涉及航空公司外，还要依赖航空货运代理人的协助。

（3）经营者内部的组织形式不同

邮政运输的传统操作理论是接力式传送。航空快递公司则大多采用中心分拨理论或称转盘分拨理论组织全球网络。简单来讲，就是快递公司根据自己业务的实际情况在中心地区设立分拨中心（Hub），在各地收集的快件按目的地分拨完毕，装上飞机。当晚，各地的飞机飞到分拨中心，各自交换快件后飞回各地。第二天清晨，快件再由各地分公司用汽车送到收件人处。这种方式看上去似乎不太合理，但由于中心分拨理论减少了中间环节，快件的流向简单清楚，减少了错误，提高了操作效率，缩短了运送时间，被事实证明是经济、有效的。

快递公司有完善的快递网络，快递是以时间、递送质量区别其他运输形式的，它的高效运转只有建立在完善的运输网络上，才能进行。这种网络要求始发地、中转地、到达地的相应工作都能以服务这个网络为目的运行，同时这个网络要具有相当强的整合能力。

快递网络是快递企业最具价值的资产，也是最为核心的竞争手段。快递公司之间，常有相互使用对方的运输网络的情况。一般是在自己的运输网络无法覆盖的地区，委托当地建有运输网络的同行进行运送，并按对方实际发生的工作量支付费用。这种合作较为松散且局限在送货和收货的初级层面。大型快递企业都在不遗余力地自建或并购运输网络，并尽量避免对同行开放，以维持自己在成本和速度上的竞争优势，宅急送是个例外。

企业实践

2006 年 4 月 17 日，宅急送快运有限公司正式宣布向国内外物流企业和货运代理开放历时 12 年编织的庞大物流网络，包括运输、仓储、配送等。同行可以借助宅急送覆盖国内 2 000 多个城市和地区的运输网络，将自己的货物送达全国各地。宅急送的运输网络是一张密度仅次于中国邮政的“大网”。该“网”由32家分公司、三大物流基地、200家营业网点和400余家合作公司组成。在宅急送超过3亿元的总资产中，这是最值钱的部分。宅急送的运输网络开放比以往快递公司松散的运输网络借用更加深入，包括代收货款、异地交货、保险理赔等。但宅急送不越过同行做事，同行交给宅急送的货，不用换工作单，在客户面前出现的是同行的工作单、形象、标志等。

宅急送为什么率先打破行业坚守多年的惯例，主动开放自有运输网络?一是将竞争对手转变为自己的客户，缓解竞争压力，倡导行业联合，做强民族快运以抗衡外资；二是通过同行的货物拉低自己的运输成本，并在不增加投入的情况下增加营业收入，为下一步的上市做好铺垫。宅急送的运输网络现在处于“吃不饱”的状态，有50%是浪费的，与其闲置，不如把这些资源提供给同行，让运输网络创造更多的价值。按照宅急送公布的合作方案，同行可以使用宅急送的运输网络，进行门到门、港到门、门到港、港到港的货物运输。其价格是宅急送目录价格的6.5~8折，视业务类型和货量而定。

（4）使用的单据不同

从运输和关务来看，航空货运使用的是航空运单，邮政使用的是包裹单，航空快运业务中有一种其他运输形式所没有的单据：交货凭证（Proof of Delivery，POD），俗称快递面单。快递面单是包含航空快运在内的快递业中重要的单据，它由多联组成（各快运公司的面单不尽相同），一般有发货人联、随货同行联、财务结算联、收货人签收联等，其上印有编号及条形码。交付凭证一式四份，第一联留在始发地并用于出口报关；第二联贴附在货物表面，随货同行，收件人可以在此联签字表示收到货物（交付凭证由此得名），但收件人通常在快递公司提供的送货记录上签字，而将此联保留；第三联作为快递公司内部结算的依据；第四联作为发件凭证留存发件人处，同时该联印有背面条款，产生争议时可作为判定当事各方权益，解决争议的依据。国际航空快递的交付凭证相当于航空运输的分运单，是不可议付的，它的作用有商务合同；分运单；服务时效、服务水平记录；配合电脑检测、分类、分拨；结算。发件人承认该运单是发件本人或快递公司职员代为填写的。发件人保证其本人是该运单项下所装运快件的所有人或货物所有人的授权代理人，并且代表其本人或作为代理人代表所装运快件所有人接受快递公司收运的条件。

（5）航空快递的服务质量更高

1）速度更快

航空快递自诞生之日起就强调服务的快速，速度又被称为整个行业的生存之本。一般洲际快件的运送在1~5天内完成；地区内部快件的运送只需要1~3天。这样的运送速度无论是传统的航空货运还是邮政运输都是很难达到的。从服务层次来看，航空快递因设有专人负责，减少了内部交接环节，缩短了衔接时间，因而运送速度快于普通航空货运和邮政运输。这是快递业务有别于其他运输形式的最本质、最根本的一点。

2）更加安全、可靠

在航空快递形式下，快件的运送在同一公司内完成，其各分公司的操作规程相同，服务标准也基本相同，而且同一公司内部信息交流更加方便，对客户的高价值易破损货物的保护也更加妥帖，运输的安全性、可靠性也更好。与此相反，邮政运输和航空货物运输因为牵扯不止一位经营者，各方服务水平参差不齐，较容易出现货损、货差现象。

3）更方便，信息化程度高

确切地说，航空快递不止涉及航空运输一种运输形式，它更像是陆空联运，通过将服务由机场延伸至客户的仓库、办公室，航空快递真正实现了门到门的服务目标，方便了客户。此外，航空快递公司对一般包裹代为清关，率先采用了电子报关系统，为客户提供更为便捷的网上服务。快递公司特有的全球性电脑跟踪查询系统也为有特殊需求的客户带来了极大的便利。

航空快递同样有自己的局限性，如快递服务所覆盖的范围不如邮政运输广泛。国际邮政运输汇集了各国的力量，可以说有人的地方就有邮政运输的足迹。然而，航空快递的运输网络只能覆盖那些商业发达、对外交流便利的地区。快递业务要求对各环节进行控制，航空快件除了由航空公司飞行承运之外，其全程必须置于快件公司的操作和控制之下。只有这样，才能提高运送速率，减少差错，为跟踪查询提供条件，使航空快件运输较之于普通空运在服务水准上有质的提高。

从服务质量来看，航空快件在整个运输过程中都处于监控之下。快件每经过一个中转港、目的港，电脑都将对其动态（提货、转运、报关等）进行更新，收货人在快递面单上签字（日期、姓名）后，信息很快就能通过电脑网络反馈给发货方。这种运输方式使收、发货人都感到安全、可靠。

办理快件查询的用户，应在自快件交寄次日起的四个月内，持快递面单及快件收据到原交寄点办理查询手续，逾期承运人不再办理。

普通的航空货物虽然在送交收货人时也让其在底单上签字，但这种底单主要是作为货物已交付货主的凭证存入档案，而不是作为回执反馈给发货方的。虽然有些航空货运代理公司也开始向发货方的国外代理反馈货物处理信息，但反馈信息的速度和准确度远不如航空快运公司。

航空快递的业务性质和运输方式与普通航空货运有较多相近之处，可以将其视为航空货运的延续或发展。因而，国内许多航空货运代理公司都兼营快件业务，同时也有专门的快件公司从事国际航空快件业务。

航空快件、普通航空货运、邮政国际业务三者的业务范围有一定的交叉，但又各有自己的经营领域和服务范围，其主导业务是有明显区分的。

2. 快递的作用

（1）使商业活动得到更加有效的改善。

它解决了对外贸易和商业活动中人们期盼已久的文件、样品、包裹的快速流通，从而使对外贸易和商业活动更加有效，而且随着快递业的发展和被普遍使用，这种作用日益加大和显现，并被广泛认同。

今天，我们可以说快递是对外贸易的先行者、重要环节，或者说它是对外贸易的第一个环节，其次才是成交、运输和结汇。

（2）促进了各领域的交流。

快递的发展极大地促进了各国之间的经济、外交、文化、体育、科技、旅游等各领域的往来，成为国际交往中不可缺少的传送工具。2002 年世界杯期间，中国观众订购的 15 749 张门票就是国际足联通过国际快递公司——敦豪快递，从英国曼彻斯特运往中国的。

（3）拉动了世界各国国民经济的发展。

快递业的发展拉动了世界各国（特别是广泛使用快递运输方式的国家）国民经济的发展。《中外物流》曾登了一篇文章，认为中国的 GDP 有 1/5 是靠外贸来拉动的。从中可以看出外贸的重要性，外贸又靠什么来穿针引线、来拉动？靠国际快递。没有国际快递，就无法快速发展外贸，国民经济的发展也会受到极大影响。

（4）奠定了世界各国发展物流业的基础。

快递业的发展奠定了世界各国发展物流业的基础。事实证明，哪个国家的国际快递和国内快递发达，哪个国家的物流业就发达。

（5）快递是检测一个国家开放程度的标准之一。

经济发达的国家，国内快件和国外快递都已经基本放开，如美国，它是世界三大快递公司（UPS、DHL、FedEx）的诞生地，也是快递业开放程度很高的国家。一些发展中国家，如哥斯达黎加、印度尼西亚、坦桑尼亚等，其快递市场也是开放的。

（6）解了普通百姓的燃眉之急。

随着国家的日益开放，学术交流、出国留学、旅游、访问、个人画展以及研讨会等日益增多，这些活动中存在普通百姓急需的各种文件（如开庭审判通知书、学历证书等），快递解决了将包裹更快更好地递送给收件人的问题。

6.3.2 快递的主要业务形式

1. 门/桌到门/桌

门/桌到门/桌（Door/Desk to Door/Desk）是国际快递公司最常用的一种服务形式，特别适合于各种急需物品和文件资料的传递。这项服务首先由发件人在需要时电话通知快递公司，快递公司接到通知后派人上门取件，然后将所有收到的快件集中到一起，根据目的地分拣、整理、制单、报关，利用最近的航班，通过航空公司（或快件公司自己的班机）发往世界各地。

发件地的快递公司用电传、发 E-mail 或传真等形式将所发运快件的有关信息（航空运单及分运单号、件数、重量等内容）通告中转站或目的站的快件公司。快件到达中转站或目的地机场后，由中转站或目的站的快件公司负责办理清关手续、提货手续，并将快件及时送交收货人手中，之后将快件派送信息及时反馈给发件地的快递公司。在这期间，客户还可依靠快递公司的网站随时对快件的位置进行查询，快件送达之后，也可以及时将消息反馈给发件人。

2. 门/桌到机场

门/桌到机场（Door/Desk to Airport）的服务指快件到达目的地机场后不是由快递公司去办理清关、提货手续并送达收件人的手中，而是由快递公司通知收件人自己去办理相关手续，运输服务只能到达收件人所在城市或附近的机场。快件到达目的地机场后，当地快递公司及时将到货信息通知收件人，收件人可自己办理清关手续，也可委托原快递公司或其他代理公司办理清关手续，但需额外缴纳清关代理费用。

采用这种运输方式的快件大多价值较高，或目的地海关对货物或物品有特殊规定。

3. 专人派送

专人派送（Courier on Board）是指由快递公司指派专人携带快件在最短时间内将快件直接送到收件人手中的运送方式。这种方式一般是在一些比较特殊的情况下，为了确保货物安全、保证交货时间而采用的，不太常用。

对比以上三种服务形式，门／桌到机场的形式对客户来讲比较麻烦，由专人派送最可靠、最安全，但费用也最高，门／桌到门／桌的形式介于上述两者之间，比较简单方便，适合大多数快件的运送。在日常业务中如果有重要文件或其他物品要尽快交到客户手中，只需拨打电话，快件公司的专业派送人员就会上门取货，其他一切发运手续都将由快件公司办理。

第二种形式在时间上优于普通货运形式，同时又简化了发件人的手续，但需要收货人按自己的方式到机场办理清关、提货手续。第三种方式是一种特殊服务，一般很少采用，但用这种方式可以免去普通快件的出关、入关手续。

6.4 快递业者与寄件人

6.4.1 寄件人的义务

寄件人须保证所装运的每票快件都在运单中作了恰当的描述，而且不在国际快递业者所宣布的不准收运的物品之列，还须保证快件已使用恰当的标签及包装以确保正常作业过程中的安全运输，并且已写明收件人的地址。寄件人保证其发送的快件应符合目的地、始发地、过境地或飞越地海关、进出口及其他有关法律和法规的规定。寄件人托运的物品属于国际快递业者已宣布为不予收运的物品，或者寄件人（不论有意或无意）低估了海关价值，或在运单上对托运的物品作了错误的描述，国际快递业者有权放弃或遗弃寄件人托运的物品。对由此造成的后果，国际快递业者不承担任何责任。同时，寄件人顾全、保障并维护国际快递业者的声誉和利益，以使其免予承担由此产生的任何赔偿、损失、罚金或费用支出等责任。寄件人须确认所有提供给国际快递业者的口头或分运单以及其他单据上列明的一切信息都是准确的、完整的。寄件人应独立承担所有与发运快件有关的成本或费用支出，并应支付将快件退还寄件人的费用或等待处置期间的仓储等费用，不得以任何借口拒付上述费用。

6.4.2 国际快递公司的义务与权利

负责投递的国际快递服务人员应统一穿着具有企业标识的服装，并佩戴工号牌或胸卡。国际快递服务人员应根据寄件人的内件性质和规格携带相应的封装材料，告知寄件人封装材料是否收取费用，并指导寄件人对内件进行规范封装。封装应防止快件：

（1）变形、破裂；

（2）伤害快递服务人员；

（3）污染或损毁其他快件。

国际快递服务人员应将快件投递到约定的地址：

（1）在将快件交给收件人时，应提醒收件人当面验收内件；

（2）若收件人本人无法签收，可与收件人（寄件人）沟通，在获得许可后，采用代收方式；

（3）与寄件人或收件人另有约定的遵从约定。

快件验收人验收无异议后，应在快递运单上签字确认。除了快递服务组织与收件人有特殊约定外，快递服务人员应提醒签收人快件签收后的责任转移。

快件验收人拒绝签收的：

（1）由于快件原因，验收人应在快递运单上注明拒收的日期和原因，并签名；

（2）由于到付业务的费用原因，快递服务人员应写明日期和原因，验收人签名确认。

国际快递公司并非公共承运人，即有权拒绝替任何公民、法人或其他组织运送任何物品。国际快递公司作为寄件人的代理人处理相关事宜，寄件人授权国际快递公司作为其指定的清关公司，除此以外，国际快递公司在清关过程中无其他责任。国际快递公司被授权替寄件人备齐执行有关法律或规定所需要的文件（但无义务），并作为寄件人代理办理清关和出口等手续。通常情况下，国际快递公司依据《中华人民共和国海关对进出境快件监管办法》可为收寄件人代理大部分的通关手续。国际快递业者不承担因寄件人未能遵照适用的法律和规定，办理发运快件而产生的索赔责任或不应由国际快递业者承担的费用支出。

国际快递公司应在运输工具申报入境后 14 日内向海关办理进境快件报关手续。第一步，快件运抵快件监管中心前，国际快递公司通过电子数据交换方式（EDI）向海关申报电子报文，应申报该批快件的总运单号、进口日期、航班号、申报公司、快递公司、收件人、品名、数量、重量、价值、性质。第二步，快件实际运抵快件监管中心，且经海关审核电子报文无误、符合有关规定的，海关通过 EDI 系统向国际快递公司发送放行指令。海关自收到 EDI 电子数据申报后，情况正常的，在半小时内办结放行手续。国际快递公司应在运输工具离境 3 小时之前向海关办理出境快件报关手续。第三步，运营人填制 KJ1 报关单，持总运单、每份快件的分运单及其他海关所需单证向海关申报。第四步，经海关审核无误并符合有关规定的，海关在总运单上加盖放行章。非 EDI 申报应及时呈交相关单证、资料。

海关按照集中管理、分类报关的原则对进出境快件实施监管。快件应存放在专门的海关监管仓库内。未经海关许可，不得对监管时限内的快件进行装卸、开拆、重换包装、提取派送、发运等操作。

国际快递公司有权开包查验任何装运快件（但无此义务）且不应受到任何限制，国际快递公司应对快件进行分类并协助海关检查。发现快件中含有违禁品的，应立即通知并协助海关处理；发现快件中有不予受理的物品，公司有权拒收或退回。对每票快件，因发运人瞒报或误报重量而造成的承运费用误算，国际快递公司有权向客户追加快运费。如果寄件人拒付运费、关税、附加费或运输中产生的任何其他费用，国际快递公司有权对快件实施置留，并在上述费用得到承认前拒绝交出快件。

若国际快递公司同意向收件人收取运费，由国际快递公司保留在所有运费和其他费用得到承付前拒绝交件的权利。如果收件人拒付运输费用，寄件人有责任支付所有费用，其中包括应客户要求将快件返回始发地的费用。

6.4.3 国际快递公司的责任与豁免

1. 赔偿时限

对于赔偿时限，不同公司的规定有所不同。有的公司规定在确定快件丢失、损毁、短少或延误后一周内；有的规定在收到快件后 30 天内由寄件人提出并以书面形式通知国际快递公司，超过此时限，原则上不得再向国际快递公司索赔，任何索赔金额不得从应属国际快递公司的运费中扣除。

2. 责任限额

（1）保价服务与保险

保价服务即寄件人可以对快件声明价值，该服务以自愿为原则，该声明价值作为快递公司为该快件代为投保的保险金额，已投保的快件损毁、短少或灭失，按保险条款赔偿。寄件人选择此项服务时，应确定保价金额与每个快件内件实际价值一致，每个快件保价金额最高限额为10万元人民币，保价费按申报的保价金额的1%收取，每件最低收取1.00元人民币。未按规定交纳保价费的快件，不属于保价快件。

（2）国内快件

1）保价快件丢失或全部损毁按保价金额赔偿；部分损毁或短少按实际损失的价值予以赔偿，但最高赔偿额不得超过保价金额。

2）如保价快件价值高于规定的最高保价限额，发生部分损毁或短少，且损毁或短少的价值又不低于保价金额，亦按实际保价金额予以赔偿。

3）未保价快件发生丢失、损毁、短少时，按实际损失赔偿，但最高赔偿金额不得超过所付运费的2倍。

4）快件丢失或全部损毁，已收取的各项费用（保价费除外）全部退回。

5）因非客户责任使特快专递快件延误（以对外公布的全程时限为标准），退还所收运费。

（3）国际快件

国际快件在寄递过程中因非客户过失而丢失、短少、损毁和延误，快递企业予以赔偿。

1）对证实为延误的快件，每件的补偿金额为所收运费的50%，即退回50%运费。

2）对丢失、完全损毁的信函、文件资料类及其他无申报价值的物品类快件，每件的补偿金额为人民币400元，并退回已收的全部运杂费。

3）对丢失、部分损毁的物品类快件，除退回已收取的全部费用外，按照交付凭证上的寄件人申报的实际价值予以补偿，内件部分丢失、损坏的物品，按实际损失赔偿，但最高不超过根据以下公式计算出的数额：

赔偿金额上限＝500元/件＋60元/千克×快件重量

快件重量用千克整数表示的，小数点后零数进为1千克。

不论快件对寄件人的商业效益或特殊价值如何，其实际价值按以下方式届定：文件（是指运单下任何无商业价值的资料）的实际价值指在始发地发件时准备缮制文件所用的成本费；包裹（包括此运单下任何有商业价值的物品）的实际价值指公开的市场价格或修复物品所需的费用。

4）快件丢失或损坏时，有的公司的责任限于100元人民币以下免收该票运费，或该文件、包裹实际蒙受的直接损失金额，或该文件、包裹实际运费的3倍，取这三者中的最低者。

3. 责任豁免

在任何情况下，对任何间接的、特殊的损坏或未实现的利益（包括利润、利息、效用或错过的市场机会等），快递公司都不承担赔偿责任，不论快递公司对可能遭受的损失是否知情。

国际快递公司按通常的派送程序对客户提供高效优质的服务。然而，由于下列原因导致的任何丢失、损坏、派送错误或派送不到，快递公司不予负责：

（1）有自然灾害等不可抗力事件或国际快递公司力所不及的原因（保价快件除外）；

（2）寄递的物品违反禁寄或限寄规定的，经主管机关没收或依照有关法规处理的；

（3）投递时快件封装完好，无拆动痕迹，且收件人已按规定手续签收，事后收件人发现内件短少或损毁的；

（4）由于客户的责任或所寄物品本身的原因造成邮件损失或延误的；

（5）客户自交寄邮件之日起至查询期满未查询又未提出赔偿要求的；

（6）由于国际快递公司以外的权力机构发生滞留或检查快件而发生的违约行为，如被寄达国按其国内法令扣留、没收或销毁的；

（7）快件发生变质，或特有的内在瑕疵及缺陷；

（8）电子产品、摄影图像或任何形式记录的磁盘遭电磁破坏、剔除或其他形式的破坏；

（9）对因寄件人或委托人所提供的收件人的名称、地址、联系电话不准确，或因收件人搬迁、收件人拒收、收件人拒付运费等寄收件人的过错，造成延误或快件自然损耗的。

企业实践

2009年10月10日，国内某进出口公司将一套含有全套海运提单的出口信用证单据交中国Y银行，金额为USD43 200.00，开证行为沙特阿拉伯的某银行。Y银行审核了全部单据后认为单证相符，于当日交快递公司寄出，预计10月底收汇。

超过预计收汇期后还没有贷记头寸，通过快递公司，Y银行了解到开证行已于10月17日签收了此快递单，自11月4日起Y银行便隔日发电查询，11月17日开证行回复，称所查快递单虽签收，但收件内容是一块长120cm、宽21cm的布料，并未收到Y银行查询电中所述单据。Y银行收电后意识到该单据已被错寄，于是要求快递公司予以协查。同时由于单据中含有全套物权单据，Y银行又通过船运公司了解到开证申请人用银行担保提走货物，进一步证明开证行确实未收到正本单据。为尽快收回此笔款项，在单据不知去向的情况下，Y银行提出补寄一套副本单据请求开证行付款，但开证行坚持要求正本单据，因为开证行已出具提货担保书，必须用正本提单换回其担保书才能免除其自身责任，而要再出具一套正本提单，还需出口商提供反担保，出口商要求Y银行承担连带责任。

正在Y银行一筹莫展时，快递公司通过国外代理公司、海关等环节的联查，追回了寄错的单据，于12月27日交回Y银行。Y银行当日通过另一家快递公司再将单据寄开证行，同时发电通知。该笔货款终于在2010年1月6日收回，时间长达三个月。

在这宗案例中，出口方银行抽调专人收发电27次，传真查询、电话查询无数次，去船运公司、出口公司联系协商多次，最后虽然收回款项，但使出口商蒙受了晚收汇的利息损失，银行遭受到客户资源流失的间接损失。本案例显示了由于快递公司的错误致使迟收汇，给出口商、出口方银行带来了很大的麻烦。

本章小结

本章介绍的是货物收运环节，从普通货物到特殊货物，收货员必须根据货物性质来判断，禁止收运要向客户说明，限制收运要及时协助客户办理有关证明文件，包装不合适要重新包装等。特殊货物的运输要求要在货运单详细列明要求。本章用了较多的篇幅来介绍快件的收运。在经济和信息高度发达的现代社会中，时间已成为产品价格和企业资本的实际构成部分，快递业务需紧紧抓住“迅速”“安全”这两大要素来换取客户付出的较高运费。

阅读链接

EMS 快递网站：www. ems. com. cn

思考题

一、选择题

1. 下列（　　）是隐含危险品的物质。

A. INSTRUMENTS　　B. DIVING EQUIPMENT

C. CAMPING GEAR　　D. HOUSEHOLD GOODS

2. 下列说法错误的是（　　）。

A. 每件普通航空货物的最小体积不得小于 5cm × 10cm × 20cm

B. 每票普通货物的最小重量不得小于 1kg

C. 货物压在机舱地板上的重量，就是机舱地板所承受的重量

D. 机舱地板每平方米所承受的货物重量超过机舱地板承受力时，要在货物下面加 2cm ~ 5cm 厚的木制垫板

3. 下列物品中，（　　）不能作为货物运输的行李，作为货物运输的行李仅限于旅客个人的衣物和私人物品。

A. 相机　　B. 手提乐器

C. 手提打字机　　D. 轻便体育器材

4. 根据货物的性质，承运人应当最先发运的货物为（　　）。

A. 限定日期、航班和按急件承运的货物

B. 有时限、贵重和零星的小件物品

C. 国际和国内中转联程货物

D. 抢险、救灾、急救、外交信袋和政府指定急运的物品

5. 包括活体动物、贵重物品、危险物品、汽车、尸体和（　　）等在内的货物应按国际航协有关规定办理运输。

A. 个人物品　　B. 具有强烈气味的货物

C. 枪械、弹药、战略物资　　D. 裸露的机器、铸件、钢材和湿货

二、判断题

1. 所有货物包装上都应既有挂签，又有贴签。(   )

2. 外交信袋不得与航空邮件装在一起，且不能安排在国际航班国内段运输。(   )

3. 快递运输方式包括国际快递、国内快递和同城快递。(   )

4. 国际航空快递既不同于航空普通货物运输，也不同于国家经营的邮政运输，有其自己的特点。(   )

5. 在我国，信函快递由邮政独家经营。(   )

三、简答题

1. 托运人准备将一只名贵犬从北京运往新加坡，请问代理人如何向航空公司交运。

（1）收运这只名贵犬的各项注意事项应参照 IATA 出版的哪本手册？

（2）托运人应提交哪些文件？

（3）容器应贴有哪些标贴？

（4）能否办理运费到付？

（5）应如何注意运达目的站的时间？

2. 案例分析

2005 年 3 月 23 日（星期三），深圳某进出口公司将一份空运的产地证于当天下午委托深圳的快递公司送往香港。24 日下午（当中的间隔时间已达完整的一天），香港的当事人并没有收到该产地证。25 日上午，广州的货运公司追问深圳进出口公司其快件是否已经送达香港的收件人手上，深圳进出口公司通过电话答复说，快递公司当天早上已有业务员负责将快件送到香港收件人的办公室，但由于收件人本人不在办公室导致快件无人签收。25 日下午，快件被退回快递公司的深圳总公司，并同下一批快件一起再次派送。由于 26 日是周末（星期六），快件公司对广州货运方宣称，本公司的业务员周末休息，必须等到 28 日（星期一）早上再派送。快件公司强调已有的派送事实，没有签收人签收导致快件一再延误。至此，23 日下午寄出的快件到 26 日上午仍没有送达，时间间隔整整三天，违背了快递公司快速、及时派送的宗旨，导致此文件没有赶上 27 日的航班。28 日经快递公司确认，该产地证遗失，由于产地证没有及时送达，航班延误一周，广州客户直接损失 19 864. 90 元人民币。为此，广州客户方委托广州货运公司（原告）对深圳进出口公司和快递公司（被告）提起了诉讼。

问题：

（1）快递公司导致快件原件退回的理由成立吗？

（2）案例中谁应该为广州客户的损失负责？

（3）法庭应如何判决？

第7章 航空货代工作单据

关键术语

航空托运单　空运单　交付凭证　运费更改通知单

学习目标

- 了解航空货运单的签约条款;
- 熟悉航空货运单的基本概念、构成、用途、填制方法和限制;
- 掌握航空托运单、货运单的填制方法;
- 掌握交付凭证、运费更改通知单的填制方法。

航空货运代理企业既需要为客户代填托运单或空运单，也需要用各种单证来记录空运代理流程。

7.1 航空托运单

航空货物运输使用的订舱单据叫作航空托运书（Shipper's Letter of Instruction，SLI)，它是货运代理根据货主填写的国际货物运输托运书的内容缮制的，向航空公司办理订舱托运手续的单据。根据《华沙公约》第5条第（1）款和第（5）款，货运单应由托运人填写，也可由承运人或其代理人代为填写。实际上，目前货运单均由承运人或其代理人填制，为此，托运书作为填写货运单的依据，应由托运人填写，而且托运人必须签字。托运书是托运人用于委托承运人或其代理人填写航空货运单的一种表单，表单上列有填制货运单所需的各项内容，并应印有授权于承运人或其代理人代其在货运单上签字的文字说明。航空法要求航空运单由托运人填写，连同货物交给承运人。若承运人或航空货运代理依据托运人提供的托运书填写货运单并由托运人签字，则该货运单应当视为承运人或航空货运代理代托运人填写。托运人应当对货运单上所填关于货物的说明或声明的正确性负责。

由托运人填写托运书，代理人应着重检查托运书上有关各栏的内容，检查货物品名栏（包括体积及尺寸）内的品名是否填写得过于笼统，如“鱼罐头”不应笼统地填写为“食品”。另外，应检查托运人填写的货物尺寸是否注明计量单位，对于危险物品，则应要求注明其专用名称和包装级别。对于收货人姓名和地址栏，代理人应了解收货人所在城市名称是否属于不同国家中的重名城市，有此种情况时，必须要求托运人加上国名，运往美国的货物则还应加上州名。本栏不得出现“凭指示”（to order）字样，因为航空货运单不能转让。检查托运人签字栏内是否有托运人的签字。

7.1.1 国际航空托运单

国际货物运输托运书包括下列内容（见表7-1）。

（1）发货人（Shipping From）：填写托运人的全称、街名、城市名称、国名，以及便于联系的电话号码、电传号码或传真号码。

（2）收货人（Consignee）：填写收货人的全称、街名、城市名称、国名（特别是在不同国家内有相同城市名称时，必须要填上国名），以及电话号码、电传号码或传真号码。本栏内不得填写“Order”或“To Order of the Shipper”（按托运人指示）等字样，因为航空货运单不能转让。

（3）通知人（Notify Party）：本栏用于填制交易或运输中除发货人和收货人之外的第三方。若托运人还希望在货物到达的同时通知他人，需填写通知人的全名和地址。

（4）起运地机场（Airport of Departure）：填写始发站机场的全称。

（5）目的地机场（Airport of Destination）：填写目的地机场（不知道机场名称时，可填城市名称），如果某一城市名称可用于一个以上国家，应加上国

表 7－1　国际货运运输托运书

SHIPPER'S INSTRUCTIONS TO ARRANGE FOR SHIPMENT OF GOODS　货物托运书

Shipping From (Customer) 发货人 Business Reg.No.　　Tel No.	W&B Cargo 地址：深圳国际机场航站四路兴围物流中心Ⅱ栋403号 **Add: Room 403 Building 2, Xingwei Logistics Center, Hangzhan Fourth Road, Shenzhen International Airport** **Tel: 755-29982117 29982007 27519056　FAX: 755-29982163** http://www.wbcargo.cn Email:info@wbcargo.cn
Consignee 收货人 Tel No.	
Notify Party 通知人	Airfreight Charges 运费 ☐ To be Prepaid 预付　☐ To be Collected 到付 (if service available) Other Charges 其他费用 ☐ To be Prepaid（预付）　☐ To be Collected 到付 (if service available)

MAWB No.航空总运单号	HAWB NO.航空分运号	Country of Origin (Goods) 原产地 CHINA
Name of Carrier航空公司名称	Airport of Departure 起运地机场	Special Instructions:附注 所有的出口货物请客户自行购买保险或委托我司代理购买,保险费为货物总价值千分之三,若客户不购买,在运输途中如出现任何丢失问题,我司只按照航空公司的赔偿而给予相应赔偿
Airport of Destination 目的地机场	Airline Counter-Signature航空公司加签 Yes ☐ No ☐	

Marks&Nos:	No. and Kind of Packages	Discription of Goods	Gross Weight 毛重	Measurement 尺码

注意:请带入仓纸入仓!!　　入仓号码:

SHIPPER'S LETTER OF INSTRUCTIONS

Warehouse Address仓库地址
深圳市银湖金湖路（边防道）武警新花园A栋201
Floor 2 Bldg. A, Wujing Garden, Bian Fang Lane, Jin Hu Rd, Yin Hu, Luohu District, Shenzhen, China

Specify Currency 币别	Declared Value for Customs 海关声明价值	Declared Value for Carriage 运输声明价值	Insurance Amount 保险金额	Shipper's C.O.D 代收金额

Documents to Accompany Air Waybill or House Airwaybill---------------------------

Packing List 装箱单☐　Commercial Invoice 商业发票 ☐　Certificate of Origin 原产地证☐　Consular Invoice 领事发票 ☐

The agent acknowledges receipt of the above instructions from the customer.This acknowledgement does not constitute and acceptance of the instructions by the agent.acceptance of the instructions will be made by way of the issue of the agent's house air waybill,house airbill, air consigenment Note or the carrier's air waybill ar other such similar documents.

Where gods or documents are delivered to and accepted by the agent. before the agent accepts the customer'sinsturctions,no liability whatsoever for such goods or documets will be accepted by the agent. if,however ,the customer shall reimburse the agent with all expenses and of limitation of liabilities specified in the conditions of contract overleafl will apply.The customer shall reimburse the agent with all expenses and costs incurred and will indemnify the agent for all losses and liabilities howsoever caused.

signature and stamp

Date日期

SHIPPER'S DECLARATION

1.The customer declares that all description,values and other particlars fumished herein are accurate and comp;ete.The customer undertakes to indemnif the Agent against all losses damages expenses fines and any other liabities whatsoever arising from any inaccuracy or omission,even if such inaccuracy or omission is not due to any negligence.

2.The Customer declares that pursuant to Conditions 15of the conditions of contract overlaf it shall be responsible for all charges and expenses relating to the goods whether or not the charges and expenses are to be prepaid or collected.

3.the undersigned authorized officer of the customer hereby declares that he has read the conditions of contract overleaf and the terms and conditions appearing on the page and that he fully understands them and agrees on behalf of the customer that they should form part of the contract which,upon acceptance to the above instructions by the agent, will be concluded between the customer and the agent

Signatory's Name in Block Letters托运人

Signature and Stamp签名及盖章

Date日期　　(Month/Day/Year)

名。例如："伦敦，英国"（London UK）、"伦敦，肯达基州，美国"（London KY US）、"伦敦，安大略省，加拿大"（London ONT CA）。

（6）供海关用的声明价值（Declared Value for Customs）：国际货物通常要受到目的站海关的检查，海关根据此栏所填数额征税。

（7）供运输用的声明价值（Declared Value for Carriage）：填写供运输用的声明价值金额，该价值即为承运人负赔偿责任的限额。承运人按有关规定向托运人收取声明价值费，如果所交运的货物毛重每千克不超过20美元（或其等值货币），无须填写声明价值金额，可在本栏内填"NVD"（未声明价值），本栏空着未填写，承运人或其代理人可视为货物未声明价值。

（8）保险金额（Insurance Amount）：中国民航各空运企业暂未开展国际航空运输代理保险业务，本栏可不填。

（9）处理事项（Shipper's Letter of Instruction）：填写附加的处理要求，如冷冻货的温度控制要求、指定配送的仓库等。

（10）货运单所附文件（Document to Accompany Air Waybill）：填写随附在货运单上送往目的地的文件，应填上所附文件的名称，例如托运人的动物证明（Shipper's Certification for Live Animals）。

（11）件数和包装方式（Number and Kind of Packages）：填写该批货物的总件数，并注明其包装方法，例如包裹（Package）、纸板盒（Carton）、盒（Case）、板条箱（Crate）、袋（Bag）、卷（Roll）等，货物没有包装时，注明散装（Loose）。

（12）毛重（Gross Weight）：本栏内的重量应由承运人或其代理人在称重后填入。若托运人已经填上重量，承运人或其代理人必须进行复核。

（13）托运人签字盖章（Signature and Stamp）：托运人必须在本栏内签字盖章。

（14）日期（Date）：填写托运人或其代理人交货的日期。

7.1.2 国内航空托运单

国内货物运输托运书包括下列内容（见表7-2）。

（1）出发站、到达站：填写出发站和到达站的全称。

（2）收货人、托运人的姓名、单位、地址、邮政编码和电话：填写单位或个人的全名、详细地址、邮政编码、电话。保密单位应写邮政信箱号码或单位代号。

（3）件数：填写实际的件数及包装种类。

（4）货物品名及包装：填写货物的具体品名而非表示货物类别的笼统名称以及包装材料。

表 7－2　国内航空托运单

<table>
<tr><td colspan="2">出发站</td><td colspan="2">上海</td><td colspan="2">到达站</td><td colspan="3"></td></tr>
<tr><td colspan="2">收货人名称</td><td colspan="2"></td><td colspan="2">电话</td><td colspan="3"></td></tr>
<tr><td colspan="2">收货人地址</td><td colspan="7"></td></tr>
<tr><td colspan="2">发货人名称</td><td colspan="7"></td></tr>
<tr><td colspan="2">发货人地址</td><td colspan="7"></td></tr>
<tr><td colspan="2">空陆转运</td><td colspan="2">自至</td><td colspan="2">运输方式</td><td colspan="3"></td></tr>
<tr><td colspan="2" rowspan="2">货物品名</td><td colspan="2" rowspan="2">件数及包装</td><td colspan="4">重量</td><td rowspan="2">价值</td></tr>
<tr><td colspan="2">计费</td><td colspan="2">实际</td></tr>
<tr><td colspan="2"></td><td colspan="2"></td><td colspan="2"></td><td colspan="2"></td><td></td></tr>
<tr><td colspan="4">航空运费：（每千克￥ ）</td><td colspan="2">￥</td><td colspan="2" rowspan="6">储运注意事项</td><td rowspan="6">收运站
日　期
经手人</td></tr>
<tr><td colspan="4">地面运输费：（每千克￥ ）</td><td colspan="2">￥</td></tr>
<tr><td colspan="4">空陆转运费：（每千克￥ ）</td><td colspan="2">￥</td></tr>
<tr><td colspan="4">中转费：（每千克￥）</td><td colspan="2">￥</td></tr>
<tr><td colspan="4">其他费用：</td><td colspan="2">￥</td></tr>
<tr><td colspan="4">合计：</td><td colspan="2">￥</td></tr>
<tr><td colspan="9">（货物运费总数以元为单位，角以下四舍五入）</td></tr>
<tr><td colspan="9">货物到达处理记录</td></tr>
<tr><td>到达日期</td><td colspan="2">通知</td><td colspan="2">提货日期</td><td colspan="2">交件人</td><td>收货人</td><td rowspan="2"></td></tr>
<tr><td></td><td colspan="2"></td><td colspan="2"></td><td colspan="2"></td><td></td></tr>
</table>

（5）储运注意事项：填写货物特性和储运注意事项，如“易碎”“防潮”等；货物到达后的提取方式；个人托运物品的详细内容和数量等。

(6) 其他：填制货运单后，如遇运价调整，运费多不退、少不补。托运人如有异议，可将货物退运，按新运价重新托运。

7.2 航空运单

航空运单（Air Waybill，AWB）是由承运人或其授权的代理人出具的，由托运人或者以托运人的名义填制，证明托运人和承运人之间签订了在承运人的航线上运输货物的契约。航空运单与铁路运单一样，不是物权凭证，持有航空运单并不能说明可以对货物要求所有权，也不能凭此提取货物，必须作成记名抬头，不能背书转让。航空运单的所有权属于出票航空公司，即货运单所属的航空公司（Issue Carrier）。在货运单的右上端印有“不可转让”（Not Negotiable）字样，任何IATA成员公司均不得印制可以转让的航空货运单，“不可转让”字样不可被删去或篡改。

航空运单与海运提单类似，也有正面、背面条款，不同的航空公司有自己独特的航空运单格式。所不同的是，各航运公司的海运提单可能千差万别，但各航空公司所使用的航空运单则大多借鉴IATA推荐的标准格式，差别并不大。为了提高单证的交换效率和降低成本，IATA鼓励航空承运人和航空货代全面使用电子单证e-AWB。

7.2.1 航空运单的分类

1. 按运单签发人划分

(1) 航空主运单

凡由航空运输公司签发的航空运单称为主运单（Master Air Waybill，MAWB）。它是航空运输公司据以办理货物运输和交付的依据，是航空公司和托运人订立的运输合同，每一批航空运输的货物都有自己相对应的航空主运单。

(2) 航空分运单

集中托运人在办理集中托运业务时签发的航空运单被称作航空分运单（House Air Waybill，HAWB）。在集中托运的情况下，除了航空运输公司签发主运单外，集中托运人还要签发航空分运单。

航空分运单作为集中托运人与托运人之间的货物运输合同，合同双方分别为货主A、B等托运人和集中托运人。航空主运单作为航空运输公司与集中托运人之间的货物运输合同，当事人为集中托运人和航空运输公司。货主与航空运输公司没有直接的契约关系。不仅如此，由于在起运地由集中托运人将货物交付航空运输公司，在目的地由集中托运人或其代理从航空运输公司提取货物，再转交给收货人，因而货主与航空运输公司也没有直接的货物交接关系。

2. 按是否有航空公司标志划分

航空公司或其代理人使用的航空运单分为有出票航空公司（Issue Carrier）标志的航空货运单和无任何承运人标志的中性货运单。

7.2.2 航空运单的作用

航空运单是航空货物运输中最重要的单据。航空运单是指托运人或者托运人委托承运人填制的，托运人和承运人之间为在承运人的航线上承运货物所订立合同的证据，是办理货物运输的依据，也是计算货物运费的财务票证，其作用如下。

1. 承运人与托运人之间缔结运输契约的凭证

航空运单与海运提单不同，却与国际铁路运单相似。它是由承运人或其代理人签发的重要的货物运输单据，有人认为，航空运单不仅证明航空运输合同的存在，而且航空运单本身就是发货人与航空运输承运人之间缔结的货物运输合同；航空运单不仅应有承运人或其代理人的签字，还必须有托运人的签字，双方共同签署后产生效力，其内容对双方均具有约束力，并在货物到达目的地交付给运单上所记载的收货人后失效。

2. 承运人接收货物的证明文件

航空运单是承运人签发的已接收货物的证明，也是货物收据，在发货人将货物发运后，承运人或其代理人就会将其中一份交给发货人（即发货人联），作为已经接收货物的证明。除另外注明的以外，它是承运人收到货物并在良好条件下装运的证明。

3. 运费结算凭证和运费收据

航空运单是承运人据以核收运费的账单，航空运单分别记载着收货人应负担的费用，应支付给承运人的费用和应支付给代理人的费用，并详细列明费用的种类、金额，因此可作为运费账单和发票。承运人往往也将其中的承运人联作为记账凭证。

4. 承运人内部处理业务的依据

航空运单是承运人在货物运输的全过程中运输货物的依据。航空运单随货同行，证明了货物的身份。运单上载有有关该票货物发送、转运、交付的事项，承运人会据此对货物的运输做出相应安排。航空货运单既可用于单一种类的货物运输，也可用于不同种类货物的集合运输，既可用于单程货物运输，也可用于联程货物运输。

5. 报关凭证

航空运单是海关查验放行的基本单证。

6. 保险证明

航空运单同时可作为保险证明书，如果承运人承办保险或发货人要求承运人代办保险，则航空运单也可用来作为保险证书。

7.2.3　航空运单的构成

货物装机完毕，由航空公司签发航空总运单，货运代理公司签发航空分运单。航空分运单有正本3份、副本6份和额外副本3联。3联正本具有同等法律效力，各联用途流转方式如表7-3所示。

表7-3　航空运单各联用途或流转方式

顺序	各联名称	英文名称	颜色	用途或流转
1	正本3	Original 3	蓝	托运人联，交托运人留底；作为托运人支付货物运费、并将货运交由承运人运输的凭证。
2	正本1	Original 1	绿	财务联，开单人，交承运人留底。作为收取货物运费的凭证送交财务部门。
3	副本9	Copy 9	白	代理人联（存根联），由货运单填制人留存备查。
4	正本2	Original 2	粉红	收货人联，粉红色的随货同行，在目的地交收货人。
5	副本4	Copy 4	黄	提货收据，收货人提取货物时在此联签字，由承运人留存，作为货物已经交付收货人的凭证。

续表

顺序	各联名称	英文名称	颜色	用途或流转
6	副本 5	Copy 5	白	目的站联，由目的站机场留存，也可作为第三承运人联，由第三承运人留交其财务部门作为结算凭证。
7	副本 6	Copy 6	白	交第三承运人，由第三承运人留交其财务部门作为结算凭证。
8	副本 7	Copy 7	白	交第二承运人，由第二承运人留交其财务部门作为结算凭证。
9	副本 8	Copy 8	白	交第一承运人，由第一承运人留交其财务部门作为结算凭证。
10	额外副本 10	Extra Copy 10	白	供承运人使用。
11	额外副本 11	Extra Copy 11	白	供承运人使用。
12	额外副本 12	Extra Copy 12	白	供承运人使用。

航空运单一式 12 联，其中包括正本 3 联、副本 6 联和额外副本 3 联。3 联正本具有同等法律效力，分别由托运人签字或盖章，由承运人接收货物后签字或盖章。航空运单的 3 联正本背面印有涉及航空货物运输的许多法律问题的英文介绍，如索赔、保险、改变承运人等。航空运单的承运人联应当自填写次日起保存两年。航空运单不代表航空公司的提货通知单，收货人凭航空公司的到货通知单和有关证明提货。

航空公司或其代理人根据托运书填制好航空运单后，托运人（或其代理人）和承运人（或其代理人）在航空运单上签字后航空运单即开始生效。货物运输至目的地之后，收货人提取货物时，在航空运单上的“交付联”签字后，将其作为运输凭证，航空运单的运输使用有效期即宣告结束，但是作为运输契约，其法律有效期延长至自运输停止之日起两年内。

7.2.4 航空运单的缮制要求

每批货物必须全部收齐后，方可填写航空运单，每一批货物或集合运输的货物均填写一份航空运单。航空运单要求用英文大写字母填写，各栏内容必须准确、清楚、齐全，不得随意涂改。航空运单已填好的内容在运输过程中需要修改时，必须在修改项目的近处盖章注明修改航空运单的空运企业名称、地址和日期。修改航空运单时，应将所有剩余的各联一同修改。在始发站货物运输开始后，航空运单上的“运输声明价值”（Declared Value for Carriage）一栏的内容不得再作任何修改。

航空运单的各栏中，有些栏目印有阴影。其中，有标题的阴影栏目仅供承运人填写，没有标题的阴影栏目一般不需填写，除非承运人有特殊需要。航空运单号码是航空运单不可缺少的重要组成部分，航空运单号码应清晰地印在航空运单的左、右上角以及右下角（中性运单须自行填制）。通过此号码，即可以确定航空运单的所有人——出票航空公司，它是托运人或其代理人向承运人询问货物运输情况，以及承运人在货物运输各个环节中组织运输（如订舱、配载、查询货物等）时的重要信息来源和依据。

根据《华沙公约》《海牙议定书》和承运人运输条件的条款规定，承运人的承运条件为航空运单由托运人准备。托运人有责任填制航空运单。规定明确指出，托运人应自行填制航空运单，也可以要求承运人或承运人授权的代理人代为填制。托运人对航空运单所填各项内容的正确性和完备性负责。由于航空运单所填内容不准确、不完全，致使承运人或其他人遭受损失，托运人负有责任。托运人在航空运单上的签字，证明其接受航空运单正本背面的运输条件和契约。

根据《中华人民共和国民用航空法》有关条款规定，托运人应当填写航空运单正本一式3份，连同货物交给承运人。承运人有权要求托运人填写航空货运单，托运人有权要求承运人接受该航空货运单。

7.2.5 航空运单的内容及缮制规范

这里只介绍IATA推荐的标准格式，也称中性运单（见表7－4）。下面就需要填写的栏目进行说明（见表7－5）。

表 7－4　IATA 推荐的航空运单标准格式

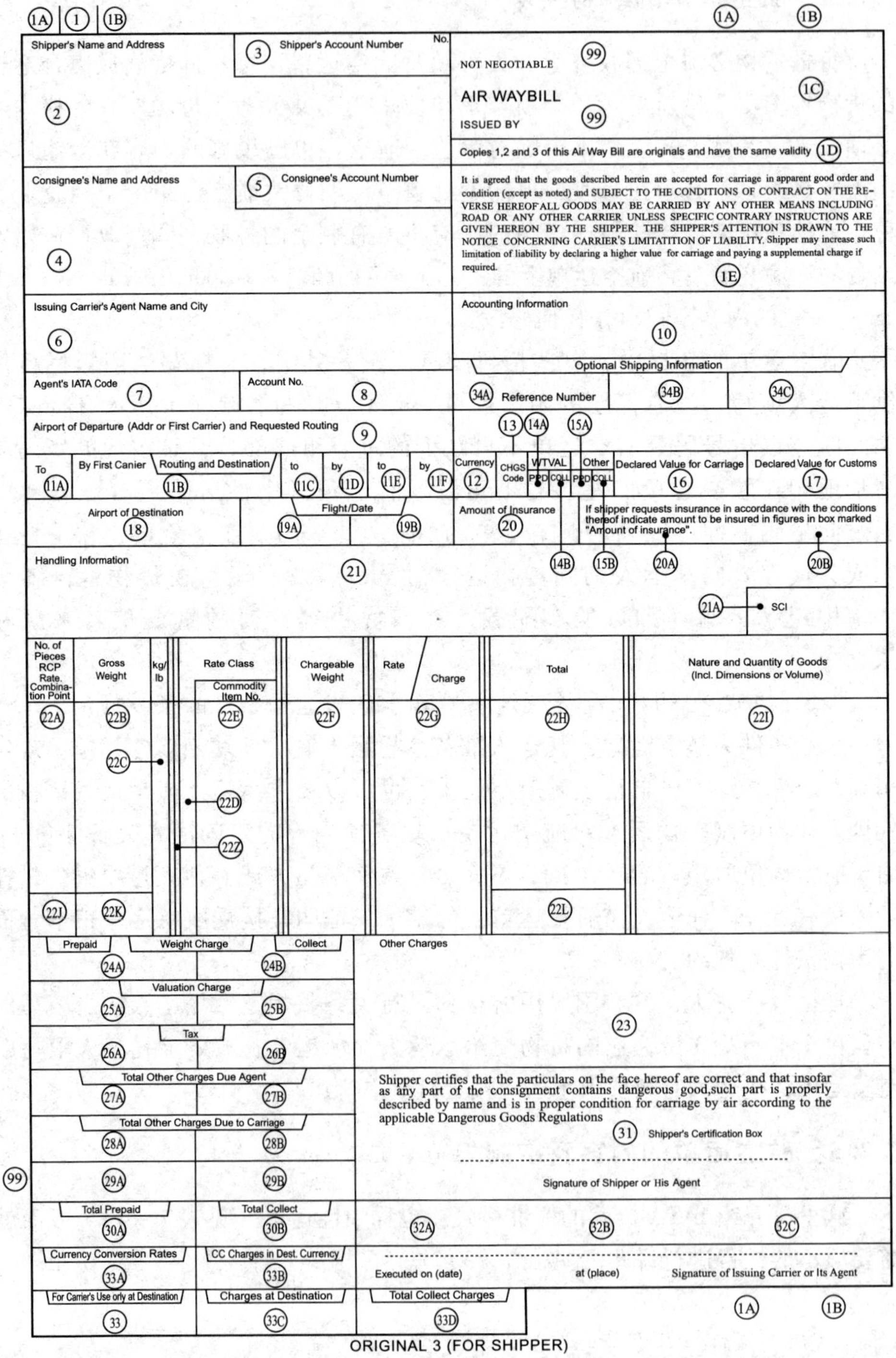

1A 1 1B　　1A 1B

Shipper's Name and Address 2
Shipper's Account Number 3
No.
NOT NEGOTIABLE 99
AIR WAYBILL 1C
ISSUED BY 99
Copies 1,2 and 3 of this Air Way Bill are originals and have the same validity 1D

Consignee's Name and Address 4
Consignee's Account Number 5

It is agreed that the goods described herein are accepted for carriage in apparent good order and condition (except as noted) and SUBJECT TO THE CONDITIONS OF CONTRACT ON THE REVERSE HEREOF ALL GOODS MAY BE CARRIED BY ANY OTHER MEANS INCLUDING ROAD OR ANY OTHER CARRIER UNLESS SPECIFIC CONTRARY INSTRUCTIONS ARE GIVEN HEREON BY THE SHIPPER. THE SHIPPER'S ATTENTION IS DRAWN TO THE NOTICE CONCERNING CARRIER'S LIMITATITION OF LIABILITY. Shipper may increase such limitation of liability by declaring a higher value for carriage and paying a supplemental charge if required. 1E

Issuing Carrier's Agent Name and City 6
Accounting Information 10
Agent's IATA Code 7
Account No. 8
Optional Shipping Information
34A Reference Number 34B 34C

Airport of Departure (Addr or First Carrier) and Requested Routing 9
13 14A 15A
To 11A
By First Canier
Routing and Destination 11B
to 11C　by 11D　to 11E　by 11F
Currency 12
CHGS Code
WTVAL PPD COLL
Other PPD COLL
Declared Value for Carriage 16
Declared Value for Customs 17

Airport of Destination 18
Flight/Date 19A 19B
Amount of Insurance 20
If shipper requests insurance in accordance with the conditions thereof indicate amount to be insured in figures in box marked "Amount of insurance".
14B 15B 20A 20B

Handling Information 21
21A SCI

No. of Pieces RCP Rate Combination Point 22A 22J
Gross Weight 22B 22C 22K
kg/lb
Rate Class
Commodity Item No. 22E 22D 22Z
Chargeable Weight 22F
Rate Charge 22G
Total 22H 22L
Nature and Quantity of Goods (Incl. Dimensions or Volume) 22I

Prepaid　Weight Charge　Collect 24A 24B
Other Charges 23
Valuation Charge 25A 25B
Tax 26A 26B
Total Other Charges Due Agent 27A 27B
Total Other Charges Due to Carriage 28A 28B
99 29A 29B

Shipper certifies that the particulars on the face hereof are correct and that insofar as any part of the consignment contains dangerous good,such part is properly described by name and is in proper condition for carriage by air according to the applicable Dangerous Goods Regulations
31 Shipper's Certification Box
Signature of Shipper or His Agent

Total Prepaid 30A
Total Collect 30B
32A 32B 32C
Currency Conversion Rates 33A
CC Charges in Dest. Currency 33B
Executed on (date)　at (place)　Signature of Issuing Carrier or Its Agent
For Carrier's Use only at Destination 33
Charges at Destination 33C
Total Collect Charges 33D
1A 1B

ORIGINAL 3 (FOR SHIPPER)

表 7－5 航空运单的内容及缮制规范

栏 目	缮制内容	要点说明
1. 航空运单号码 (The Air Waybill Number) 及始发站机场 (Airport of Departure)	1A 处填写航空公司的数字代号；1B 处填写货运单序号及检验号；中间的 1 处填入始发站机场的 IATA 三字代码。	1 栏应该和 9 栏相一致。1C 栏：航空运单所属航空公司名称及总部所在地址。此处印有航空公司的标志。
2. 托运人的名称、地址 (Shipper's Name and Address) 托运人的国家（或国家两字代码）以及托运人的电话、传真号码	在航空运单的收货人栏内，必须详细填写收货人的全称和地址，而不能将其做成指示性抬头。	
3. 托运人账号 (Shipper's Account Number)	此栏无须填写，除非承运人另有要求。	
4. 收货人 (Consignee's Name and Address)	收货人姓名、地址、所在国家及联络方式。	因为空运单不可转让，所以“凭指示”之类的字样不得出现。
5. 收货人账号 (Consignee's Account Number)	此栏仅供承运人使用，一般无须填写，除非最后的承运人另有要求。	
6. 出票航空公司货运单代理人的名称和所在城市 (Issuing Carrier's Agent Name and City)	向承运人收取佣金的国际航协代理人的名称和所在机场或城市。	根据货物代理机构管理规则，该佣金必须支付给目的地国家的一个国际航协代理人，该国际航协代理人的名称和所在地（城市或机场）必须填入本栏，并冠以“收取佣金代理人”（COMMISSIONABLE AGENT）字样。
7. 货运单代理人 IATA 代码 (Agent's IATA Code)	代理人的国际航协代号。	航空公司为便于内部系统管理，要求其代理人在此处填制相应的数字代码。采用货物财务结算系统（CASS-Cargo Accounts Settlement System）清算的代理人按规定填入相应代号。

续表

栏　目	缮制内容	要点说明
8. 货运单代理人账号（Account No.）	本栏一般无须填写，除非承运人另有需要。	
9. 始发站机场和航线［Airport of Departure（First Carrier） and Requested Routing］	这里的始发站应与1栏填写的内容相一致。	始发站机场与所在城市使用相同代码。
10. 财务说明（Accounting Information）	此栏填制有关财务说明事项，只有在采用特殊付款方式时才填写。	一般依照如下内容填写： (1) 付款方式有现金（Cash）、支票（Check）、旅费证①（MCO）等；（2）用旅费证付款时，还需填上旅费证号码、旅客客票号码、航班、日期等； (3) 货到目的地无法交付而被退运时，将原运单号填在新运单的本栏中； (4) 货物飞离后运费更改，将更改通知单单号填在本栏中； (5) 运费支付方式为预付或到付。 注：代理人不得接受托运人使用MCO作为付款方式。
11. 航线和目的站（Routing and Destination）	11A、11C、11E 分别填入第一、第二、第三中转站机场的IATA代码。承运人的11B、11D、11F分别填入第一、第二、第三段运输的承运人。	当该城市有一个以上的机场，且不知道机场名称时，可填写城市的三字代码，如不转运可不填。11C～11F为可选择的，只有当运输中要经过其他承运人时才使用。如果在同一承运人之间中转则不必填写，如果在运输过程中要经过其他承运人中转，该承运人必须能够接受所填写的货运单。

① 旅费证（Miscellaneous Charges Order）：这是一种多用途有价票证。在中国，一般由航空公司使用，在国外，代理人如果经过航空公司的授权也可开具。

续表

栏 目	缮制内容	要点说明
12. 货币 (Currency)	始发站所在国的ISO货币代码。	此货币代码由国际标准组织颁布。注：始发地货币指始发地运价资料中公布的货币。
13. 费用代码 (CHGS Code)		表明支付方式。
14. 运费 (Air Freight Charge)	声明价值费(Weight Charge/Valuation Charge, WT/VAL)，此时有两种情况：预付(Prepaid, PPD)或到付(Collect, COLL)，如预付在14A中填写，否则填在14B中。	航空货物运输中运费与声明价值费支付的方式必须一致，不能分别支付； 有关费用预付(PPD)或到付(COLL)，分别用字母"PP""CC"在航空运单上表示，或在相关栏目内用"×"表示。
15. 其他费用 (Other)	除运费和声明价值附加费以外的其他费用，填入15A和15B。	有预付和到付两种支付方式。
16. 运输声明价值 (Declared Value for Carriage)	发货人要求的用于运输的声明价值。	如果发货人不要求声明价值，则填入"NVD(No Value Declared)"。
17. 海关声明价值 (Declared Value for Customs)	填制货物过海关时，海关需要的货物商业价值金额，即供海关使用的声明价值。	如果货物没有商业价值，或海关不要求声明，此栏必须打印"NCV"(No Commercial Value or No Customs Value)字样。
18. 目的站机场 (Airport of Destination)	目的地机场的全称。	如果在不同的国家有相同名称的城市，则要指出该城市所属国家。
19. 航班/日期 [Flight/Date (For Carrier Use Only)]	货物搭乘的航班及日期。	仅供承运人使用。本栏不填，除非参加运输各有关承运人需要。

续表

栏　目	缮制内容	要点说明
20. 保险金额 (Amount of Insurance)	承运人向托运人提供代办货物保险业务时填写。如果承运人不提供此项服务或托运人不要求投保，此栏必须打上“×××”或写上“NIL”字样。	如本栏内有阴影，则无须填制。中国民航不代理国际货物运输保险。20A、20B 为保险条款。
21. 处理事项 (Handling Information)	货物上的标志、号码、包装方法和随机文件等，也可填写发货人对货物运输的特别指示，即承运人对货物处理的有关注意事项。	如“Shipper's Certification For Live Animals”（托运人提供活体动物证明）等。
22A. 货物件数和运价组合点 (No. of Pieces RCP, RateCombination Point)	货物件数和包装种类。如果使用的货物运价种类不同时，应分别填写，并将总件数相加，包装种类用“Packages”。	当22G 需要填组成比例运价或分段相加运价时，在 22A 填入运价组成点机场的 IATA 代码。 22A ~ 22L 填入货物运价及运费细目。一票货物中如含有两种或两种以上不同运价类别计费的货物应分别填写，每填写一项另起一行，如果含有危险品，则该危险货物应列在第一项。 22J 填总件数。
22B. 毛重 (Gross Weight)	与件数相对应，填入货物的实际毛重，如以 kg 为单位，保留一位小数，并按 0.5 进位。	22C 重量单位可选择千克（kg）或磅（lb），填“K”或“L”。 22K 填总毛重。
22D. 运价等级 (Rate Class)	相应的运价代码。 本栏可不填，由承运人或其代理人填写。	代码详见第 8 章。
22E. 商品品名代号 (Commodity Item No.)	运输指定商品（或称特种货物），货物运费使用指定商品运价计费时，此栏打印指定商品品名代号（打印位置应与运价代号 C 保持水平）。	运输等级货物，使用等级货物运价计费时，此栏打印附加或附减运价的比例（百分比）；如果是集装货物，打印集装货物运价等级。

续表

栏　目	缮制内容	要点说明
22F. 计费重量 (Chargeable Weight)	该重量可以与货物毛重相同也可以不相同。如按起码运费计费，本栏可不填。	计费重量应由承运人或其代理人在量过货物的尺寸（以厘米为单位），由承运人或其代理人算出计费重量后填入，如托运人已经填上，承运人或其代理人必须进行复核。
22G. 运价/运费 (Rate/Charge)	该票货物适用的费率。	当使用最低运费时，此栏与运价代号“M”对应打印最低运费。填入与运价代号“N”“Q”“C”等对应的运价。当货物为等级货物时，此栏与运价代号“S”或“R”对应打印附加或附减后的运价。
22H. 运费总额 (Total)	运价与计费重量两栏数值的乘积。	如为起码运费，本栏与22G金额相同。
22I. 货物的品名、唛头、数量及尺码，包括体积或容积（用英文大写字母打印货物的品名）[Nature and Quantity of Goods (Incl.Dimensions or Volume)]	货物中的每一项均须分开填写，并尽量填写详细，如“9筒35mm的曝光动画胶片”“新闻短片”（美国制）等，本栏填写内容应与出口报关发票和进口许可证上所列明的内容相符。危险品应填写适用的准确名称及标贴的级别，危险货物应列在第一项；活体动物应根据IATA活体动物运输规定填写；集合货物应填写“Consolidation as Per Attached List”。	货物的尺码应以厘米或英尺为单位，尺寸分别以货物最长、最宽、最高边为基础。打印货物的尺寸，用长×宽×高表示，如“DIMS：40cm×30cm×20cm”。体积是上述三边的乘积，单位为cm^3。 22J、22K、22L分别为货物总件数、总毛重、总运费。 对于集中托运货物，本栏应填“Consolidation as per Attached List”（集中托运货物，按所附的每一票据办理）。如果体积重量为计费重量，将其尺寸填入本栏。

续表

栏　目	缮制内容	要点说明
22Z. 服务代号 （Service Code）	本栏一般不填，除非航空运单承运人需要。	B. 公务货物　C. 公司物资 D. 门到门服务　J. 优先服务 P. 小件货服务　T. 包机
23. 其他费用 （Other Charges） 指除运费和声明价值附加费以外的其他费用	此栏中任一费用均需用三个字母表示：前两个字母表示费用种类，第三个字母表示费用归属。承运人收取的其他费用用“C”表示，代理人收取的其他费用用“A”表示。如“AWC”为出票航空公司收取的航空运单工本费，“AWA”为代理人收取的航空运单工本费。	
24. 航空运费 （Weight Charges）	24A 填写预付运费金额（Prepaid）； 24B 填写到付运费金额（Collect）； 30A 预付总金额（Total Prepaid）； 30B 到付总金额（Total Collect）。	
25. 声明价值附加费 （Valuation Charges）	当托运人声明货物运输声明价值时，此栏填入声明价值附加费金额。该费用必须与航空运费同步付款，即同时预付或同时到付。	填写根据 16 栏计得的附加费用，按预付或到付分别填入 25A 或 25B 栏。 25A 填写预付金额（Prepaid）； 25B 填写到付金额（Collect）。
26. 税费 （Tax）		26A 填写预付金额（Prepaid）； 26B 填写到付金额（Collect）。
27. 手续费金额 （Total Other Charges due to Agent）	因代理的需要而产生的费用总额。	27A 填写预付金额（Prepaid）； 27B 填写到付金额（Collect）。

续表

栏 目	缮制内容	要点说明
28、29. 手续费金额 (Total Other Charges due to Carriage)	因承运人的需要而产生的费用总额。 29A栏：无名称阴影栏目。本栏无须填写，除非承运人需要。	28A、29A：预付金额（Prepaid）； 28B、29B：到付金额（Collect）。
30. 预付和到付费用总额 (Total Prepaid, Total Collect)		30A 填入 24A、25A、26A、27A、28A 等栏有关预付款项之和。 30B 填入 24B、25B、26B、27B、28B 等栏有关预付款项之和。
31. 托运人证明 (Shipper's Certification Box)	由托运人或其代理人签字或盖章。	托运人或其代理人在本栏的“Signature of Shipper or His Agent”处签字（打印或盖章均可），如根据托运人已经签过字的托运书填制航空运单，承运人或其代理人可代表托运人签字。
32A. 填写日期 (Executed on Date)	航空运单的填写时间。	按年、月、日顺序填写，月份可填缩写或全称。
32B. 填写地点 (Executed at Place)	填航空运单的地点。	
32C. 制单承运人或其代理人签字、盖章 (Signature of Issuing Carrier or Its Agent)	由填制航空运单的承运人或其代理人签字、盖章。	
33. 目的地承运人用的栏目 (For Carrier Use only at the Destination)	货币换算及目的地机场收费记录。 将运输始发地货币换算成目的地国家货币的比价（银行卖出价）。	33A：汇率（Currency Conversion Rates） 33B：用目的国货币支付的到付费用（CC Charges in Dest. Currency） 33C：目的国费用（Charges at Destination） 33D：总到付费用（Total Collect Charges）

续表

栏　目	缮制内容	要点说明
34A. 参考号 (Reference Number)		34B、34C 可选的运输信息（Optional Shipping Information）
99.	航空公司名称	

以上内容不一定要全部填写，IATA 也并未反对在运单中写入其他所需的内容。这种标准化的单证对航空货运经营人提高工作效率，促进航空货运业向电子商务的方向迈进有着积极的意义。下面对表中没有讲解清楚的三个栏目 18、21、23 栏的内容进一步说明。

1. 18 栏：到达机场

（1）填写到达机场（当不知道机场时填写城市）的全称。

（2）如果在不同的国家有相同名称的城市，要指出该城市所属的国家。例如：

LONDON，UNITED KINGDOM（伦敦，英国）；

LONDON，KENTUCKY，USA（伦敦，肯塔基州，美国）。

（3）托运人指定的目的地没有机场时，找目的地所在国家中与该目的地距离最近的一个机场，将其填入本栏。例如：

“韦茨拉尔，德国”（WETZLAR，GERMANY），韦茨拉尔无机场，从地图可知离该地最近的机场是法兰克福国际机场（FRANKFURT AM MAIN，FRA），故该栏填写为“FRANKFURT AM MAIN（FRA）”，如果托运人进一步要求货物运至法兰克福国际机场后改用邮政方式送到韦茨拉尔，则应将此信息填入货运单的处理事项栏 21 中，例如：“FRANKFURT am MAIN—WETZLAR BY PARCEL POST”。

（4）当一个城市有两个或两个以上的机场时，可填写具体运至的机场。例如：纽约肯尼迪国际机场（NEW YORK-JFK）。

2. 21 栏：处理事项

本栏只填写参与运输的承运人所要求的处理事项，要求填写得尽量清楚、简明，使该批货物的相关人员能够一目了然。

（1）危险货物必须填写在首行，分为两种情况：1）需要附托运人危险货物申报单的，本栏内应填写“DANGEROUS GOODS AS PER ATTACHED SHIPPER'S DECLARATION”字样，对于要求装在货机上的危险货物，还应加上“CARGO AIRCRAFT ONLY”字样；2）不需要附托运人危险货物申报单的，应在本栏内填入“SHIPPER'S REQUIRED”字样。

（2）其他处理事项尽可能使用“货物交换电报程序”（CARGO-IMP）中的代号和简语填写。

（3）所要求的特殊处理事项。

23. 其他费用

（1）填制内容

1）填始发站发生的费用，全部预付或全部到付金额。

2）填中途发生的费用，全部预付或全部到付金额。

3）作为到付的其他费用，应视为“代垫付款”（Disbursements），按代垫付款规定办理。

4）未列在本栏中，在中途或目的站发生的其他费用只能到付，填入33C栏。

（2）填写除税收外的其他费用种类和金额，其代号为：

AC：动物容器租费（Animal Container）

AS：集中货物服务费（Assembly Service Fee）

AT：押运服务费（Attendant Fee）

AW：货运单费（Air Waybill Fee）

BL：黑名单证明费（Blacklist Certificate Fee）

BR：银行放行费（Bank Release Fee）

CD：目的站报关费（Clearance and Handling-destination Fee）

CH：始发站报关费（Clearance and Handling-origin Fee）

DB：代垫付款手续费（Disbursement Fee）

DF：分发服务费（Distribution Service Fee）

FC：运费到付手续费（Charge Collect Fee）

GT：政府捐税（Government Tax）

HR：尸体、骨灰附加费（Human Remains Fee）

IN：代保险服务费（Insurance Premium Fee）

LA：动物处理费（Live Animals Fee）

MA：代理人收取的杂项费用（如无其他代号可用）（Miscellaneous Charge-Due Agent Fee）

MB：未确定由谁收取的杂项费用（Miscellaneous Charge-Unassigned Fee）

MC：承运人收取的杂项费用（如无其他代号可用）（Misceuaneous Charge-Due Carrier Fee）

MD-MN：最后一个承运人收取的杂项费用（Miscellaneous Charge-Due Last Carrier Fee）

MO-MZ：货运单承运人收取的杂费（Miscellaneous Charge-Due Issuing Carrier Fee）

PK：包装服务费（Packaging Fee）

PU：取货费（Pick up Fee）

RA：危险品处理费（Dangerous Goods Fee，Dangerous Goods Surcharge Fee）

RC：分摊费（Referral of Charge Fee）

RF：到付费用移交费（Remit Following Collection Fee）

SD：目的站的地面运输费（Surface Charge-destination Fee）

SI：中途停运费（Stop in Transit Fee）

SO：始发站保管费（Storage-Origin Fee）

SP：分批发运费（Separate Early Release Fee）

SR：目的站保管费（Storage-Destination Fee）

SS：代签字服务费（Signature Service Fee）

ST：地区销售税（State Sales Tax）

SU：地面运输费（Surface Charge Fee）

TR：中转费（Transit Fee）

TX：税（Taxes）

TH：集装设备操作费（ULD Handling Fee）

承运人收取的其他费用用“C”表示；代理人收取的其他费用用“A”表示。上述各项费用代号后加 A 或 C，分别表示应归属代理人或承运人。如：AWC，SUA 等。

（3）如果货物由于无法交付而退运，原货运单上所列明的费用，应向原收货人收取，但未收取的各项费用，填入新填写的货运单的本栏中。

7.3 快递交付凭证

航空快递的交付凭证实际上是特殊的空运分运单。这里以 EMS 的交付凭证来讲解。EMS 称交付凭证为邮件详情单，填写时须使用打字机或圆珠笔，以使本单各联字迹清晰可辨，逐条填写应由寄件人填写的各项内容。收、寄件人名称及地址应详细准确，且应尽可能提供电话号码，以便在出现问题时能够及时联系。不可只将邮政信箱号码作为收件人地址，邮政部门对因邮件地址错误或不详所造成的投递延误不承担责任。

1. 国内交付凭证

国内交付凭证（如图7－1）仅限寄递国内快件时使用。收件人签收邮件时亦应使用正楷签名。该单第三联是交寄快件的凭证，凭此联或收据可在自交寄快件之日起4个月内在交寄邮局查询，逾期不再受理。

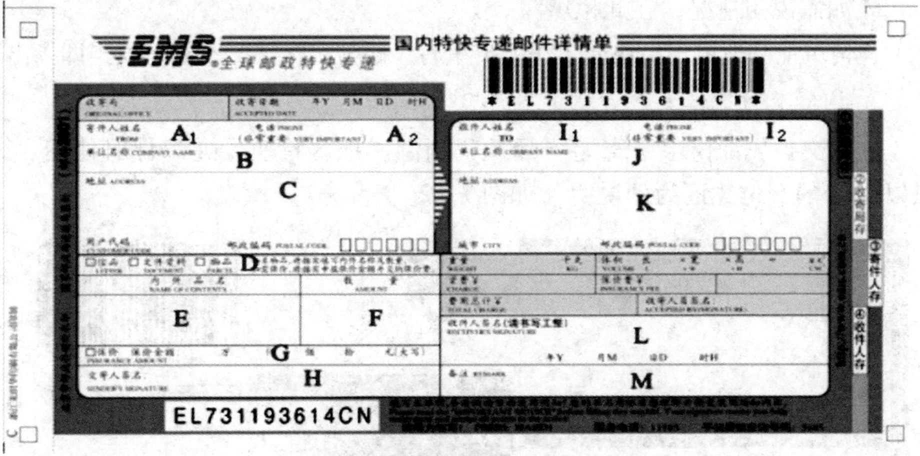

图7－1　国内EMS邮件详情单

国内快递的交付凭证填报要求如下。

A 寄件人姓名、电话：详细填写寄件人姓名、有效的联系电话。

B 寄件人单位名称：详细填写寄件人的单位名称，如是个人地址，则无须填写。

C 寄件人地址：详细填写寄件人单位或个人地址、邮政编码，如有用户代码，须填写（为使邮件安全及迅速传递，请详细、准确填写）。

D 内件分类：注明邮件的内件性质。

E 内件品名：注明内装物品的具体名称。

F 数量：注明内装物品的具体数量。

G 保价栏：如需保价，请选择此项并注明需保价的金额，最高不应超过10万元人民币。

H 交寄人签名：交寄人确认所填写内容，认可详情单背面使用须知后签名。

I 收件人姓名、电话：详细填写收件人姓名、有效的联系电话。

J 收件人单位名称：详细填写收件人的单位名称，如寄往收件人个人地址，则无须填写。

K 收件人地址：详细填写收件人的单位或个人地址、邮政编码及相应的城市名称（为使邮件安全及迅速传递，须详细、准确填写）。

L 收件人签名：收到邮件时签名（章）确认并填写具体收到邮件的日期、时间。若是他人代为签收，签名（章）后，还需注明有效证件名称、号码和代收关系。

M 如需说明情况，在此栏填写。

详情单上其他项目由快递工作人员填写，如与实际情况不符，须当即指出。

2. 国际交付凭证

国际交付凭证仅限于寄递国际及我国港澳地区特快专递邮件时使用。这里以 UPS 的交付凭证为例说明（如图 7－2）。

图 7－2 国际快递的交付凭证

国际快递交付凭证由寄件人填写，填报要求如下。

（1）SHIPPER'S ACCOUNT NO.：托运人在快递公司的往来账户。

SHIPPER'S IDENTIFICATION NO. FOR CUSTOMS PUROSES（VAT No.）：供海关识别的托运人的身份号码（如税务登记号等）。

寄件人姓名（NAME OF SENDER）、电话：详细填写寄件人姓名、有效的联系电话。

寄件人单位名称、地址和所在国家。

（2）CONSIGNEE' S ACCOUNT NO. 收货人在快递公司的往来账户。

CONSIGN' S IDENTIFICATION NO. FOR CUSTOMS PUROSES（V. A. T. No. , etc.）：供海关识别的收货人的身份号码（如税务登记号等）。

联系人姓名（NAME OF CONTACT PERSON）、电话（TELEPHONE NO.）。

收货人单位名称、地址和所在国家。

（3）PAYMENT OF CHARGES 运费支付方式。

预付（PP）：托运人支付运费，收货人支付关税和增值税；

到付（FC）：收货人支付所有费用；

FOB：托运人支付出口前的运费，收货人支付其余费用；

C&F：托运人支付到进口地的运费，收货人支付其余费用；

SDV：如托运人有 UPS 账户，托运人支付运费和关税，收货人支付增值税；

F/D：如托运人有 UPS 账户，托运人支付运费和目的国的进口关税。

费用还可以选用第三方支付方式支付。

（4）时限要求：快件 EXEDITED（2 天）、特快 EXPRESS（1 天）、急件 EXPRESS PLUS（大于 1 天）。

（5）SHIPPMENT INFORMATION 内件信息。

用英文详细、如实向海关申报快件内件（包括文件资料）的品名、件数、重量、申报价值及原产国等项目，同时任何货物类快件都应随附以英文填写的商业发票至少一式四份，否则将可能导致通关延误。

NO. OF PACKAGES IN SHIPMENT：件数

TOTAL ACTUAL WEIGHT OF SHIPMENT（SPECIFY kg or lb）：总实重（单位：千克或磅）

DESCRIPTION OF GOODS：商品名称，使用英文清楚、详细填写内件品名、数量，如“一双皮鞋”“两件棉质衬衫”“5 件羊绒衫”等。

INDICATE IF DOCUMENTS ONLY MARK “X” if shipment only contains documents of no commercial value. 如果内件含有无商业价值的文件请在框内打“×”。

DECLARED VALUE OF SHIPMENT FOR INSURANCE ONLY（Specify Currency）保险用的声明价值（标明货币单位）。

DECLARED VALUE OF SHIPMENT FOR CUSTOMS ONLY（Specify Currency）海关用的声明价值（标明货币单位）。

正确、合理申报价值，并清楚地填写在邮件五联单、报关单和形式发票或商业发票上，申报价值应一致；非个人邮递的物品、货样、广告品、礼品需要提交形式发票，其内容应包括收、寄件人姓名、公司名称、地址、品名、数量、价值、产地等，并提供收、寄件人的电话号码。

REFERENCE NO. 1 参考号 1 REFERENCE NO. 2 参考号 2

（6）COUNTRY OF ORIGIN（MANUFACTURE）OF GOODS 货物原产地（制造商）。

SPECIAL INSTRUCTIONS 特别指示。

SHIPPING CHARGES 运输费用包含：TRANSPORTATION 运费、DECLARED VALUE 声明价值附加费、OTHER 其他杂费、TOTAL CHARGES 总费用。

（7）DATE OF SHIPMENT 寄件日期，SHIPPER's SIGNATURE 托运人签名。

RECEIVED FOR UPS BY，DATE，TIME：UPS 员工签收、时间、日期。

申报中存在的问题：

（1）故意隐瞒邮件的真实内件，以其他品名申报；

（2）未按要求申报或不申报内件情况，包括品名、数量、价值、原产地等；

（3）申报价值与实物明显不符，低值申报，如：出现“0 价值”“无商业价值（NO COMMERCIAL VALUE）”等字样；

（4）“品名”栏内申报为“礼品（GIFT）”“个人物品（PERSONAL USE）”或“商品（GOODS）”“样品（SAMPLE）”等统称；

（5）中文申报。

7.4 运费更改通知单

始发站、目的站或中途站发现航空货运单、航空邮运结算单的运价货运费计算错误，而货物、邮件承运人联已在传递途中时，应填写“货（邮）

表7-6　货（邮）运费更改通知单（CCA）

填开货（邮）运单的代理人名称：	代理人的代码：	填开日期：
		填开地点：
		编　　号：
中转站 1	航班号：	航班日期：
中转站 2	航班号：	航班日期：
中转站 3	航班号：	航班日期：

中转站填写清楚货（邮）的续运情况后，将本通知单转交下一承运人

货（邮）运单号码：	始发站：	目的站：	填开日期：

运费更改如下：

货币代号：	更改后运费		原运费额		备注及更改原因：
	预付	到付	预付	到付	
货（邮）运费					若货（邮）无人提取，在本栏内填入应向托运人收取所有在目的站产生的费用
声明价值附加费					
其他费用					
总　　额					

地址代码1

地址代码2

地址代码3

请根据要求更改有关文件，并将回执联退回以下部门：

________ 航空公司

地址：________

签字：________

____ 航空公司

从：________ 公司

在：________ 机场

日期：________

我们已根据要求，将有关文件进行了调整，并采取了相应的措施。

____

____

加盖公章：________

签字：________

运费更改通知单”，即 CCA（见表 7－6），通知始发站，始发站确认补收运费后立即通知目的站、有关承运人、运单所属航空公司财务部门和航空邮运运费清算单位。承运人凭航空货运单、航空邮运结算单和货邮运费更改通知单办理运费分摊及结算。各承运人在得到始发站填写的“货（邮）运费更改通知单”后，才能按调整后的运价办理结算事宜，补收运费所用运单与原运单合并办理结算。

货物运费更改通知单（CCA）的用途如下：

（1）用途。在运输过程中，由于托运人的原因或承运人（或其代理人）的工作差错，货物已运离始发站，需要更改运费的具体数额或运费的付款方式时，经有关承运人和货物目的站有关部门同意并复电证实后，填写货物运费更改通知单（CCA），予以更正。

（2）填写原因。货物已运离始发站，但需要更改运费的具体数额或运费的付款方式时应填写 CCA。任何与货物运输有关的承运人都可填写 CCA。更改运费的数额超过 5 美元时，才有必要填写 CCA。

1）托运人以书面形式提出变更运输或付款方式的要求，书面申请由承运人保存。

2）由于天气、机械故障、禁运和承运人的其他原因造成的非自愿变更运输而产生的费用和付款方式的变化。

3）制单承运人发现航空货运单上所列费用错误后，将详细情况通知其他承运人。

4）某一联运承运人发现航空货运单上所列费用错误后，将详细情况通知制单承运人和其他有关承运人。

5）在货物的中转站所发生的费用未在航空货运单上列明时，将此项费用通知其他有关承运人。

6）在货物的目的站，由于货物无人提取，承运人无法收取有关费用时，可在发出“无人提取通知单”一个月后，通知制单承运人。

若货物退运至始发站时，重新填制航空货运单，可不必填写 CCA。

（3）各联的分配。每次填写 CCA 的份数应根据发送的部门多少确定，但至少一式五份，始发站、填写部门（查询）、财务部门、目的站和承运人各一份，同时，根据货物中转的次数增加 CCA 的份数。向各部门发布 CCA 时，应随附一份航空货运单。

（4）处理方法。

1）CCA由填制CCA的企业交第一承运人，再由第一承运人转交第二承运人，以此类推。

2）各有关航站收到CCA后，应同货运单副本一起交财务部门、查询部门登记备查。

3）若货物中转站收到CCA上未指明各航段承运人时，应将续运情况填写在有关栏内并立即转送给下一航站。

4）货物目的站收到CCA后，应在14日内将CCA回执联的各栏内容填写完毕，送回填写CCA的承运人。

5）持有航空货运单的航站收到CCA后，应根据要求，更改航空货运单，具体方法是：①在更改处加盖更改站的图章或签字；②在“处理情况”栏内注明更改的依据；③将处理情况电告始发站。

（5）填写时限。

1）承运人必须确知货物尚未交付给收货人后，再填写CCA；

2）如果承运人之间需结算费用，应在航空货运单填制6个月内填写CCA。

本章小结

本章包含航空货运代理业务各种重要单证的填写方法及注意事项，从接到委托开始，航空货代就要帮助托运人填写航空货运托运书，再根据托运书填制航空货运单，快件收运直接填制交付凭证，不需委托书。航空运输中如果出现不正常运输的情况，就需要填写运费更改通知书。单证的填制需要细心，任何错误都有可能给当事人带来损失或给承托双方造成不必要的纠纷。

思考题

一、选择题

1. 托运人托运货物时，应填写（　　）。

A. 货运单　　B. 货票

C. 货物托运书　　D. 货物托运申请书

2. 一票航空货运主单号 999－3446518X 的第八位检验号是（　　）。

A. 0　　B. 1　　C. 5　　D. 3

3. 货运单上“Not Negotiable”的含义是（　　）。

A. 航空业务权不可转让　　B. AWB 是不可转让的文件

C. AWB 上航程不可改变　　D. AWB 不可在始发国以外销售

4. 有关国际航空货运单填制方面的说明，（　　）是正确的。

A. 一张货运单只能用于一个托运人在同一时间、同一地点托运的由承运人承运的，运往同一目的站同一收货人的一件或多件货物

B. 货运单要求使用英文打字机或计算机，用英文大写字母打印

C. 货运单填写后，对货运单的各种修改应在剩余各联同时进行，必须在修改处注明修改企业的 IAIA 代号和修改地的机场或城市代号及日期

D. 因货物无人提取而退运时，应填写新的货运单，原货运单号注于新货运单的“注意事项”栏内，所有本该向收货人收取而未收取的费用，填于新货运单的“其他费用”栏内，按运费到付处理

5. 国际航空货运单上托运人栏通常填入（　　）。

A. 货主（托运人或收货人）　B. 空运代理

C. 银行　　D. 多式联运经营人

二、判断题

1. 在航空主运单上，填写的运价不可以是协议运价。（　　）

2. 对于三联正本货运单，除了托运人联交付托运人外，其他两联均须随货物送至目的站交付收货人。（　　）

3. 收货人凭货运单副本提取货物收据联提取货物。（　　）

4. 在货运单上注明运费预付的情况下，即使实际上托运人并未支付运费，承运人也无权要求收货人支付运费。（　　）

5. 货运单号码由 8 位数字组成。（　　）

学习情景 3

小周经过一番努力后被郭总任命为蓝海国际空运部主管，目前他手下有 3 个业务员和 1 个单证员。蓝海的空运货物现在都自己发货，不再交给快递公司。小周一手创建了空运部，他精通一票业务从头到尾的流程，但如何使下属也能很快上手，小周颇伤脑筋。于是，业务技能的训练成了部门

的重要工作。最近他发现单证员制单出错率太高，他想设计一套训练制单的方法。

【技能训练目标】

知道航空货运单在航空货物运输中的作用；明确运单的内容，会填写运单；知道运单各联的作用。

【技能训练评价】

运单填写完后要检查运单内容是否完整，是否有需要更改的内容，更改后要在更改处签章。

航空货运单的填制技能训练评价表

被考评人				
考评地点				
考评内容	航空货运单的填制			
考评标准	内　　容	自我评价	主管评价	综合评价
	知道运单各联的作用			
	运单填写清晰，无涂改			
	运单填写正确，无错误			
	运单填写完整，无遗漏项目			
该项技能等级				

【技能训练资料】

PACKING LIST

Invoice No.：MD－DZ090306

Shipper：GD MIDEA AIR-CONDITIONING EQUITMENT CO.，LTD.

Consignee：TOSHIBA CARRIER CORPORATION

Address：336，TADEWARA，FUJI-SHI，SHIZUOKA-KEN，JAPAN

Address of Loading：3/F，BLCK. A1，BEIWEI IND. LAND. QINGNIAN ROADGET. DD GUANGZHOU. P. R. CHINA

Term of Payment：　　T/T AT SIGHT　　Date：2009－03－06

ITEM NO.	Description of Goods	No. of Packages (Wooden Case)	Measurement (cm)	Gross Weight (kg)
1	6 SETS OF ASM AIRCON 2P	1	113×95×132	265.5
2	6 SETS OF ASM AIRCON 2P	1	113×95×132	256.5
3	6 SETS OF ASM AIRCON 2P	1	113×95×132	261.5
4	6 SETS OF ASM AIRCON 1.5P	1	98×79×128	202.0
5	6 SETS OF ASM AIRCON 2P	1	113×95×132	252.5
6	6 SETS OF ASM AIRCON 1.5P	1	98×79×128	202.0
7	6 SETS OF ASM AIRCON 2P	1	113×95×132	257.0

同学们，请根据你们所学的知识填制航空货运单，希望你们能得到主管小周的赏识。

第8章 航空货代核算

关键术语

航空运费　普通运价　特种运价　等级运价　计费重量　集装运价　声明价值

学习目标

- 能熟练掌握货物重量及尺寸的测算；
- 能熟悉航空货物运输的其他费用；
- 能熟练掌握货物运输各类运费的计算；
- 能掌握各国货币的代号及进位规定；
- 会正确填制航空货运单相关运费栏目。

托运人托运货物，应按照民航主管机关规定的费率缴付运费和其他费用。除托运人和承运人另有协议外，运费及其他费用一律于承运人开具货运单时一次付清。在计算运费前，必须准确地确定费率，计算完运费后，必须进行复核。

8.1 航空费用核算基本知识

与其他各种运输方式不同的是，国际航空货物运输中与运费的各项有关规章制度、运费水平都是由国际航协统一协调、制定的。

8.1.1 基本概念（TACT rules 3.1）

1. 运杂费（Charge）

运杂费是指为运输一票货物所支付的运输费用，或者与该运输相关的附带服务所产生的费用。它取决于托运人对货物作出的声明价值和货物的重量或体积。货物运杂费是在航空货物运输过程中产生的，应向托运人或收货人收取的费用。一般包括航空运费、声明价值附加费、地面运输费、保管费等。

（1）航空运费（Weight Charge，Transportation Charges）指承运人将一票货物自始发地机场运至目的地机场（Airport to Airport）所收取的航空运输费用。一般来说，货物的航空运费主要由两个因素组成，即货物适用的运价与货物的计费重量。由于货物的运价是指货物运输起讫地点间的航空运价，所以航空运费不包括承运人、代理人或机场收取的其他与航空运输有关的费用，即不包括机场与市区之间、同一城市两个机场之间的地面运输费及其他费用。每票货物是指使用同一份航空货运单的货物。计算公式如下：

航空运费 F = 货物的计费重量 Q × 适用的货物运价 R

特别提示

快件的航空运费 = 首重运费 +（货物总重 − 货物首重）×2×续重运价

通常以空运起码计费重量0.5kg为首重（最开始的重量），续重运价是指每续重0.5kg的运费。例如：文件类起重500g，资费90元，续重每500g或其零数40元；物品类起重500g，资费130元，续重每500克或其零数40元。

（2）其他费用（Other Charges）指由承运人、代理人或其他部门收取的与航空货物运输有关的费用。在组织一票货物自始发地至目的地运输的全过程中，除了航空运输外，还包括地面运输、仓储、制单、国际货物的清关等环节，提供这些服务的部门所收取的费用即为其他费用。

2. 运价（Rate）

（1）定义

运价又称费率，指承运人为运输货物对单位重量货物（kg/lb）所收取的金额，即指单位重量的货物自出发地机场至目的地机场之间的航空运输费用，不包括机场与市区之间或者同一城市两个机场之间的地面运输费及其他费用。适用的运价（Applicable Rate）是指承运人或其授权代理空运单签发日生效的公布运价（费用到付的运输货物请查 TACT rules 5. 4. 1 第三段）。

（2）特点

1）公布的航空货物直达运价是指将货物从一个机场运到另一个机场的运价，而且只适用于单一方向。

2）航空货物运价仅指基本费率，不包括其他额外费用，如提货、报关、交接和仓储费用等附加费。原则上，公布的直达运价与飞机飞行的路线无关，但可能因承运人选择的航路不同而受到影响。

3）航空货物运价所使用的货币：运输始发地货币。货物的航空运价一般以始发地的本国货币公布（国内货物运价的货币单位是人民币），即始发地货币。有的国家以美元代替本国货币公布运价，此时，美元即为始发地货币。

4）航空货物运价一般以 kg 或 lb 为计算单位。

5）货物运价的有效期：航空运单中的运价指出具运单之日所适用的运价。销售航空货运单所使用的运价应为填制货运单之日的有效运价，即在航空货物运价有效期内适用的运价。

企业实践

AEROFLOT cargo transportation 俄航 SU 货机推广价

SHA-PRG，BUD，BUH，ATH，LCA

>45	>100	>300	>500	>1 000
56. 5	35. 5	35. 5	35	34

注：以上价格含燃油费、战争附加费，不含报关费，1 000kg 以下加报关费 150 元人民币（MYC – RMB11. 5/kg，SCC – RMB1. 2/kg，货代操作费 0. 6/kg）。每周二/六航班，凌晨起飞，HHN 转。

上海易士通国际货物运输代理有限公司

3. 国际航协运价定价原则

（1）重量分段对应运价

在每一个重量范围内设置一个运价。

（2）数量折扣原则

托运人委托的运量越大，承运人给予的折扣越大，运价也就越低。

（3）运距的因素

运输的距离越长，运价越高。

（4）根据产品的性质分类

国际航协根据产品的性质将运价的定价方式分为在普货运价的基础上附加或附减。例如，对于活体动物、骨灰、鲜活易腐物品、贵重物品、急件等货物采取附加的形式，对于书报杂志、作为货物运输的行李，采取附减的形式。

8.1.2 计费重量（Chargeable Weight）

承运货物的计费重量是指据以计收货物运费的重量，可以是货物的实际毛重或者是体积重量，以高的为准（即按 W/M 方式计算）。由于飞机业务载运能力受飞机最大起飞全重和货舱本身体积的限制，因此，货物的计费重量需要同时考虑其体积重量和实际重量两个因素。如果某一运价要求有最低运量，而货物的实际重量和体积重量都不能达到要求，以最低运量为计费重量。又因为航空货物运价采用分段计价方式，此时的计费重量可能是较高重量分界点的重量。

1. 货物实际毛重

货物实际毛重（Actual gross weight）是指包括货物包装在内的货物重量。货物净重是指除去包装的货物重量，即货物本身的重量。

2. 体积重量

按照国际航协规则，将货物的体积按一定的比例折合成的重量称为体积重量（Volume Weight）。一般情况下，换算标准为每 6 000cm^3 折合 1 千克（相当于6m^3/t）。也有例外，如几大国际快递公司国际件使用的是每5 000cm^3 折合 1kg，敦豪快递走阿联酋的快递每 4 000cm^3 折合 1kg，美国邮政国内件每 7 000cm^3 折合 1kg 等。

体积重量的计算方法为：

（1）不考虑货物的几何形状，分别测量出一票货物最长、最宽和最高部分的尺寸，单位为 cm 或 in，测量数值的尾数四舍五入。三者相乘算出体积，尾数四舍五入。在货运站丈量货物的外包装时，要比箱子的实际尺寸多出 1cm ~ 2cm，如果箱子有突出部分，按突出部分的长度计算。

（2）将体积折算成重量（kg），即根据所使用的不同度量单位分别用体积值除以 6 000cm^3。体积重量尾数的处理方法与毛重尾数的处理方法相同。

（3）重货（High Density Cargo）指那些每 6 000cm^3 重量超过 1kg 的货物。重量货的计费重量就是它的实际毛重。

(4) 轻货或轻泡货物（Low Density Cargo）指那些每 6 000cm^3 重量不足 1kg 的货物。轻泡货物以它的体积重量作为计费重量。尽管航空运费一般较高，但对体积大、重量轻的货物，采用空运的方式反而有利。空运计算运费的起点比海运低，且快捷、准点。所以小件货物、鲜活商品、季节性商品和贵重商品适宜采用航空运输的方式。

一般采用货物的实际毛重与货物的体积重量两者较高者计算运费，即在货物体积小、重量沉时，按实际重量计算；在货物体积大、重量轻时，按体积重量计算。在集中托运的情况下，收运两件或两件以上货物，同一运单项下会有多件可以采用同样种类运价计算运费的货物，其中有重货也有轻货，此时货物的计费重量按照该批货物的总毛重或总体积重量中较高的一个计算。也就是首先计算整批货物总的实际毛重，其次计算该批货物的总体积，并求出体积重量，最后比较两个数值，以高的作为该批货物的计费重量。

当货物按较高重量分界点的较低运价计算的航空运费较低时，将此较高重量分界点的货物起始重量作为货物的计费重量。

国际航协规定，国际货物的计费重量以 0.5kg 为最小单位，如果货物的计费重量以 kg 表示，重量尾数不足 0.5kg 的，按 0.5kg 计算；0.5kg 以上不足 1kg 的，按 1kg 计算。如果货物的计费重量以 lb 表示，当货物不足一 lb 时，按一 lb 计算。

8.1.3 最低运费

最低运费（Minimum Charges，MC）又称起码运费，指一票货物自始发地机场至目的地机场航空运费的最低限额。这是航空公司办理一批货物所能接受的，不论货物的重量或体积大小，在两点之间运输一批货物应收取的最低金额。最低运费是航空公司在考虑办理一笔运量较小的货物所产生的固定费用后制定的。如果承运人收取的运费低于起码运费，就不能覆盖运送成本。因此，航空公司规定无论运送的货物适用哪一种航空运价，计算出来的运费总额都不得低于起码运费。若计算出的数值低于起码运费，则以起码运费计收，另有规定的除外。

不同地区不同的航空公司都有起码运费的规定。货物按其适用的航空运价与计费重量计算所得的航空运费，与货物的最低运费相比，取其中的较高者。每票国内航空货物最低运费为人民币 30 元。

8.1.4 航空费用的货币进整

货物航空运价及运费的货币进整，因货币的币种不同而不同。TACT 将各国货币的进整单位的规则公布在了 TACT Rules 中（详细规则可参考 TACT Rules5. 7. 1 中“CURRENCY TABLE”）。

运费进整时，需将航空运价或运费计算到进整单位的下一位，然后按半数进位法进位，计算所得的航空运价或运费，达到进位单位一半则入，否则舍去。

对于以“0. 01”“0. 1”“1”“10”等为进位单位的货币，其货币进位就是我们常说的四舍五入。我国货币人民币（CNY）的进位规定为：最低航空运费进位单位为“1”，除此之外的运价及航空运费等的进位单位为“0. 01”。

对于以“0. 05”“0. 5”“5”等为进位单位的货币，计算时应特别注意其进整问题。由于世界上很多国家采用此类进整方法，在实际运输工作中，在处理境外运到我国的到付货物时，对航空运单的审核及费用的收取，需注意此项规则。

采用进整单位的规定，主要用于填制航空货运单（AWB）。销售 AWB 时，所使用的是运输始发地货币，按照进整单位的规定计算航空运价及运费。货物运价、费用和特定金额的转换和计算应该比该货币进整单位多保留一位小数，去除其他数位并按表 8 - 1 进位。

表 8 - 1 航空运输的货币进整表

进整单位	计算结果所处的区间	进位结果
0. 001	104. 9995 ~ 105. 0004 105. 0005 ~ 105. 0014	105. 000 105. 001
0. 005	105. 0025 ~ 105. 0074 105. 0075 ~ 105. 0124	105. 005 105. 010
0. 01	104. 995 ~ 105. 004 105. 005 ~ 105. 014	105. 00 105. 01
0. 05	105. 025 ~ 105. 074 105. 075 ~ 105. 124	105. 05 105. 10
0. 10	104. 050 ~ 105. 149 105. 150 ~ 105. 249	105. 10 105. 20

续表

进整单位	计算结果所处的区间	进位结果
0.50	105.250～105.749 105.750～106.249	105.50 106.00
1	104.5～105.4 105.5～106.4	105 106
5	102.5～107.4 107.5～112.4	105 110
10	105.0～114.9 115.0～124.9	110 120

8.2 国际货物运价的种类

由于航空运输货物的种类繁多，货物运输的起讫地点所在的航空区域不同，每种货物所适用的运价亦不同。换言之，运输的货物种类和运输起讫地点的IATA区域使航空货物运价乃至运费计算各不相同。航空公司按国际航空运输协会制定的三个区划费率收取国际航空运费（见表8－2）。

表8－2 航空货运运价的种类

IATA运价体系的组成	
公布的直达运价 (Published Through Rates) 注：按货物的性质分	普通货物（一般货物）运价GCR： M起码运费，N－45（＜45kg），Q－45（45≤Q＜100）、Q－100（≥100kg）、200、250、300、500、1 000
	特种货物（指定商品）运价SCR：C
	等级货物运价CCR：(SM A%：A＞100，R B%：B＜100，S C%：C≥100)，如贵重品、动物、危险品
	集装货物运价UCR：U：集装货物基准运费或运价，E：集装货物基准运价，X：集装货物附加项，Y：集装货物折扣
非公布的直达运价 (Un-Published Through Rates)	比例运价（Construction Rate）
	分段相加运价（Combination of Rates and Charges）
协议运价（Open Rate）	

8.2.1 公布直达运价的使用

空运公布的直达运价（见表8－3）指航空公司在运价本上直接注明承运人对由甲地运至乙地的货物收取的一定金额。指定商品运价与普通货物运价同时公布在TACT RATES BOOKS中。等级货物运价计算规则在《航空货物运价及规则手册》中公布，需结合“TACT RATES BOOKS”一起使用。

表8－3 公布直达运价的运价结构

Date/Type	Note	Item	Min. weight	Local curr.
BEIJING Y. RENMINBI			N (CNY)	BJS (kg)
TOKYO		JP	M	230.00
			N	37.51
			45	28.13
		2008	300	18.80
		0300	500	20.61
		1093	100	18.43
		2195	500	18.80

注：

第一栏，DATE/TYPE——公布运价的生效或失效日期以及集装器运价代号；

本栏中若无特殊标记，说明所公布的运价适用于在TACT RATES BOOKS有效期内销售的AWB。

第二栏，NOTE——相对应运价的注释，填制货运单时，应严格按照注释所限定的内容执行；

第三栏，ITEM——指定商品运价的品名编号；

第四栏，MIN. WEIGHT——使用相对应运价的最低重量限额；

第五栏，LOCAL CURR.——用运输始发地货币表示的运价或最低运费。

1. 普通货物运价

（1）定义、代号及一般规则。

普通货物运价（General Cargo Rate，GCR）又称一般货物运价，是适用范围最为广泛的一种运价，指除了等级货物运价和指定商品运价以外的适合于普通货物运输的运价。该运价公布在“TACT Rates Books Section 4”中。航空公司通常对普通货物设置货物重量等级，根据不同的货物重量等级采用不同的运输价格，货物重量越大，运价越优惠。通常，各航空公司公布的普通货物运价会针对所承运货物重量的不同规定出几个计费重量等级分界点（Breakpoints），根据货物重量不同，分为若干个重量等级分界点运价。运价的公布形式有N、Q45……运价结构，也有B、K运价结构（欧洲内特有的运价结构）。

1）普通货物标准运价或称基础运价（Normal General Cargo Rate），代码为N，指45kg以下货物适用普通货物运价（如无45kg以下运价时，N表示100kg以下，有的公司是60kg以下为普通货物运价）。由中国民航局统一规定各航段货物基础运价，金额以角为单位。

2）重量分界点运价（Quantity Rate）指普通货物45kg以上（含45kg）及100kg、300kg、500kg以上等多个重量分界点运价，代码为Q。普通货物运价公布有“Q45”“Q100”“Q300”等不同重量等级分界点的运价。这里的“Q45”表示45kg以上（包括45kg）普通货物的运价，依此类推。对于45kg以上的不同重量分界点的普通货物运价均用“Q”表示。国内航空货物运输分为45kg以上、100kg以上、300kg以上3级重量分界点及运价。

用货物的计费重量和其适用的普通货物运价计算而得的航空运费，不得低于运价资料上公布的航空运费的最低收费标准（M）。

这里，代号“N”“Q”“M”在AWB的销售工作中，主要用于填制货运单运费计算栏中的“RATE CLASS”一栏。

（2）运费计算。

计算步骤的术语解释如下所述。

1）Volume：体积；

2）Volume Weight：体积重量；

3）Chargeable Weight：计费重量；

4）Applicable Rate：适用运价；

5）Weight Charge：重量运费。

例1　体积重量作为计费重量

由北京运往东京的一箱服装，毛重31.4kg，体积为80cm×70cm×60cm，计算该票货物的航空运费。

公布运价如下：

BEIJING Y. RENMINBI		CN （CNY）	BJS （kg）
TOKYO	JP	M	230.00
		N	37.51
		45	28.13

解：

1 Q

Volume：80cm×70cm×60cm＝336 000cm^3

Volume Weight：336 000/6 000＝56.0kg

Gross Weight：31.4kg→31.5kg

Chargeable Weight：56.0kg

2 R

Applicable Rate：GCR Q45 CNY28.13/kg

3 F

Weight Charge：56.0×28.13＝CNY1 575.29

Minimum Charge：CNY 230.00

答：此票货物的航空运费为人民币 1 575.29 元。

例 2　货物重量作为计费重量

Routing：BEIJING，CHINA TO TOKYO，JAPAN

Commodity：Sample

Gross Weight：25.2kg

Dimensions：82cm×48cm×32cm

公布的直达运价同例 1。

请计算该票货物的航空运费。

解：

1 Q

Gross Weight：25.2kg→ 25.5kg

Volume：82cm×48cm×32cm＝125 952cm^3

Volume Weight：

125952/6000≌20.99kg→21.0kg

25.5kg＞ 21.0kg

Chargeable Weight：25.5kg

2 R

25.5＜45

Applicable Rate：GCR N 37.51CNY/kg

3 F

Weight Charge：25.5×37.51＝CNY956.51

956. 51 > 230

答：该票货物的航空运费为人民币 956. 51 元。

例 3　较高重量分界点重量作为计费重量

计算该票货物的航空运费。

Routing：BEIJING，CHINA（BJS）TO AMSTERDAM，HOLLAND（AMS）

Commodity：PARTS

Gross Weight：38. 7kg

Dimensions：100cm × 60cm × 30cm

BEIJING Y. RENMINBI	CN （CNY）		BJS （kg）
AMSTERDAM	NL	M	320. 00
		N	50. 22
		45	41. 53
		300	37. 52

解：

1 Q

Volume：100cm × 60Ccm × 30cm = 180 000cm^3

Volume Weight：180 000/6 000 = 30kg

Gross Weight：38. 7kg→39kg

Higher Weight Breaking-point：45kg

2 R

（1）Applicable Rate：GCR N 50. 22CNY/kg

（2）Applicable Rate：GCR Q – 45 41. 53CNY/kg

3 Q

（1）Weight Charge：39. 0 × 50. 22 = CNY1 958. 58

（2）Weight Charge：45. 0 × 41. 53 = CNY1 868. 85

（1）与（2）进行比较，取低者。

所以 Chargeable Weight：45kg

答：该票货物的航空运费为人民币 1 868. 85 元。

例 4　最低运费作为运费

Routing：BEIJING，CHINA TO PARIS，FRANCE（PAR）

Commodity：TOY

Gross Weight：5. 6kg

Dimensions：40cm ×28cm ×22cm

BEIJING Y. RENMINBI		CN (CNY)	BJS (kg)
PARIS	FR	M	320. 00
		N	50. 37
		45	41. 43
		300	37. 90

解：

1 Q

Volume：40cm ×28cm ×22cm =28 640cm^3

Volume Weight：28 640/6 000 =4. 11kg→4. 5kg

Gross Weight：5. 6kg→6. 0kg

Chargeable Weight：6. 0kg

2 R

Applicable Rate：GCR N CNY50. 37/kg

3 F

Weight Charge：6. 0 ×50. 37 = CNY302. 22

Minimum Charge：CNY320. 00

所以此票货物的航空运费应为 CNY320. 00

答：该票货物的航空运费为人民币 320. 00 元。

2. 指定商品运价

（1）定义及代号

特种货物运价或指定商品运价（Special Cargo Rate；Specific Commodity Rate，SCR）指在特定地区或航线上运输特定品名的货物的运价。使用指定商品运价计算航空运费的货物，其航空货运单的“Rate Class”一栏，代码为 C。

通常情况下，指定商品运价低于相应的普通货物运价。就其性质而言，该运价是一种带有优惠性质的运价。鉴于此，指定商品运价在使用时，对于货物的起讫地点、运价使用期限、货物运价的最低重量起点等均有特定的条件。承运人根据在某一航线上经常运输某一种类货物的托运人的请求或为促进某地区间某一种类货物的运输，经国际航空运输协会同意提供的优惠运价。其适用于某一航线上明确分类的特定物品的运价，如一些批量大、季节性强、单位价值低的货物，航空公司可申请设置指定商品运价。许多指定物品运价还同时包括对大宗货物运价的折扣。

指定物品运价因航线而异，航空公司通过提供指定物品运价来鼓励顾客采用航空运输方式，以达到充分利用吨位、解决方向性运输不平衡的问题，以提高运载率、降低运输成本。因为承运人制定特种运价的初衷主要是使运价更具竞争力，吸引更多客户使用航空货运形式，使航空公司的运力得到更充分的利用，所以特种货物运价比普通货物运价要低。因此适用特种运价的货物除了要满足航线和货物种类的要求外，还必须达到承运人规定的起码运量（如100kg）。如果货量不足，而托运人又希望适用特种运价，那么货物的计费重量就要以所规定的最低运量（100kg）为准，该批货物的运费就是计费重量（在此是最低运量）与所适用的特种货物运价的乘积。

（2）指定商品运价传统的分组和编号

国际航空运输协会公布特种货物运价时将货物划分为以下类型：

1）食用动物和植物产品；

2）1000~1999 活体动物和非食用动物及植物产品；

3）2000~2999 纺织品、纤维及其制品；

4）3000~3999 金属及其制品，但不包括机械、车辆和电器设备；

5）4000~4999 机械、车辆和电器设备；

6）5000~5999 非金属矿物质及其制品；

7）6000~6999 化工品及相关产品；

8）7000~7999 纸张、芦苇、橡胶和木材制品；

9）8000~8999 科学、精密仪器、器械及配件；

10）9000~9999 其他货物。

在“TACT RATES BOOKS 的 SECTION 2”中，国际航协根据货物的性质、属性以及特点等将货物分为10组，每一组又分为10个小组。同时，按其分组形式用4位阿拉伯数字进行编号。该编号即为指定商品货物的品名编号。所以，几乎所有的商品都有一个对应的组号，公布特种货物运价时只要指出本运价适用于哪一组货物就可以了。

（3）指定商品运价的使用规则

在使用指定商品运价时，只要所运输的货物满足下述三个条件，则运输始发地和运输目的地就可以直接使用指定商品运价：

1）运输始发地至目的地之间有公布的指定商品运价；

2）托运人交运的货物品名与有关指定商品运价的货物品名相吻合；

3）货物的计费重量满足指定商品运价使用时的最低重量要求。

（4）运费的计算

计算步骤：

1）先查询运价表，如有指定商品代号，则考虑使用指定商品运价；

2）查找“TACT RATES BOOKS”的品名表，找出与运输货物品名相对应的指定商品代号；

3）如果货物的计费重量超过指定商品运价的最低重量，则优先使用指定商品运价；

4）如果货物的计费重量没有达到指定商品运价的最低重量，则需要比较计算。

在使用指定商品运价计算运费时，如果其指定商品运价直接使用的条件不能完全满足，例如货物的计费重量没有达到指定商品运价使用的最低重量要求，使得按指定商品运价计得的运费高于按普通货物运价计得的运费时，则按低者收取航空运费（见例2）。

例1　属于指定商品同时适用指定商品运价的情况

北京运往大阪20箱鲜蘑菇共360.0kg，每件体积长、宽、高分别为60cm×45cm×25cm，计算航空运费。

公布运价如下：

BEIJING Y. RENMINBI	CN （CNY）		BJS （kg）
OSAKA	JP	M	230.00
		N	37.51
		45	28.13
	0008	300	18.80
	0300	500	20.61
	1093	100	18.43
	2195	500	18.80

解：查找“TACT RATES BOOKS”的品名表，蘑菇可以使用0008（新鲜

蔬菜和水果）的指定商品运价。由于货主交运的货物重量符合“0850”指定商品运价使用时的最低重量要求，运费计算如下：

1 Q

Volume：60cm × 45cm × 25cm × 20 = 1 350 000cm^3

Volume Weight：1 350 000/6 000 = 225kg

Gross Weight：360. 0kg

Chargeable Weight：360. 0kg

2 R

Applicable Rate：SCR 0008/Q300 CNY18. 80/kg

3 F

Weight Charge：360. 0 × 18. 80 = CNY6 768. 00

答：该票货物的航空运费为人民币 6 768. 00 元。

例 2　属于指定商品但不适用指定商品运价的情况 1

上例中，如果货主交运 10 箱蘑菇，毛重为 180kg，计算其航空运费。

解：

1 Q

Volume：60cm × 45cm × 25cm × 10 = 675 000cm^3

Volume Weight：675 000/6 000 = 112. 5kg

Gross Weight：180kg

0008 特种货物的最低运量：300kg

2 R

（1）Applicable Rate：GCR Q45 CNY28. 13/kg

（2）Applicable Rate：SCR 0008/Q300 CNY18. 80/kg

3 F

（1）Weight Charge：180. 0 × 28. 13 = CNY5 063. 4

（2）Weight Charge：300 × 18. 80 = CNY5 640. 00

（1）与（2）进行比较，取低者。

Weight Charge：CNY5 063. 4

Chargeable Weight：180kg

答：该票货物的航空运费为人民币 5 063. 40 元。

例 3　属于指定商品但不适用指定商品运价的情况 2

上例中，如果货主交运 2 箱蘑菇，毛重为 36kg，计算其航空运费。

解：

由于货物计费重量仅36kg，而指定商品运价最低重量要求300kg，因此采用普通货物运价计算，求得较低运费。

1 Q

Volume：60cm × 45cm × 25cm × 2 = 135 000cm^3

Volume Weight：135 000/6 000 = 22.5kg

Gross Weight：36.0kg

Higher Weight Breaking-point：45kg

2 R

（1）Applicable Rate：GCR/N CNY37.51/kg

（2）Applicable Rate：GCR/Q45 CNY28.13/kg

3 Q

（1）Weight Charge：36.0 × 37.51 = CNY1 350.36

（2）Weight Charge：45.0 × 28.13 = CNY1 265.85

（1）与（2）进行比较，取低者。

所以 Chargeable Weight：45kg

Weight Charge：CNY1 265.85

答：该票货物的航空运费为人民币 1 265.85 元。

3. 等级货物运价

（1）定义与货物种类

等级货物运价（Class Rates or Commodity Classification Rates，CCR）指适用于指定地区内部或地区之间的特别指定的少数货物运输。等级运价是指航空公司对某些特定货物提供的折扣运价或额外运价。通常表示为在普通货物运价的基础上增加或减少一定的百分比，代码为 SM、S、R。

IATA 规则规定，适用等级货物运价的货物通常有：

1）活体动物、活体动物的集装箱和笼子；

2）贵重物品；

3）灵柩、尸体或骨灰；

4）汽车；

5）报纸、杂志、书籍、商品目录、盲人和聋哑人专用设备和书籍等出版物；

6）作为货物托运的行李等。

其中前4项通常在普通货物运价基础上增加一定的百分比，后两项在普通货物运价的基础上减少一定的百分比。

（2）运价代号及使用规则

等级货物运价由普通货物运价基础上附加或附减一定百分比的形式构成，附加或附减规则公布在“TACT RULES”中，运价的使用须结合“TACT RATES BOOKS”。

通常附加或不附加也不附减的等级货物用代号（S）表示（Surcharged class rate）。附减的等级货物用代号（R）表示（Reduced class rate）。

IATA规定，等级货物运输如果属于国际联运，并且参加联运的某一承运人对其承运的航段有特殊的等级货物百分比，即使运输起讫地点间有公布的直达运价，也不可以直接使用。此时，应采用分段相加的办法计算运输始发地至运输目的地的航空运费。此项规则在此不详细说明。

以下所述的各种等级货物运价均为运输始发地至运输目的地之间有公布的直达运价，并且可以直接使用的运价计算方法。

1）活体动物运价（LIVE ANIMALS，见表8-4）

表8-4 中国至世界各区的活体动物运价表

（TACT RULES第53期2001年10月出版）

	IATA AREA（see Rule1. 2. 2. “Definitions Areas”）			
	Within 1		Within 2 (see also Rule 3. 7. 1. 3)	Within 3
	to/from Canada	other sectors		
ALL LIVE ANIMALS Except: A. Baby poultry less than 72 hours old B. Monkeys and primates C. Cold blooded animals	150% of appl. GCR Except: 9 below	Normal GCR Except: 10 below	150% of Normal GCR Except: 1 below	Normal GCR Except: 2. 3, 17 below
A. BABY POULTRY less than 72 hours old	150% of appl. GCR Except: 9 below	appl. GCR	Normal GCR Except: 4 below	Normal GCR or over 45 kg Except: 3, 17 below

续表

	IATA AREA（see Rule1. 2. 2. "Definitions Areas"）			
B. MONKEYS and PRIMATES	150% of appl. GCR Except：9 below	appl. GCR	150% of Normal GCR Except：1 below	Normal GCR Except：3，17 below
C. COLD BLOODED ANIMALS	150% of appl. GCR Except：8 below	Normal GCR Except：10 below	150% of Normal GCR Except：1 below	Normal GCR Except：2，3，17 below

	IATA AREA（see Rule1. 2. 2. "Definitions Areas"）				
	Between 1 & 2		Between 2&3	Between 3 & 1	
	to/from Canada	other sectors		to/from Canada	other sectors
ALL LIVE ANIMALS Except： A. Baby poultry less than 72 hours old B. Monkeys and primates C. Cold blooded animals	150% of appl. GCR Except：6，12 below	Normal GCR Except：6，14 below	Normal GCR Except：3，7，16 below	150% of appl. GCR Except：3 below	Normal GCR Except：3，13，15 below
A. BABY POULTRY less than 72 hours old	150% of appl：GCR Except：12 below	Normal GCR or over 45kg Except：5，14 below	Normal GCR or over 45kg Except：3，16 below	150% of appl. GCR Except：3 below	Normal GCR or over 45kg Except：3，13，15 below
B. MONKEYS and PRIMATES	150% of appl：GCR Except：12 below	appl. GCR Except：14 below	Normal GCR Except：3，16 below	150% of appl. GCR Except：3 below	appl. GCR Except：3，15 below
C. COLD BLOODED ANIMALS	125% of appl. GCR Except：12 below	Normal GCR Except：14 below	Normal GCR Except：3，16 below	125% of appl. GCR Except：3 below	Normal GCR Except：3，13，15 below

注：

①名称解释

- 幼禽类（BABY POULTRY），指出生不足72小时的幼禽；
- 猴类和灵长类（MONKEYS AND PRIMATES）；
- 冷血动物类（COLD BLOODED ANIMALS）；
- 除上述三类以外的所有活体动物（ALL LIVE ANIMALS）。

表中的“Except”表示一些区域的运价规则与表中规则有例外的情况，使用时应严格按照TACT-Rules的规则要求，计算正确的航空运费。运输动物所用的笼子等容器、饲料、饮用水等重量包括在货物的计费重量内。对于冷血动物，有些区域间有特殊规定，应按规则严格执行。

②运价规则的运用说明

- “Normal GCR”，使用45kg以下的普通货物运价，如无45kg以下的普通货物运价，可使用100kg以下的普通货物运价，不考虑较高重量点的较低运价；
- “Normal GCR or Over 45kg”，使用45kg以下的普通货物运价，或者45kg以上的普通货物运价，即使有较高重量分界点的较低运价，也不可以使用；
- “Applicable Normal GCR”，使用相适应的普通货物运价；
- “As a Percentage of Applicable Normal GCR”，按相应的普通货物运价附加某个百分比使用。

③活动物运输的最低收费标准

- IATA三区内：相应M的200%；
- IATA二区与三区之间：相应M的200%；
- IATA一区与三区之间（除到/从美国、加拿大以外）：相应M的200%；
- 从IATA三区到美国：相应M的110%；
- 从美国到IATA三区：相应M的150%；
- IATA三区与加拿大之间，相应M的150%。

例1　活体动物从三区运往一区加拿大的情况

一只大熊猫从北京运往温哥华，重400.0kg，体积尺寸长、宽、高分别为150cm×130cm×120cm，计算航空运费。

公布运价如下：

BEIJING		CN		BJS
Y. RENMINBI		(CNY)		(kg)
VANCOUVER	BC	CA	M	420.00
			N	59.61
			45	45.68
			100	31.81
			300	38.79
			500	35.77

解：查找活体动物运价表，从北京运往温哥华，属于自三区运往一区的加拿大，运价的构成形式是“150% of appl. GCR”。

1 Q

Volume：150cm × 130cm × 120cm = 2 340 000cm^3

Volume Weight：2 340 000/6 000 = 390.0kg

Gross Weight：400.0kg

Higher Weight Breaking-point：500kg

2 R

（1）Applicable Rate：S 150% of appl. GCR =

150% × 38.79 CNY/kg = 58.185 CNY/kg = 58.19 CNY/kg

（2）Applicable Rate：S 150% of appl. GCR =

150% × 35.77 CNY/kg = 53.655 CNY/kg = 53.66 CNY/kg

3 F

（1）Weight Charge：

400.0 × 58.19 = CNY23 276.00

（2）Weight Charge：

500.0 × 53.66 = CNY26 830.00

对比（1）与（2），取运费较低者。

所以 Weight Charge：CNY23 276.00

Chargeable Weight：400.0kg

答：该票货物的航空运费为人民币 23 276.00 元。

例 2　活体动物三区运往二区的情况

从上海运往巴黎两箱幼禽，每箱重 25.0kg，体积尺寸长、宽、高分别为 70cm、50cm、50cm，计算航空运费。

公布运价如下：

BEIJING Y. RENMINBI		CN （CNY）	BJS （kg）
PARIS	FR	M	320.00
		N	68.34
		45	51.29
		500	44.21

解：查找活体动物运价表，从上海运往巴黎，属于三区运往二区，运价的构成形式是“Normal GCR or Over 45kg”。

1 Q

Volume：70cm × 50cm × 50cm × 2 = 350 000cm^3

Volume Weight：350 000/6 000 = 58.33kg→58.5kg

Gross Weight：25.0 × 2 = 50.0kg

Chargeable Weight：58.5kg

2 R

Applicable Rate：S Normal GCR or Over 45kg = 100% × 51.29CNY/kg = 51.29CNY/kg

3 F

Weight Charge：58.5 × 51.29 = CNY3 000.47

答：该票货物的航空运费为人民币 3 000.47 元。

2）贵重货物运价（Valuable Cargo）

所有 IATA 航协区为 200% OF THE NORMAL GCR，贵重货物的最低运费按公布最低运费的 200% 收取，同时不低于 50 美元或其等值货币。

例外：IATA 一区与三区之间且经北或中太平洋（除朝鲜半岛至美国本土各点外），1 000kg 或 1 000kg 以上贵重货物的运费，按普通货物 45kg 以下运价的 150% 收取（150% of the Normal GCR）。

例 3　贵重物品非例外适用运价的情况

Routing：BEIJING，CHINA TO BOSTON，U. S. A

Commodity：GOLD WATCH

Gross Weight：32.0kg

Dimensions：1Piece 61cm × 51cm × 42cm

公布运价如下：

BEIJING Y. RENMINBI		CN （CNY）	BJS （kg）
BOSTON	US	M	630.00
		N	79.97
		45	60.16
		100	53.19
		300	45.80

解：

1 Q

Volume：61cm × 51cm × 42cm = 130 662cm^3

Volume Weight：130 662/6 000 = 21.78kg→22.0kg

Gross Weight：32.0kg

Chargeable Weight：32.0kg

2 R

Applicable Rate：S 200% of the Normal GCR =

200% × 79.97CNY/kg = 154.94CNY/kg

3 F

Weight Charge：32.0 × 154.94 = CNY4 958.08

答：该票货物的航空运费为人民币 4 958.08 元。

3）书报、杂志类运价

书报杂志类货物包括报纸、杂志、图书、目录、盲人读物及设备。

①运价规则的运用说明

- With IATA Area 1；Between IATA Area 1 and 2：67% of the Normal GCR，一区内，一区与二区之间按普通货物运价的 67% 计；
- All other Areas：50% of the Normal GCR，所有其他区按普通货物运价的 50% 计。

②最低运费

按公布的最低运费的 M 收取。可以使用普通货物的较高重量点的较低运价。

例4 书本在非一区之间运输的情况

Routing：Beijing，CHINA（BJS）to ROME，IT（ROM）

Commodity：Books

Gross Weight：980.0kg

Dimensions：20 PIECES 70×50×40 CM EACH

公布运价如下：

BEIJING Y. RENMINBI	CN （CNY）		BJS （kg）
ROME	IT	M	320.00
		N	45.72
		45	37.98
		100	36.00
		500	31.26
		1000	28.71

解：

1 Q

Volume：70cm×50cm×40cm×20＝2 800 000cm^3

Volume Weight：2 800 000/6 000＝466.67kg→467.0kg

Gross Weight：980.0kg

Chargeable Weight：980.0kg

2 R

Applicable Rate：R 50% of the Normal GCR＝

50%×45.72 CNY/kg＝22.86 CNY/kg

3 F

Weight Charge：980.0×22.86＝CNY22 402.80

答：该票货物的航空运费为人民币22 402.80元。

4）作为货物运输的行李运价（Baggage Shipped as Cargo）

①运价的适用范围

- 在IATA业务二区内（全部航程为欧洲分区例外）；
- 在IATA业务三区内（至或从美国领地除外）；
- 在IATA业务二区与三区之间（至或从美国领地除外）；

● 在 IATA 业务一区与二区之间（至或从美国、美国领地至或从格陵兰岛例外）；

● 从 IATA 业务三区至 IATA 业务一区。

②运价

All IATA area：50% of the Normal GCR，最低运费按公布的最低运费的 M 收取，可以使用普通货物较高重量点的较低运价。

例 5　适用行李运价的情况

Routing：Beijing，CHINA（BJS）to TOKYO，JAPAN（TYO）

Commodity：Personal Effects

Gross Weight：25.0kg

Dimensions：1 Piece 70cm × 47cm × 35cm

公布运价如下：

BEIJING Y. RENMINBI		CN （CNY）	BJS （kg）
TOKYO	JP	M	230.00
		N	37.51
		45	28.13

解：

1 Q

Volume：70cm × 47cm × 35cm = 115 150cm^3

Volume Weight：115 150/6 000 = 19.19kg→19.5kg

Gross Weight：25.0kg

Chargeable Weight：25.0kg

2 R

Applicable Rate：R 50% of the Normal GCR =

50% × 37.51 CNY/kg = 18.755 CNY/kg = 18.76 CNY/kg

3 F

Weight Charge：25.0 × 18.76 = CNY469.00

答：该票货物的航空运费为人民币 469.00 元。

5）灵柩、骨灰运价（HUMAN REMAIN）

Area:	Ashes:	Coffin:
ALL IATA areas	Applicable Normal GCR	
Within IATA area 2	300% of Normal GCR	200% of Normal GCR

①运价规则的运用说明

按适用的普通运价收取，但二区骨灰按普通运价的300%收取，灵柩按普通运价的200%收取。

②最低运费

按公布最低运费M收取，但在二区内最低运费为200%的M，同时不低于65美元或等值货币。

例6

Routing: Beijing, CHINA (BJS) to Tokyo, JAPAN (TYO)

Commodity: Coffin

Gross Weight: 215.0kg

Dimensions: 1 Piece 230cm ×70cm ×50cm

公布运价如下：

BEIJING Y. RENMINBI		CN (CNY)	BJS (kg)
TOKYO	JP	M	230.00
		N	37.51
		45	28.13

解：

1 Q

Volume: 230cm ×70cm ×50cm = 805 000cm^3

Volume Weight: 805 000/6 000 = 134.17kg→134.5kg

Gross Weight: 215.0kg

Chargeable Weight: 215.0kg

2 R

Applicable Rate: S 100% of the Normal GCR =

100% ×37.51 CNY/kg = 37.51 CNY/kg

3 F

Weight Charge：215.0×37.51＝CNY8 064.65

答：该票货物的航空运费为人民币 8 064.65 元。

空运单运费栏填制如下：

No. of Pieces RCP	Gross Weight	Kg Lb	S	Rate Class / Commodity Item No.	Chargeable Weight	Rate/ Charge	Total	Nature and Quantity of Goods (Incl. Dimensions or Volume)
1	215.0	K		N100	215.0	37.51	8064.65	HUMAN REMIANS DIMS：230×70×50CM

6）混载货物运价（MIXED CONSIGNMENTS）

混载货物包含不同运价、不同运输条件的货物，在本书第 6 章货物收运中有详细介绍。申报方式与计算规则如下。

①申报整批货物的总重量（或体积）。

计算规则：混载的货物被视为一种货物，将其总重量确定为一个计费重量。运价采用适用的普通货物运价计算运费。

②分别申报每一种类货物的件数、重量、体积及货物品名。

计算规则：按不同种类货物适用的运价与其相应的计费重量分别计算运费。

③如果混载货物使用一个外包装将所有货物合并运输，则该包装物的运费按混载货物中运价最高的货物的运价计收。

混载货物只能按整票（整批）货物办理声明价值，不得办理部分货物的声明价值，或办理两种以上的声明价值。所以，混载货物声明价值费应按整票货物总的毛重计算。

混载货物的最低运费按整票货物计收。无论是分别申报还是不分别申报的混载货物，按其运费计算方法计得的运费与货物运输起讫地点间的最低收费标准比较，取高者。

7）集装货物运价（Unitized Consignments Rate，Unit Load Device Rate）

航空货运中除以上公布的直达运价外，还有一种特殊的运价，即集装货物运价。这种运价适用于各种货物，但是货物必须装进集装器，以集装器作为一个运输单元可以显著减少包装和搬运费，其运价可以大大低于普通货物运价。集装运价规定了基准重量，其作用类似于最低运费。托运人要按照基准重量支付运费，不管其货物是否达到这一重量。如果托运人的货物超过这一基准重量，超过部分支付额外的运费，但是运价要低于大宗的普通货物运价和指定商品运价。

8.2.2 非公布直达运价的使用

1. 协议运价

协议运价是航空公司为鼓励客户使用航空运输提出的一种折扣运价。航空公司与客户签订协议，客户保证在协议期内向航空公司交运一定数量的货物，航空公司依照协议向客户提供一定数量的运价折扣。这种运价使得双方都有收益，对在一定时期内有相对稳定货源的客户比较有利。

2. 联运运价

如果在始发站和目的站之间需要多个航空公司承运，则采用联运运价。联运运价一般是国家颁布的价格。国际航空货运则在IATA价格体系下，如果甲地至乙地没有可适用的公布的直达运价，则要选择比例运价或利用分段相加运价的方法构成全程直通运价，计算全程运费。

（1）比例运价（Construction Rate）

当货物的始发地或目的地无公布的直达运价时，可采用比例运价与已知的公布的直达运价相加，构成非公布的直达运价。比例运价在运价手册上除公布的直达运价外还公布了一种不能单独使用的附加数（Add-on Amounts），与已知的公布直达运价相加构成非公布直达运价，此运价称为比例运价。

1）使用要求

“TACT RATES BOOK”中所列的比例运价分为三类：

①普通货物的比例运价，用“GCR”表示；

②指定商品的比例运价，用“SCR”表示；

③集装货物的比例运价，用“ULD”表示。

2）采用比例运价与公布的直达运价相加的方式时，必须严格遵守下列原则。

只有相同种类的货物运价才能相加，组成始发站至目的站的货物运价，不能混用。比如，①普通货物比例运价只能与普通货物运价相加；②指定商品的比例运价只能与指定商品的运价相加；③集装设备的比例运价只能与集装设备的运价相加。

3）注意事项

①比例运价只适用于国际运输，不适用于当地运输；

②使用比例运价计算得出直达运价的方式时，比例运价可加在公布运价的两端，但每一端不能连加两个以上的比例运价，既可以用比例运价加直达运价，也可以用直达运价加比例运价，还可以在计算中使用两个比例运价，但这两个比例运价不可连续使用；

③当始发地或目的地可以经不同的运价组成点与比例运价相加组成不同的直达运价时，应采用最低运价；

④运价的构成不影响货物的运输路线。

（2）分段相加运价（Combination of Rate）

1）基础知识

分段相加运价是指在两地间既没有直达运价也无法利用比例运价时，可以在始发地与目的地之间选择合适的计算点，分别找到始发地至该点、该点至目的地的运价，两段运价相加组成全程的最低运价。无论是比例运价还是分段相加运价，中间计算点的选择，也就是不同航线的选择，将直接关系到计算出来的两地之间的运价，因此承运人允许发货人在正确使用的前提下，以不同计算结果中最低值作为该货物所适用的航空运价。使用此种运价时，要选择不同的运价组成点，比较全程运价，取最低者。使用分段相加组成的运价时，可以不考虑实际运输路线。但是，如果托运人指定的运输路线，则应按其指定的运输路线将各航段的货物运价相加组成全程货物运价。分段相加运价计算出来的运费称为分段相加运费（Combination Charges）。

对于采用不同的运价种类，组成分段相加运价，必须严格按 TACT RULES3. 8. 2 的运价相加规则进行组合：

①运输起讫地点间的运价采用相同种类、相同重量分界点运价直接相加构成，则为分段相加运价（其中可能涉及货币换算），该运价乘以货物的计费重量即构成全程航空运费；

②如果运输起讫地点间的运价是采用不同种类运价或虽采用相同种类运价，但采用不同的重量等级分界点，则称为分段相加运费。

采用分段相加运价构成全程运费，在航空货运单的运费计算栏中，应在“NO. of Pieces RCP”一栏的货物件数下面，填上运价组成点城市的英文三字代码。

2）国际货运分段相加运价的相加规则（见表8－5）。

表8－5 国际货运分段相加运价规则表

运价类别	可相加运价
国际普通货物运价 （International GCR）	普通货物比例运价（Construction Rates for GCR） 国际普通货物运价（International GCR） 国内运价（Domestic Rates） 过境运价（Transborder Rates）
国际指定商品运价 （International SCR）	指定商品运价（Construction Rates for SCR） 国内运价（Domestic Rates） 过境运价（Transborder Rates）
国际等级运价 （International Class Rates）	国内运价（Domestic Rates） 过境运价（Transborder Rates）

从表8－5中可以看出，国际指定商品不可与国际普通货物运价相加，国际等级运价不可与国际指定商品货物运价相加。否则，将违背某种国际指定商品运价与国际等级货物运价的特定含义，从而破坏运输起讫地点间的运价体系。

根据运价组成表，可将左列运价和右列运价相加，也可将右列运价和左列运价相加，以构成始发地至目的地的分段相加运价。国内运价和过境运价在组成分段相加运价时具有普遍性。

如果货物运输起讫地点间无公布直达运价且比例运价无指定商品运价，而运输的货物属于指定商品，按分段相加组成办法，可以采用以下两种计算方法：

①按普通货物比例运价计算；

②按分段相加的指定商品运价计算。

由于属于不同运价种类，比较计算时应考虑优先使用指定商品运价之原则，还应兼顾货物的重量是否满足指定商品运价的最低重量限制。总之，通过比较，计算出较低的航空运费。

国际航空货物运输中，航空运费是指自运输始发地至运输目的地之间的航空运输费用。在实际工作中，对于航空公司或其代理人将收运的货物自始发地（或从托运人手中）运至目的地（或提取货物后交给提货人）的整个运输组织过程，除产生航空运费外，在运输始发站、中转站、目的站经常发生与航空运输有关的其他费用。

例：

某货主将一件货物从 A 市托运至 D 市，但 A 市至 D 市无公布直达运价。承运人实际运输路线是 AAA-CCC-DDD。为其选择全程最低运价。运价资料如下：

AAA—BBB：1.26 元/千克　　AAA—CCC：4.23 元/千克

BBB—CCC：3.24 元/千克　　BBB—DDD：3.90 元/千克

CCC—DDD：1.05 元/千克

按三种组合方式计算运费：

组合	运费
AAA—BBB—CCC—DDD	1.26 + 3.24 + 1.05 = 5.55（元/千克）
AAA—CCC—DDD	4.23 + 1.05 = 5.28（元/千克）
AAA—BBB—DDD	1.26 + 3.90 = 5.16（元/千克）

应选择最低运价组合 5.16 元/千克。运价相加点为 BBB，即运输路线按 AAA—BBB—DDD 考虑，而不考虑 AAA—CCC—DDD。

3. 预定舱位运价

如果客户优先预定舱位，则采用预定舱位运价。对于预定舱位，有的航空公司采用缴纳一定数量的保证金后预留吨位，然后采用普通运价的方法。

4. 其他特殊运价

危险品运输等需要特殊服务的物品运输，采用特殊运价。

8.3　运价的使用顺序及运费结算原则

8.3.1　运价的使用顺序

当一批货物没有特种货物运价，也没有可适用的等级运价时，就必须使用普通货物运价。当一个较高的起码重量能对应较低的运费时，则可使用较高的起码重量作为计费重量。这个原则也适用于那些以普通货物运价加或减一个百分比的等级运价。

不管使用哪一种运价，运费都不能低于公布的起码运费，但有时特种货物运价会例外，这种情况一般在有关运价前标明一个特种号码，注明

“一般起码运费不适用”。航空运费计算时，应首先适用特种货物运价，其次适用等级货物运价，最后适用普通货物运价。如按特种货物运价、等级货物运价或普通货物运价计算的货物运费总额低于所规定的起码运费，按起码运费计收。

在使用货物运价时，应注意按照“从低原则”计算航空运费，即当货物重量（毛重或体积重量）接近某一个重量分界点的重量时，将货物重量（毛重或体积重量）和对应的货物运价所计算出的航空运费与该重量分界点的重量，和对应的货物运价所计算出的航空运费相比较，取其低者。

（1）使用顺序

优先使用协议运价，如果没有协议运价，使用公布直达运价，直达货物运价优先于同类运价中任何分段相加的组合运价；如果没有协议运价和公布直达运价，使用比例运价。最后采用分段相加运价（最低组合）。

1）当运价种类相同、航程相同、承运人相同时，公布直达运价应按下列顺序使用：

①优先使用指定商品运价。如果不完全满足指定商品运价条件，则使用等级货物运价和普通货物运价。

②其次使用等级货物运价。等级货物运价优先于普通货物运价使用。

A. 如果货物可以按指定商品运价计费，但因其重量没有满足指定商品运价的最低要求，则将指定商品运价与普通货物运价相比较，取低者。如果该指定商品同时又属于附加的等级货物，则只允许将附加的等级货物运价和指定商品运价相比较，取低者，不能与普通货物运价比较。

B. 如果货物属于附减的等级货物，即书报杂志类、作为货物运输的行李，其等级货物计费则可以与普通货物运价计算的运费相比较，取低者。

2）当运输两点间无公布直达运价时，则应使用非公布直达运价。

①优先使用比例运价得出全程直达运价；

②当两点间无比例运价时，使用分段相加的办法得出全程最低运价。

（2）货物运价应为填写货运单当日承运人公布的有效货物运价。

（3）货物运价的使用必须严格遵守货物运输路线的方向性，不可反方向使用运价。

（4）使用货物运价时，必须符合货物运价注释中要求和规定的条件。

8.3.2 运费结算原则

1. 货物运费结算需要的运输文件

货运结算需要的文件包括货运单、货邮舱单、中转舱单、货物运费更改通知单、无法交付货物通知单、邮政路单、杂费证等，这些单据在结算之前，应按照相关规则进行审核。

2. 货物联运运费分摊

航空货物运输指托运人将货物交给承运人并提出托运，承运人用飞机将货物完整、迅速地运达托运人指定的目的地，以实现货物的位移。由于货物的位移往往不能靠一家航空公司来实现，很多情况下由两个或两个以上的承运人共同完成运输。因此，联运运费的结算便成为航空货运票证结算中要研究和解决的问题。对于由两个或两个以上承运人运输的联运货物，联运收入（货物的航空运费和声明价值附加费）应按照一定的比例在联运承运人之间分摊。

联运收入的分摊及联运承运人的运输收入结算，除联运承运人有特殊分摊协议外，应严格遵守有关手册规则：《航空公司分摊指南》《货运分摊系数手册》《收入会计手册》等。

（1）参与分摊的航段：承运人参与比例分摊的航段。

（2）参与比例分摊的系数：在分摊手册中查找适用于有关航段的分摊系数。

（3）分摊百分比：承运航段的分摊系数占分摊系数总和的百分比。

（4）最终分摊额：即分摊结果，是承运航段经过比例分摊最终应得的运费金额。

3. 固定收费

某些承运人为维护自身利益，声明某些航段（承运人国家航段或地区航段）不参与比例分摊，要求固定收取特定费用金额。固定收费航段不参与声明价值费的分摊，但并不因此而免除其赔偿责任。

4. 分摊系数

IATA 规定货物联运运费的分摊系数根据货物运输的实际距离确定。如果某一承运人连续承运两个或两个以上航段时，分摊系数应使用连续承运航段的分摊系数，而不应该使用各航段系数之和。例如：

航程：BJS—SHA—TYO—OSA

承运人：CA CA JL

分摊系数：791（BJS—SHA）1159（SHA—TYO）

1312（BJS—TYO）

联运收入的分配中，CA 的分摊系数为 1312。

由于航空货物的实际运输路线往往不同于运价组成的路线，分摊系数则要以货物运输的距离为分摊基础。谁的运输距离大，谁的分摊比重就大，反之则小。分摊比例计算公式如下：

$$分摊百分比 = \frac{承运航段分摊系数}{各承运航段分摊系数之和} \times 100\%$$

5. 举例说明

例 1 有一票货为联程运输，航程为福州—北京—哈尔滨，分别由南方航空公司和国航承运，那么两家航空公司的分摊百分比将如何计算？

解：

①首先根据分摊手册，查找两个航段的分摊系数。查询原则为，从始发地到目的地的方向顺序查询。如：福州—北京为 1 681，北京—哈尔滨为 1 010。

②计算百分比：

$$南方航空公司 = \frac{1\ 681}{1\ 681 + 1\ 010} \times 100\% = 62.5\%$$

$$国航 = \frac{1\ 010}{1\ 681 + 1\ 010} \times 100\% = 37.5\%$$

③检验：62.5% + 37.5% = 100%。若发生分摊百分比之和大于或小于 100% 时，应将超额部分在较大的分摊百分比中扣除；差额部分应增加较小的分摊百分比。

所谓合理的分配，就是将运输凭证上标明的运费，按照各承运航段的分摊系数占分摊系数总和的百分比，在各航段的承运人之间进行比例分摊。比例分摊取决于以下因素：航段的城市名称和国别、出票日期、航程中所有已知的承运人、出票人。当在分摊系数手册中查不到某航段的分摊系数时，可以向国际航协比例分摊局（IATA Prorate Agency）查询。

（1）分摊原则：参与分配的运费是指国内货物、邮件运输的航空运费和声明价值附加费，除此以外的其他费用如本地运费不参与分配。

例 2 国航销售一票北京到上海的贵重物品，航程为北京—郑州—上海，运费 1 000 元，声明价值附加费 500 元，分别由国航、东航承运，那么如何进行比例分摊？全程运费 1 000 元到付手续费 4%。

解：

①首先根据分摊手册，查找两个航段的分摊系数：北京—郑州为887，郑州—上海为690。

②计算百分比：

$$东航=\frac{887}{690+887}\times100\%=56.2\%$$

$$国航=\frac{690}{690+887}\times100\%=43.7\%$$

百分比检查：56.2%与43.7%之和小于100%，因此国航的分摊百分比增加到43.8%。

计算东航在比例分摊中应得的收入：

东航运输收入=1 000×56.2%=562.00（元）

东航应得声明价值附加费收入=500×56.2%=281.00（元）

合计=562.00+281.00=843.00（元）

计算国航应得的收入：

国航运输收入=1 000×43.8%=438.00（元）

国航应得声明价值附加费收入=500×43.8%=219.00（元）

国航应得手续费收入=1 000×56.2%×4%=22.48（元）

合计=438.00+22.48+219.00=679.48（元）

最后检验：东航应得运输收入与国航应得运输收入的合计为1 000元。另外，东航支付代理手续费22.48元，国航收到代理手续费22.48元。

（2）分批运输货物运费的分摊

分批运输（Part Shipment）是指在一个或几个航段上，将一票货运单上的货物分别在不同航班上运输（承运人可能相同，也可能不同）。

IATA结算规则规定，分批货物运费按各承运人承运的货物实际重量占整批货物实际重量的比例计算，收取承运航段的应得运费。

6. 货物运费结算的运价

任何联合承运人均有权按照货运单填写之日的有效运价进行货物运费分摊，不考虑在货运单上出现的错误运价。

7. 货物运费结算方式

托运人可用下列付款方式向承运人或其代理人支付运费——人民币现金（或中国人民银行国内支票），代理人不得接受托运人使用旅费证（MCO）或预付票款通知单（PTA）作为付款方式。货物的运费可以预付，也可以到付，但需注意：航空运费与声明价值附加费应同时预付或者同时到付。在始发站发生的其他费用应全部预付或者全部到付。在运输途中发生的费用应到付，但在始发站能预先确定中转站或目的站所发生的费用，如政府规定的固定费用和机场的一些税费，也可以预付。在目的地发生的其他费用只能全部到付。

（1）货物运费预付

运费预付指由托运人在始发站托运货物时，支付所有的运输费用。

联运运费的预付由参加联运的承运人直接向出票航空公司或称制单承运人（Issuing Carrier）开账结算应得的联运收入（联运运费分摊所得 - 应付手续费）。

（2）货物运费到付

运费到付是指由收货人在目的站提取货物前，支付所有的运输费用。如果收货人拒付运费或由于某种原因在目的站无法支付运费，制单承运人有责任支付所有费用。

联运运费到付的结算方式是：各联运承运人根据“累积费用法”按“咬尾式”的结算方式分别向后续承运人结算相关费用。即出票航空公司向第一承运人结算全程手续费和始发地发生的其他费用；每一承运人向后续承运人结算自始发地至交运地的联运运费和交运地至目的地的手续费，以及始发地发生的其他费用；最后一个承运人（或交付货物代理公司）向收货人收取所有到付费用和到付运费处理费。

不得办理运费到付的货物包括：1）无价样品；2）鲜活易腐货物；3）活体动物；4）报纸及其他印刷品；5）新闻图片、影片和电视片；6）骨灰、灵柩；7）礼品；8）酒精、饮料；9）私人用品和家具（无出售价值）；10）商业价值低于货物运费的货物。

下列收货人不可办理运费到付：1）收货人地址为旅馆、机场等临时性地址的；2）收货人为政府代理机构（政府代理人托运货物时，出具书面证明，保证予以支付者除外）的；3）被剥夺政治权利的收货人的；4）收货人与托运人为同一人的。

除上述规定外，还应查询目的站所在国家有关货物运费到付业务的规定。如果目的站不提供此类业务，则不得办理运费到付。

8. 货物运费原始开账有效期

参与联运的承运人，必须凭有效的运输凭证在自运输之日的当月算起

6 个月内开账有效。超过原始开账有效期，被开账方有权拒绝对方的开账要求。

9. 货物到付运费的开账举例

从瑞士的苏黎世运往埃及开罗的一票货物，运费到付。货物由三个航空公司联合运输。联运运费为 GBP33.00。

航程、航空运费分摊及有关资料如下（国际货物联运服务手续费为5%）：

航程：ZURICH—ROME—ATHENS—CAIRO

承运人：SR BA CY

分摊所得 GBP8.00 GBP12.00 GBP13.00

每一承运人的开账对象及开账金额为：

①SR 向 BA 开账，开账金额为：GBP8.00 +（GBP12.00 + GBP13.00）× 5% = GBP9.25

②BA 向 CY 开账，开账金额为：（GBP8.00 + GBP12.00）+ GBP13.00 × 5% = GBP20.65

③CY 向收货人收取运费 GBP33.00，同时还应收取 CC FEE（CC FEE 归 CY 所有）。

8.4 其他杂费

其他杂费包括制单费、货到付款附加费、提货费、声明价值附加费等，一般只有在承运人或航空货运代理人或集中托运人提供服务时才收取。

8.4.1 制单费

制单费（Documentation Charges）又称航空货运单工本费，此项费用为填制航空货运单的费用。航空公司或其代理人销售或填制货运单时，该费用包括逐项逐笔填制货运单的成本。对于航空货运单工本费，各国的收费水平不尽相同，需根据“TACT Rules 4.4”及各航空公司的具体规定来操作。货运单制单费应填制在货运单的“其他费用”一栏中，用两字代码“AW”表示空运单（Air Waybill）。按《华沙公约》等有关公约，国际上多数 IATA 航空公司作如下规定：

（1）由航空公司来销售或填制航空货运单，此项费用归出票航空公司所有，代码为AWC；

（2）由航空公司的代理人销售或填制货运单，此项费用归销售代理人所有，代码为AWA。

中国民航各航空公司规定，无论货运单是由航空公司销售还是由代理人销售，填制AWB时，货运单中“OTHER CHARGES”一栏中均用AWC表示，意为此项费用归出票航空公司所有。

8.4.2 垫付款和垫付费

1. 垫付款（Disbursements）

（1）定义

垫付款是指在始发地机场收运一票货物，附带发生的其他到付费用。这部分费用仅限于发生在空运单所显示的始发机场空运之前的货物的地面运输费、操作处理费和制单费。

垫付款由最后一个承运人（Last Carrier）收取，按国际货物运费到付结算规则，通过出票航空公司结算，付给支付垫付款的代理人或其他航空公司。

此项费用需按不同于其他费用的种类代号、费用归属代号（A或C）及费用金额一并填入货运单的“其他费用”一栏。例如，“AWA”表示代理人填制的货运单；“CHA”表示代理人代替办理始发地清关业务；“SUA”表示代理人将货物运输到始发地机场的地面运输费。

（2）限制条件

1）垫付款仅适用于货物费用及其他费用到付“Charges Collect”，且按“TACT RULES 7.2GUIDING”，为目的地国家可接受的货物。

2）垫付款业务在阿尔及利亚不予办理。

2. 垫付款数额（Disbursement Amounts）

（1）在任何情况下，垫付款数额不能超过货运单上全部航空运费总额。

（2）限制条件。

1）当货运单的航空运费总额（Total Weight Charges）低于或等于100美元时，垫付款金额可允许达到100美元的标准（我国香港地区允许达到300美元的标准）；

2）适用于意大利航空公司（AZ），当来自意大利的货物航空运费总额低于201.42欧元时，垫付款金额可允许达到201.42欧元的标准；

3）来往赞比亚的航班，垫付款的最高限额不可高于或等于100美元。

3. 垫付费（Disbursements Fees）

（1）定义

垫付费是因收取垫付款而产生的费用，依垫付款数额而确定的费用。垫付费同样适用于航空货运单所有其他“到付费用”。垫付费的费用代码为“DB”，按“TACT Rules”规定，该费用由最后一个承运人收取，归出票航空公司所有，填在货运单的“由承运人收取（Due Carrier）”栏中。在货运单的其他费用栏中，此项费用应表示为“DBC”。

垫付费的计算公式：垫付费 = 垫付款 × 10%

欧盟成员的计算方法可能因航空公司而异。每一票货物的垫付费不得低于或等于 20 美元。

（2）限制条件。

1）适用于澳大利亚航空公司（OS），当来自澳大利亚的货物垫付款数额低于 81.39 欧元时，垫付费为 13.08 欧元；

2）适用于汉莎航空公司（LH），当来自德国的货物垫付款数额低于 73 欧元时，垫付费为 13 欧元；垫付款数额在 73 欧元到 300 欧元时，垫付费为 30 欧元；

3）适用于奥林匹克航空公司（OA），当来自希腊的货物垫付款数额低于 41.09 欧元时，垫付费为 9.39 欧元；

4）适用于意大利航空公司（AZ），当来自意大利的货物垫付款数额低于 50.35 欧元时，垫付费为 8.01 欧元；

5）适用于葡萄牙航空公司（TP），当来自葡萄牙的货物垫付款数额低于 79.88 欧元时，垫付费为 7.98 欧元；

6）当货物来自新加坡时垫付费只为垫付款数额的 8%，但不得低于或等于 17.00 美元。

8.4.3 危险品处理费

国际航空货物运输中，对于收运的危险品货物，除按危险品规则收运并收取航空运费外，还应收取危险货物收运手续费或称危险品处理费（Charges for Shipments of Dangerous Goods-Handling），该费用必须填制在货运单“其他费用”栏内，用“RA”表示费用种类。“TACT RULES”规定，危险品处理费归出票航空公司所有。在货运单中，危险品处理费表示为“RAC”。

自中国至 IATA 业务一区、二区、三区，每票货物的最低收费标准均为

400 元人民币。

8.4.4　运费到付货物手续费

在国际货物运输中，当货物的航空运费及其他费用到付时，在目的地的收货人，除支付货物的航空运费和其他费用外，还应支付到付货物手续费（Charges Collect Fee，CC Fee）。

此项费用由最后一个承运航空公司收取，并归其所有。一般 CC Fee 的收取，由目的站开具专门发票，但也可使用货运单（此种情况在交付航空公司无专门发票，并将 AWB 作为发票使用时使用）。

对于运至中国的运费到付货物，到付运费手续费的计算公式及标准如下：

到付运费手续费 =（货物的航空运费 + 声明价值附加费）×2%

各个国家 CC Fee 的收费标准不同。在中国，CC Fee 最低收费标准为 CNY100。

8.4.5　声明价值附加费

与海运或铁路运输的承运人相似，航空承运人也要求将自己对货物的责任控制在一定的范围内，以限制经营风险。《蒙特利尔第 4 号议定书》中对由于承运人自身的疏忽或故意造成的货物的灭失、损坏或延迟，规定了最高赔偿责任限额为每千克 17 SDR。如果货物的价值超过了上述值，即增加了承运人的责任，承运人要收取声明价值费，否则即使出现更多的损失，承运人对超出的部分也不承担赔偿责任。当托运人托运的货物，毛重每千克价值超过 17 SDR 或其等值货币时（国内空运时，毛重每千克价值超过人民币 20 元时），可以办理货物声明价值。托运人办理货物声明价值时，应按照规定向承运人支付声明价值附加费（Valuation Charges）。

托运人一定要对航空货运单上的货物作出价值声明。这个声明可以是一定金额或没有声明价值（No Value Declared，NVD），即托运人办理声明价值时，应在货运单的运输声明价值栏内注明货物声明价值的金额。托运人未办理货物声明价值，也应在货运单上注明未办理货物声明价值。托运人办理了声明价值，按照规定应向承运人支付声明价值附加费。为了使用声明价值附加费，每千克或每磅货物的价值必须由托运人声明价值除以航空货运单的毛重栏中的货物毛重。货物的实际毛重不包含航空公司集装器的重量。

声明价值费的收取依据货物的实际毛重，计算公式为：

声明价值附加费 =（货物声明价值 - 每千克毛重赔偿限额 × 货物毛重）× 声明价值费费率

国内航空运输：

声明价值附加费 =（货物声明价值 - 20.00 元 × 货物毛重）× 5%

每份货运单的声明价值不得超过 50 万元人民币，超过 50 万元人民币时，托运人可以分批托运货物，即用几份货运单托运货物，由此产生的费用差额由托运人负担。

国际航空运输每千克毛重赔偿限额按《蒙特利尔第四号议定书》为 17 SDR。

声明价值费费率（N%）不低于 0.75%（从西南太平洋来的货物通常按 0.50% 征收）。

大多数的航空公司在规定声明价值费率的同时还要规定声明价值费的最低收费标准。如果根据上述公式计算出来的声明价值费低于航空公司的最低标准，则托运人要按照航空公司的最低标准缴纳声明价值费。声明价值在货物离开航空货运单上的始发机场（城市）之前，不应填入航空货运单或如果已经填入不应再作修改。

例外情况：

（1）空运进出以色列的包括工业用途在内的钻石的声明价值附加费是用其总声明价值的 0.10% 来计算的。

（2）适用于加拿大航空公司的国内、跨境或国际航班如下：

1）托运人对所有航空货运单上的货物都必须有价值声明，不管是否就该价值收取费用；

2）如包含 TACT Rules 3.7.6 所定义的贵重货物，托运人必须遵循以下规定之一：

——为货物的价值作出声明，且不得低于海关声明价值、保险价值、托运人商业发票价值、出口报关单上的价值或托运人口头声明的价值；

——通过航空公司就货物的真实价值购买保险。

3）除了 2）中规定及声明价值为 NVD 之外，这个声明价值可以是任意金额。

托运人办理声明价值必须是一票货运单上的全部货物，不得分批或者部分办理，即不允许对货物的某部分声明价值；也不允许货物某部分的声明价值低于或高于其他部分。17 SDR 一般被理解为每千克 20 美元或每磅 9.07 英镑或其他等值货币，准确的数值应折合当地货币（见表 8－6）。折合当地货币依据以下汇价：

① 3 月份的票据清算中心月度 5 日汇价是 6 月 1 日到 9 月 30 日执行的基础；

② 7 月份的票据清算中心月度 5 日汇价是 10 月 1 日到 1 月 31 日执行的基础；

③ 10 月份的票据清算中心月度 5 日汇价是 2 月 1 日到 5 月 31 日执行的基础。

进整单位查 TACT Rules 5. 7. 1 最低运费栏。

表 8－6　部分国家使用 17 SDR 的对应等值货币

（2007 年 6 月 1 日到 9 月 30 日）

国名	货币名称	货币代码	17 SDR 等值货币
阿富汗	美元	USD	26
美国	美元	USD	26
中国	人民币	CNY	199
德国	欧元	EUR	19. 30
英国	英镑	CBP	13
日本	日元	JPY	3 000

8. 4. 6　地面运输费及其他处理费

1. 地面运输费

地面运输费是指使用承运人车辆在机场与市区之间、同一城市两个机场之间运送货物的费用。地面运输费率为每千克人民币 0. 20 元。每份货运单最低收取地面运输费 5. 00 元。

2. 其他费用

（1）承运人可以收取退运手续费、保管费等费用；

（2）退运手续费为每份货运单收取人民币 10. 00 元。

计算实例：以下各实例采用公布运价，北京至广州：M，30. 00；N，7. 84 元/千克；45，5. 88 元/千克。

例 1

货物 4 件，毛重共 38kg，货物品名为“服装”，包装为纸箱，体积为

60cm×30cm×20cm×4，有地面运输。

采用普通货物标准运费计算航空运费：38×7.84=297.92元，采用重量分界点运价计算航空运费：45×5.88=264.60元，地面运费：38×0.20=7.60元。

因此，航空运费为人民币264.60元，地面运输费为人民币7.60元。

例2

货物5件，毛重共100kg，货物品名为“乐器”，包装为纸箱，体积为60cm×60cm×40cm×5。

$$计费重量=\frac{60\times60\times40\times5}{6\ 000}=120\ (\text{kg})$$

$$航空运费：120\times5.88=705.60\ (元)$$

$$地面运费：120\times0.20=24.00\ (元)$$

因此，航空运费为人民币705.60元，地面运输费为人民币24.00元。

本章小结

本章详细介绍了航空货运费用的计算方法，国际航协给出的运费计算原则不仅适用于国际航空货运，也适用于国内航空货运。货运费用由航空运费和其他杂费构成，运费的计算重点在于航空运费的计算，IATA的运价体系告诉我们运价的选取原则和计费重量的确定方法，整个计算过程需要进行多次判断和比较。

阅读链接

1. EMS快递网站 www.ems.com.cn
2. 联邦快递网站 www.fedex.com/cn

思考题

一、选择题

1. 托运人托运的货物，毛重每千克价值在（　　）美元以上的，可以办理货物声明价值，按规定缴纳声明价值附加费。

A. 10　　B. 20　　C. 50　　D. 100

2. 托运人托运国际货物 3 件，其中 A 毛重 30kg，体积 65cm × 65cm × 60cm；B 毛重 14kg，体积 56cm × 45cm × 33cm；C 毛重 20kg，是直径为 50cm、高 68cm 的圆筒。在计算航空运费时，计费重量应为（　　）。

A. 64. 0　　B. 84. 5　　C. 84. 0　　D. 85. 0

3. 某货主在托运书上对其交运的货物填写运输声明价值，交运货物毛重为 31. 7kg，体积为 60cm × 60cm × 60cm，则货物运输声明价值附加费应在其声明价值超过（　　）kg 乘以 20 美元的基础上按 0. 5% 收取。

A. 31. 7　　B. 32. 0　　C. 36. 0　　D. 45. 0

4. 航空货运单是指由（　　）填制的、托运人和承运人之间为承运人航班上运输货物所订立合同的初步证据。

A. 托运人或托运人委托人

B. 承运人委托代理人

C. 代理人或托运人委托承运人的代理人

D. 托运人或委托代理人

5. 国际指定商品运价的中间点规则，在我国与 IATA（　　）之间适用。

A. 一区　　B. 二区　　C. 三区　　D. 欧洲业务次区

二、判断题

1. IRP 是运费更改通知书，在运费发生变化时使用。（　　）

2. 航空运费就是指运输始发地机场至目的地机场间的运输货物的航空费用，不包括其他费用。（　　）

3. Q 代表 100kg 以上的普通货物运价。（　　）

4. 对于在航空货运单上所填货物的项目和声明的正确性，承运人应负责任。（　　）

5. 除非承运人有特殊需要，货运单中的阴影栏目一般不需要填写。（　　）

三、计算题

1. Routing：Beijing，CHINA（BJS）to PORTLAND，U. S. A（PDX）

Commodity：FIBRES

Gross Weight：22 PIECES，70. 5kg

Dimensions：22 PIECES，82cm × 68cm × 52cm

计算该票货物的航空运费。

公布运价如下：

BEIJING Y. RENMINBI		CN (CNY)		BJS (kg)
PORTLAND	U. S. A		M	420.00
			N	59.61
			45	45.68
			100	41.81
			300	38.79
	2211		300	27.29
	2211		1500	25.49

2. Routing：Beijing，CHINA（BJS） to TOKYO，JAPAN（TYO）

Commodity：MACHINERY

Gross Weight：2 PIECES EACH 18.9kg

Dimensions：2 PIECES 70cm × 47cm × 35cm EACH

计算该票货物的航空运费。

公布运价如下：

BEIJING Y. RENMINBI		CN (CNY)		BJS (kg)
TOKYO		JP	M	230.00
			N	37.51
			45	28.13

学习情景 4

蓝海空运部的业务量已经达到了一天 200 票，这几天经理小周特别心烦，他急需解决的问题有：第一是效率，第二是效率，第三还是效率。可是每天仅空运运费的计算就让他和他的同事花费了不少时间，小周望着桌上一摞的航空运输参考书，嘴里嘟囔着，“照这些书上的算法，我没有一天可以完成任务。”他用手中的笔不断地敲着桌子，一生气把书全部扫到了地上。突然，他的脑海中闪过一道光，中学老师教的数学知识浮现了出来，他迅速在纸上画起图来。纸上不一会儿出现了一个坐标和一条阶梯状的曲线，只要知道计费重量落在某个区间内，就能得到适用的运价。

同学们，你们知道周经理计算运费的快捷方法吗？

提示：X 轴为计费重量，Y 轴为运费，那么曲线的斜率就是运价，一票货物从最低运费开始，此时的运费曲线是一条水平线，该水平线和 45kg 以下的普货运费曲线相交向上升到靠近 45kg 时，因较高重量分界点的运价起作用，出现一个拐点产生第二条水平线与 45kg 以上的运费曲线连接，依次类推，运费曲线成为阶梯状。如果除了普货运价还有其他运价适用时，就把这个运价的起码重量也作为一个重量分界点画成曲线。

参考文献

[1] 顾丽亚. 航空货运业务 [M]. 上海：华东师范大学出版社，2007.
[2] 谢春讯，李智忠，徐阳. 航空货运代理实务 [M]. 北京：清华大学出版社，2008.
[3] 赵永秀，武亮. 国际贸易货代员：岗位职业技能培训教程 [M]. 广州：广东省经济出版社，2007.
[4] 中国国际货运代理协会. 国际航空货运代理理论与实务 [M]. 北京：中国商务出版社，2010.
[5] 廖毅芳，陈海权. 国际货运代理实务 [M]. 广州：广东经济出版社，2008.
[6] 夏秀艳，廖毅芳. 运输管理实务 [M]. 广州：广东经济出版社，2008.
[7] 李家祥. 世界民用航空与中国民用航空的发展 [J]. 中国民航报，2009 (6).
[8] 徐勇. 中国民营快递现状与发展趋势解析 [M]. 上海：学林出版社，2006.

书目介绍

乐 贸 系 列

书名	作者	定价	书号	出版时间
国家出版基金项目				
1. “质”造全球：消费品出口质量管控指南	SGS 通标标准技术服务有限公司	80.00 元	978-7-5175-0289-0	2018 年 9 月第 1 版
跟着老外学外贸系列				
1. 优势成交：老外这样做销售	Abdelhak Benkerroum（阿道）	45.00 元	978-7-5175-0216-6	2017 年 10 月第 1 版
外贸 SOHO 系列				
1. 外贸 SOHO，你会做吗？	黄见华	30.00 元	978-7-5175-0141-1	2016 年 7 月第 1 版
跨境电商系列				
1. 外贸社交媒体营销新思维：向无效社交说 No	May（石少华）	55.00 元	978-7-5175-0270-8	2018 年 6 月第 1 版
2. 跨境电商多平台运营，你会做吗？	董振国 贾 卓	48.00 元	978-7-5175-0255-5	2018 年 1 月第 1 版
3. 跨境电商 3.0 时代——把握外贸转型时代风口	朱秋城（Mr. Harris）	55.00 元	978-7-5175-0140-4	2016 年 9 月第 1 版
4. 118 问玩转速卖通——跨境电商海外淘金全攻略	红 鱼	38.00 元	978-7-5175-0095-7	2016 年 1 月第 1 版
外贸职场高手系列				
1. 逆境生存：JAC 写给外贸企业的转型战略	JAC	55.00 元	978-7-5175-0315-6	2018 年 11 月第 1 版
2. 外贸大牛的营与销	丹 牛	48.00 元	978-7-5175-0304-0	2018 年 10 月第 1 版
3. 向外土司学外贸 1：业务可以这样做	外土司	55.00 元	978-7-5175-0248-7	2018 年 2 月第 1 版
4. 向外土司学外贸 2：营销可以这样做	外土司	55.00 元	978-7-5175-0247-0	2018 年 2 月第 1 版
5. 阴阳鱼给外贸新人的必修课	阴阳鱼	45.00 元	978-7-5175-0230-2	2017 年 11 月第 1 版
6. JAC 写给外贸公司老板的企管书	JAC	45.00 元	978-7-5175-0225-8	2017 年 10 月第 1 版
7. 外贸大牛的术与道	丹 牛	38.00 元	978-7-5175-0163-3	2016 年 10 月第 1 版
8. JAC 外贸谈判手记——JAC 和他的外贸故事	JAC	45.00 元	978-7-5175-0136-7	2016 年 8 月第 1 版
9. Mr. Hua 创业手记——从 0 到 1 的“华式”创业思维	华 超	45.00 元	978-7-5175-0089-6	2015 年 10 月第 1 版
10. 外贸会计上班记	谭 天	38.00 元	978-7-5175-0088-9	2015 年 10 月第 1 版

11. JAC外贸工具书——JAC和他的外贸故事	JAC	45.00元	978-7-5175-0053-7	2015年7月第1版
12. 外贸菜鸟成长记(0~3岁)	何嘉美	35.00元	978-7-5175-0070-4	2015年6月第1版

外贸操作实务子系列

1. 外贸高手客户成交技巧2——揭秘买手思维	毅　冰	55.00元	978-7-5175-0232-6	2018年1月第1版
2. 外贸业务经理人手册(第三版)	陈文培	48.00元	978-7-5175-0200-5	2017年6月第3版

书名	作者	定价	书号	出版时间
3. 外贸全流程攻略——进出口经理跟单手记(第二版)	温伟雄(马克老温)	38.00元	978-7-5175-0197-8	2017年4月第2版
4. 金牌外贸业务员找客户(第三版)——跨境电商时代开发客户的9种方法	张劲松	40.00元	978-7-5175-0098-8	2016年1月第3版
5. 实用外贸技巧助你轻松拿订单(第二版)	王陶(波锅涅)	30.00元	978-7-5175-0072-8	2015年7月第2版
6. 出口营销实战(第三版)	黄泰山	45.00元	978-7-80165-932-3	2013年1月第3版
7. 外贸实务疑难解惑220例	张浩清	38.00元	978-7-80165-853-1	2012年1月第1版
8. 外贸高手客户成交技巧	毅　冰	35.00元	978-7-80165-841-8	2012年1月第1版
9. 报检七日通	徐荣才　朱瑾瑜	22.00元	978-7-80165-715-2	2010年8月第1版
10. 外贸实用工具手册	本书编委会	32.00元	978-7-80165-558-5	2009年1月第1版
11. 快乐外贸七讲	朱芷萱	22.00元	978-7-80165-373-4	2009年1月第1版
12. 外贸七日通(最新修订版)	黄海涛(深海鱿鱼)	22.00元	978-7-80165-397-0	2008年8月第3版

出口风险管理子系列

1. 轻松应对出口法律风险	韩宝庆	39.80元	978-7-80165-822-7	2011年9月第1版
2. 出口风险管理实务(第二版)	冯　斌	48.00元	978-7-80165-725-1	2010年4月第2版
3. 50种出口风险防范	王新华　陈丹凤	35.00元	978-7-80165-647-6	2009年8月第1版

外贸单证操作子系列

1. 跟单信用证一本通(第二版)	何源	48.00元	978-7-5175-0249-4	2018年9月第2版
2. 外贸单证经理的成长日记(第二版)	曹顺祥	40.00元	978-7-5175-0130-5	2016年6月第2版
3. 信用证审单有问有答280例	李一平　徐珺	37.00元	978-7-80165-761-9	2010年8月第1版
4. 外贸单证解惑280例	龚玉和　齐朝阳	38.00元	978-7-80165-638-4	2009年7月第1版
5. 信用证6小时教程	黄海涛(深海鱿鱼)	25.00元	978-7-80165-624-7	2009年4月第2版
6. 跟单高手教你做跟单	汪　德	32.00元	978-7-80165-623-0	2009年4月第1版

福步外贸高手子系列

1. 外贸技巧与邮件实战(第二版)	刘　云	38.00元	978-7-5175-0221-0	2017年8月第2版
2. 外贸电邮营销实战——小小开发信　订单滚滚来(第二版)	薄如骢	45.00元	978-7-5175-0126-8	2016年5月第2版

书名	作者	定价	书号	出版时间
3. 巧用外贸邮件拿订单	刘　裕	45.00 元	978-7-80165-966-8	2013 年 8 月第 1 版

国际物流操作子系列

1. 货代高手教你做货代——优秀货代笔记(第二版)	何银星	33.00 元	978-7-5175-0003-2	2014 年 2 月第 2 版
2. 国际物流操作风险防范——技巧·案例分析	孙家庆	32.00 元	978-7-80165-577-6	2009 年 4 月第 1 版

通关实务子系列

1. 外贸企业轻松应对海关估价	熊　斌　赖　芸　王卫宁	35.00 元	978-7-80165-895-1	2012 年 9 月第 1 版
2. 报关实务一本通(第二版)	苏州工业园区海关	35.00 元	978-7-80165-889-0	2012 年 8 月第 2 版
3. 如何通过原产地证尽享关税优惠	南京出入境检验检疫局	50.00 元	978-7-80165-614-8	2009 年 4 月第 3 版

彻底搞懂子系列

1. 彻底搞懂信用证(第三版)	王腾　曹红波	55.00 元	978-7-5175-0264-7	2018 年 5 月第 3 版
2. 彻底搞懂关税(第二版)	孙金彦	43.00 元	978-7-5175-0172-5	2017 年 1 月第 2 版
3. 彻底搞懂提单(第二版)	张敏　张鹏飞	38.00 元	978-7-5175-0164-0	2016 年 12 月第 2 版
4. 彻底搞懂中国自由贸易区优惠	刘德标　祖月	34.00 元	978-7-80165-762-6	2010 年 8 月第 1 版
5. 彻底搞懂贸易术语	陈　岩	33.00 元	978-7-80165-719-0	2010 年 2 月第 1 版
6. 彻底搞懂海运航线	唐丽敏	25.00 元	978-7-80165-644-5	2009 年 7 月第 1 版

外贸英语实战子系列

1. 让外贸邮件说话——读懂客户心理的分析术	蔡泽民(Chris)	38.00 元	978-7-5175-0167-1	2016 年 12 月第 1 版
2. 十天搞定外贸函电	毅　冰	38.00 元	978-7-80165-898-2	2012 年 10 月第 1 版
3. 外贸高手的口语秘籍	李　凤	35.00 元	978-7-80165-838-8	2012 年 2 月第 1 版
4. 外贸英语函电实战	梁金水	25.00 元	978-7-80165-705-3	2010 年 1 月第 1 版
5. 外贸英语口语一本通	刘新法	29.00 元	978-7-80165-537-0	2008 年 8 月第 1 版

外贸谈判子系列

1. 外贸英语谈判实战(第二版)	王慧　仲颖	38.00 元	978-7-5175-0111-4	2016 年 3 月第 2 版
2. 外贸谈判策略与技巧	赵立民	26.00 元	978-7-80165-645-2	2009 年 7 月第 1 版

国际商务往来子系列

国际商务礼仪大讲堂	李嘉珊	26.00 元	978-7-80165-640-7	2009 年 12 月第 1 版

贸易展会子系列

书名	作者	定价	书号	出版时间
外贸参展全攻略——如何有效参加 **B2B** 贸易商展（第三版）	钟景松	38.00 元	978-7-5175-0076-6	2015 年 8 月第 3 版

区域市场开发子系列

书名	作者	定价	书号	出版时间
中东市场开发实战	刘军　沈一强	28.00 元	978-7-80165-650-6	2009 年 9 月第 1 版

加工贸易操作子系列

书名	作者	定价	书号	出版时间
1. 加工贸易实务操作与技巧	熊　斌	35.00 元	978-7-80165-809-8	2011 年 4 月第 1 版
2. 加工贸易达人速成——操作案例与技巧	陈秋霞	28.00 元	978-7-80165-891-3	2012 年 7 月第 1 版

乐税子系列

书名	作者	定价	书号	出版时间
1. 外贸企业免抵退税实务——经验 · 技巧分享	徐玉树　罗玉芳	45.00 元	978-7-5175-0135-0	2016 年 6 月第 1 版
2. 外贸会计账务处理实务——经验 · 技巧分享	徐玉树	38.00 元	978-7-80165-958-3	2013 年 8 月第 1 版
3. 生产企业免抵退税实务——经验 · 技巧分享(第二版)	徐玉树	42.00 元	978-7-80165-936-1	2013 年 2 月第 2 版
4. 外贸企业出口退（免）税常见错误解析 **100** 例	周朝勇	49.80 元	978-7-80165-933-0	2013 年 2 月第 1 版
5. 生产企业出口退（免）税常见错误解析 **115** 例	周朝勇	49.80 元	978-7-80165-901-9	2013 年 1 月第 1 版
6. 外汇核销指南	陈文培等	22.00 元	978-7-80165-824-1	2011 年 8 月第 1 版
7. 外贸企业出口退税操作手册	中国出口退税咨询网	42.00 元	978-7-80165-818-0	2011 年 5 月第 1 版
8. 生产企业免抵退税从入门到精通	中国出口退税咨询网	98.00 元	978-7-80165-695-7	2010 年 1 月第 1 版
9. 出口涉税会计实务精要（《外贸会计实务精要》第二版）	龙博客工作室	32.00 元	978-7-80165-660-5	2009 年 9 月第 2 版

专业报告子系列

书名	作者	定价	书号	出版时间
1. 国际工程风险管理	张　燎	1980.00 元	978-7-80165-708-4	2010 年 1 月第 1 版
2. 涉外型企业海关事务风险管理报告	《涉外型企业海关事务风险管理报告》研究小组	1980.00 元	978-7-80165-666-7	2009 年 10 月第 1 版

外贸企业管理子系列

书名	作者	定价	书号	出版时间
1. 外贸经理人的 MBA	毅　冰	55.00 元	978-7-5175-0305-7	2018 年 10 月第 1 版
2. 小企业做大外贸的制胜法则——职业外贸经理人带队伍手记	胡伟锋	35.00 元	978-7-5175-0071-1	2015 年 7 月第 1 版
3. 小企业做大外贸的四项修炼	胡伟锋	26.00 元	978-7-80165-673-5	2010 年 1 月第 1 版

书名	作者	定价	书号	出版时间

国际贸易金融子系列

1. 国际结算单证热点疑义相与析	天九湾贸易金融研究汇	55.00 元	978-7-5175-0292-0	2018 年 9 月第 1 版
2. 国际结算与贸易融资实务（第二版）	李华根	55.00 元	978-7-5175-0252-4	2018 年 3 月第 1 版
3. 信用证风险防范与纠纷处理技巧	李道金	45.00 元	978-7-5175-0079-7	2015 年 10 月第 1 版
4. 国际贸易金融服务全程通（第二版）	郭党怀 张丽君 张贝	43.00 元	978-7-80165-864-7	2012 年 1 月第 2 版
5. 国际结算与贸易融资实务	李华根	42.00 元	978-7-80165-847-0	2011 年 12 月第 1 版

毅冰谈外贸子系列

毅冰私房英语书——七天秀出外贸口语	毅　冰	35.00 元	978-7-80165-965-1	2013 年 9 月第 1 版

“创新型”跨境电商实训教材

跨境电子商务概论与实践	冯晓宁	48.00 元	978-7-5175-0313-2	2019 年 1 月第 1 版

“实用型”报关与国际货运专业教材

1. 航空货运代理实务（第二版）	杨鹏强	55.00 元	978-7-5175-0336-1	2019 年 1 月第 2 版
2. 进出口商品归类实务（第三版）	林　青	48.00 元	978-7-5175-0251-7	2018 年 3 月第 3 版
3. e 时代报关实务	王　云	40.00 元	978-7-5175-0142-8	2016 年 6 月第 1 版
4. 供应链管理实务	张远昌	48.00 元	978-7-5175-0051-3	2015 年 4 月第 1 版
5. 电子口岸实务（第二版）	林青	35.00 元	978-7-5175-0027-8	2014 年 6 月第 2 版
6. 报检实务（第二版）	孔德民	38.00 元	978-7-80165-999-6	2014 年 3 月第 2 版
7. 现代关税实务（第二版）	李　齐	35.00 元	978-7-80165-862-3	2012 年 1 月第 2 版
8. 国际贸易单证实务（第二版）	丁行政	45.00 元	978-7-80165-855-5	2012 年 1 月第 2 版
9. 报关实务（第三版）	杨鹏强	45.00 元	978-7-80165-825-8	2011 年 9 月第 3 版
10. 海关概论（第二版）	王意家	36.00 元	978-7-80165-805-0	2011 年 4 月第 2 版
11. 国际集装箱班轮运输实务	林益松　郑海棠	43.00 元	978-7-80165-770-1	2010 年 9 月第 1 版
12. 国际货运代理操作实务	杨鹏强	45.00 元	978-7-80165-709-1	2010 年 1 月第 1 版

“精讲型”国际贸易核心课程教材

1. 国际贸易实务精讲（第七版）	田运银	49.50 元	978-7-5175-0260-9	2018 年 4 月第 7 版

书名	作者	定价	书号	出版时间
2. 国际货运代理实务精讲（第二版）	杨占林 汤 兴 官敏发	48.00 元	978-7-5175-0147-3	2016 年 8 月第 2 版
3. 海关法教程（第三版）	刘达芳	45.00 元	978-7-5175-0113-8	2016 年 4 月第 3 版
4. 国际电子商务实务精讲（第二版）	冯晓宁	45.00 元	978-7-5175-0092-6	2016 年 3 月第 2 版
5. 国际贸易单证精讲（第四版）	田运银	45.00 元	978-7-5175-0058-2	2015 年 6 月第 4 版
6. 国际贸易操作实训精讲（第二版）	田运银 胡少甫 史 理 朱东红	48.00 元	978-7-5175-0052-0	2015 年 2 月第 2 版
7. 进出口商品归类实务精讲	倪淑如 倪 波 田运银	48.00 元	978-7-5175-0016-2	2014 年 7 月第 1 版
8. 外贸单证实训精讲	龚玉和 齐朝阳	42.00 元	978-7-80165-937-8	2013 年 4 月第 1 版
9. 外贸英语函电实务精讲	傅龙海	42.00 元	978-7-80165-935-4	2013 年 2 月第 1 版
10. 国际结算实务精讲	庄乐梅 李 菁	49.80 元	978-7-80165-929-3	2013 年 1 月第 1 版
11. 报关实务精讲	孔德民	48.00 元	978-7-80165-886-9	2012 年 6 月第 1 版
12. 国际商务谈判实务精讲	王 慧 唐力忻	26.00 元	978-7-80165-826-5	2011 年 9 月第 1 版
13. 国际会展实务精讲	王重和	38.00 元	978-7-80165-807-4	2011 年 5 月第 1 版
14. 国际贸易实务疑难解答	田运银	20.00 元	978-7-80165-718-3	2010 年 9 月第 1 版
15. 集装箱运输系统与操作实务精讲	田聿新 杨永志	38.00 元	978-7-80165-642-1	2009 年 7 月第 1 版

“实用型”国际贸易课程教材

1. 外贸跟单实务（第二版）	罗 艳	48.00 元	978-7-5175-0338-5	2019 年 1 月第 2 版
2. 海关报关实务	倪淑如 倪 波	48.00 元	978-7-5175-0150-3	2016 年 9 月第 1 版
3. 国际金融实务	李 齐 唐晓林	48.00 元	978-7-5175-0134-3	2016 年 6 月第 1 版
4. 国际贸易实务	丁行政 罗艳	48.00 元	978-7-80165-962-0	2013 年 8 月第 1 版

电子商务大讲堂 · 外贸培训专用

1. 外贸操作实务	本书编委会	30.00 元	978-7-80165-621-6	2009 年 5 月第 1 版
2. 网上外贸——如何高效获取订单	本书编委会	30.00 元	978-7-80165-620-9	2009 年 5 月第 1 版
3. 出口营销指南	本书编委会	30.00 元	978-7-80165-619-3	2009 年 5 月第 1 版
4. 外贸实战与技巧	本书编委会	30.00 元	978-7-80165-622-3	2009 年 5 月第 1 版

中小企业财会实务操作系列丛书

1. 做顶尖成本会计应知应会 150 问（第二版）	张 胜	48.00 元	978-7-5175-0275-3	2018 年 6 月第 2 版
2. 小企业会计疑难解惑 300 例	刘华 刘方周	39.80 元	978-7-80165-845-6	2012 年 1 月第 1 版
3. 会计实务操作一本通	吴虹雁	35.00 元	978-7-80165-751-0	2010 年 8 月第 1 版

2019 年中国海关出版社乐贸系列

新书重磅推荐 >>

《外贸跟单实务（第二版）》

作者：罗 艳

定价：48.00 元

书号：978-7-5175-0338-5

出版日期：2019 年 1 月第 2 版

内容简介

本书以工作流程式和任务导向式的编排要求，模拟高校毕业生从事外贸跟单工作的情景，依次介绍了跟单的工作流程及重要概念。此次改版，作者结合跟单工作的发展要求及教学经验，对书中的章节进行全新设计，增删了部分内容。本书的特点主要包括以下几方面：

1. 结合外贸新形势及对跟单员的新要求进行章节调整，加入了外贸客户管理跟单，满足对跟单员客户管理能力的要求；

2. 模拟真实工作情景，遵循应用型课程学习的心理规律，介绍跟单工作的全流程，强化学生对跟单知识及能力的掌握；

3. 理论与实务相结合，每章均设置工作流程及必备知识点板块，帮助学生提升学习和操作两方面的能力；

4. 加入了二维码内容，在书本内容的基础上拓展知识点，补充丰富的案例。